भारतीय भाषाओं में रामकथा

(मराठी भाषा)

बाईस भारतीय भाषाओं में रामकथा का शृंखलाबद्ध प्रकाशन

सामान्यतः लोकमान्य तिलक, महात्मा गाँधी, स्वामी दयानन्द सरस्वती, विनोबा भावे, डॉ. राममनोहर लोहिया आदि आधुनिक चिन्तक तथा मनीषी भारत के लोकतन्त्र को रामराज्य जैसा देखना चाहते थे क्योंकि देश के सम्पूर्ण राज्यों, भाषाओं, लोकचिन्तन सन्दर्भों एवं भारतीय मनीषियों के आचरणों में यह रामराज्य तन्त्र कब से वर्तमान एवं आचरणीय चला आ रहा है—किन्तु उधर हमारा ध्यान नहीं जा रहा है। भारतीय संस्कृति की इसी गौरवमयी निष्ठा की ओर हम भारतीयों का ध्यान आकर्षित करना इस योजना का लक्ष्य है।

उत्तर प्रदेश शासन के संस्कृति विभाग के अयोध्या शोध संस्थान, अयोध्या, फ़ैज़ाबाद द्वारा परिचालित यह योजना भारतीय प्राचीन सांस्कृतिक अस्मिता को पुनः प्रकाश में ले आने का कार्य कर रही है। यह योजना देश भर के लिए श्रेष्ठता का एक मानक साक्ष्य है। अयोध्या शोध संस्थान, अयोध्या, फ़ैज़ाबाद के निदेशक डॉ. योगेन्द्र प्रताप सिंह को इस गुरुतर कार्य के लिए निश्चित ही सदैव स्मरण किया जाता रहेगा।

सम्पूर्ण भारत में प्रचलित इस समय बाईस भाषाओं के मर्मज्ञ विद्वान एवं मनीषी इस दिशा में जिस निष्ठा के साथ प्रतिबद्ध भाव से इस कार्य के लिए तत्पर हुए हैं, उनका प्रतिफल सभी भाषाओं में रामकथा पर आधारित ये कृतियाँ हैं और इन पुस्तकों के विद्वान मनीषी लेखक अनन्त बधाई के पात्र हैं।

आशा है, यह रामकथा कृति माला भारतीय सांस्कृतिक अस्मिता को देश के नागरिकों को आत्मीय गौरव से निरन्तर अभिभूत करती रहेगी।

भारतीय भाषाओं में रामकथा : अवधी भाषा	सं. डॉ. सूर्यप्रसाद दीक्षित	₹300
भारतीय भाषाओं में रामकथा : पहाड़ी भाषा	सं. डॉ. निधि सिन्हा	₹250
भारतीय भाषाओं में रामकथा : बांग्ला भाषा	सं. डॉ. हरिश्चन्द्र मिश्र	₹250
भारतीय भाषाओं में रामकथा : मूल बांग्ला भाषा	सं. डॉ. हरिश्चन्द्र मिश्र	₹300
भारतीय भाषाओं में रामकथा : कन्नड़ भाषा	सं. प्रो. टी.आर. भट्ट	₹225
भारतीय भाषाओं में रामकथा : गुजराती भाषा	सं. डॉ. त्रिभुवन राय	₹395
भारतीय भाषाओं में रामकथा : राजस्थानी भाषा	सं. देवेन्द्र कुमार सिंह गौतम	₹425
भारतीय भाषाओं में रामकथा : आरण्यक	सं. डॉ. अर्जुनदास केसरी	₹495
भारतीय भाषाओं में रामकथा : बुन्देली	अतिथि सं. उदय शंकर दुबे	₹495
भारतीय भाषाओं में रामकथा : तमिल भाषा	सं. एम. शेषन	₹250
भारतीय भाषाओं में रामकथा : तेलुगु भाषा	सं. एवं अनु. प्रो. आई.एन. चन्द्रशेखर रेड्डी	₹495
भारतीय भाषाओं में रामकथा : मूल तेलुगु भाषा	सं. एवं अनु. प्रो. आई.एन. चन्द्रशेखर रेड्डी	₹495
भारतीय भाषाओं में रामकथा : पंजाबी भाषा	हरमहेन्द्र सिंह बेदी	₹295
भारतीय भाषाओं में रामकथा : संस्कृत भाषा	सं. डॉ. प्रभाकर सिंह	₹595
भारतीय भाषाओं में रामकथा : असमिया भाषा-1	सं. डॉ. अनुशब्द	₹495
भारतीय भाषाओं में रामकथा : असमिया भाषा-2	सं. डॉ. अनुशब्द	₹495
Rama in The Indian Languages :Assamese Language	Ed. Dr.Anushabda	₹495
भारतीय भाषाओं में रामकथा : मराठी भाषा	सं. डॉ. पद्मा पाटील	₹395

—प्रधान सम्पादक की क़लम से

भारतीय भाषाओं में रामकथा
(मराठी भाषा)

प्रधान सम्पादक

डॉ. योगेन्द्र प्रताप सिंह

पूर्व प्रोफ़ेसर तथा अध्यक्ष, हिन्दी विभाग
इलाहाबाद विश्वविद्यालय, इलाहाबाद

सम्पादक

डॉ. पद्मा पाटील

प्राध्यापक एवं पूर्व अध्यक्ष, हिन्दी विभाग
शिवाजी विश्वविद्यालय, कोल्हापुर

संरक्षक

श्री मुकेश कुमार मेश्राम *आई.ए.एस.*

प्रमुख सचिव, पर्यटन एवं संस्कृति विभाग, उत्तर प्रदेश शासन

श्री शिशिर *आई.ए.एस.*

निदेशक, संस्कृति एवं उपाध्यक्ष, अयोध्या शोध संस्थान

परिकल्पना

डॉ. योगेन्द्र प्रताप सिंह

निदेशक, अयोध्या शोध संस्थान : तुलसी स्मारक भवन
अयोध्या, फ़ैज़ाबाद (उ.प्र.)

वाणी प्रकाशन

वाणी प्रकाशन

4695, 21-ए, दरियागंज, नयी दिल्ली 110 002

फ़ोन : +91 11 23273167 फ़ैक्स : +91 11 23275710

शाखाएँ

अशोक राजपथ, पटना 800 004, बिहार

कॉफ़ी हाउस कैम्पस, महात्मा गांधी मार्ग, इलाहाबाद 211 001, उत्तर प्रदेश

महात्मा गांधी अन्तरराष्ट्रीय हिन्दी विश्वविद्यालय, वर्धा 442 001, महाराष्ट्र

सुल्तानिया रोड, मोतिया पार्क, भोपाल 462 001, मध्य प्रदेश

www.vaniprakashan.com
marketing@vaniprakashan.in
sales@vaniprakashan.in

In Association with

ESTD.-1986

Ayodhya Shodh Sansthan

presents

BHARTIYA BHASHAON MEIN RAMKATHA : MARATHI BHASHA

Chief Editor Dr. Yogendra Pratap Singh
Editor Dr. Padma Patil
Visualisation Dr. Yogendra Pratap Singh

ISBN : 978-93-5229-535-7

Religion/Culture

प्रथम संस्करण 2021

मूल्य : ₹ 395

शिव शक्ति प्रिंटर्स, दिल्ली-110 095 में मुद्रित

वाणी प्रकाशन का लोगो मक़बूल फ़िदा हुसेन की कूची से

प्रस्तावना

'सा विद्या या विमुक्तये' सुभाषित अगर किसी व्यक्ति के सन्दर्भ में विचाराधीन रखें तो प्राध्यान्यक्रम से वाल्मीकि का नाम सामने आता है। दूसरों का दुःख जान लेना, समझना, चातुर्य उनका विशेष रहा है। विद्या का उपयोग उन्होंने उत्स्फूर्तता से किया। 'रामायण' की रचना की जिससे वे विश्ववंद्य हो गये। उनके हृदय से निकला पहला उद्गार दुःख और वेदना से ओतप्रोत काव्य के रूप में था। उस वेदना में न केवल पक्षियों का विरह भाव था बल्कि सारे सजीवों का विरह भाव अनुस्यूत था। वह एक ऐसे दुःख भरे जीवन की एक झलक थी कि उसे अनुभव कर हर व्यक्ति जीवन के रहस्य को मन में बसा लेनेवाला था कि जीवन सुखमय है परन्तु वह अल्पमात्रा में होता है, विशाल मात्रा में दुःखमय, वेदनाओं से लिप्त! राम की जीवनकथा की तरह।

राम भारत में ही नहीं समस्त विश्व में व्याप्त हैं। राम का जन्म उनकी माता तथा पिता की वेदनाओं का प्रमाण है। वंशवृद्धि न कर सकने की वेदना दशरथ का स्थायी भाव बन गयी थी। वे राजा थे। प्रशासन, राजनीतिक व्यवहारों में उनका समय व्यतीत करते समय भी उनके मन में पुत्रहीन होने के भाव सम्भवतः नहीं रहते होंगे, परन्तु उनकी रानियों का? वंध्यत्व सह लेना स्त्री के लिए बहुत ही कठिन बात होती है। कौशल्या, सुमित्रा, कैकेयी भिन्न कुलों की थीं पर वे राजा दशरथ की पत्नियाँ थीं। विख्यात इक्ष्वाकु कुल की स्नुषाएँ थीं। उनकी वेदनाओं के उद्गारों से रामायण की हर घटना वेष्टित है, ध्वन्यात्मक है, दुःख जल से भीगी हुई। वाल्मीकि ने मुक्ति पाने हेतु अपनी इस रामायण शीर्षक काव्यकृति का सृजन किया और विद्यासेवी के रूप में विख्यात हुए। दुःखमय क्षणों की पहली घटना मन्थरा के उद्गारों की है। केवल राजा दशरथ के दुःख का वर्णन नहीं हुआ है तो पति वियोग से विह्वल रानियों का दुःख भी। वह दुःख पुत्र वियोग के दुःख से पहले ही वेदनालिप्त है। नगरजनों का दुःख, निषादराज गुह का दुःख रामचन्द्र को सरयू पार करने के सुख से थोड़ा कम है। एक के बाद एक दुःख की घटनाएँ सामने आती हैं। चित्रकूट पर्वत पर राम-भरत भेंट हुई तो है पर भरत के मन पर राम विरह के दुःख के साथ-साथ राज्य चलाने की ज़िम्मेदारी का बोझ है। पंचवटी में अपमान, अवहेलना, अवज्ञा, छल-कपट तथा अपहरण आदि के साथ सन्ताप, अपमान, विरह आदि पीड़ा सभी ने सही है। कहीं-कहीं सुरक्षा, अनुगामित्व, पश्चात्ताप आदि भाव भी व्यक्त हुए हैं। सीताहरण के बाद राम का विलाप, दक्षिण दिशा तक का प्रवास, रास्ते में ज़ख़्म से विह्वल जटायु की भेंट, वहाँ उसके भाई सम्पाति की विरह वेदना क्या कम है? राम से मदद की आकांक्षा रखनेवाली सुग्रीव पत्नी तारा की वियोग भावना, बन्धु वाली से हुए अपमान का दुःख अपरिमित है। अशोक वन में वियोगिनी, मुक्तकेशा, एकवस्त्रा सीतामाई को देखकर हनुमान भी दुःखविह्वल हो लंका दहन का निर्णय अमल में लाते हैं। शुद्धि हेतु सीता को अग्निदिव्य करना बाध्य होता है। क्या यह घटना दुःखदायी घटना नहीं है? अपना स्वयं का महल होते हुए भी अपने पुत्रों की देखभाल

किसी आश्रम में करने जैसी बात के दुःख के कड़वे घूँट सीता ने कैसे पिये होंगे? एक माँ के लिए यह घटना वेदनाओं का सागर प्राशन करने जैसी है? सीता तो कृषिकन्या है, धरती माँ की बेटी है, धरती की गोद में ही सदा के लिए सो जाती, न शरण्य भाव से प्रार्थना, न असहायता की याचना...। निर्णय कठोर था पर सीता बगावत पर उतर आती है। सम्भवतः वह पहली विप्लवी स्त्री है। पर आज भी मन में प्रश्न सालता रहता है कि सीता की मृत्यु पश्चात् श्रीराम के जीवन में रखा ही क्या था? अखण्ड वेदना...केवल वेदना...विरह की दावाग्नि में श्रीराम का पतिहृदय अहर्निश जलता ही रहा। क्या वेदनाओं से विह्वल हो भावाभिव्यक्ति की विद्या रामायण में उपयोग में लाकर वाल्मीकि मुक्त हुए हैं? हम सभी को उन्होंने वेदनाओं में धकेल दिया है। परन्तु ऐसा दृष्टिकोण रामायण के बारे में रखना वाल्मीकि की विद्या, उनकी भवसागर से हुई मुक्ति आदि रामायण महाकाव्य के प्रति अन्यायपूर्ण हो सकता है। पर इसका दूसरा भी दृष्टिकोण है कि रामायण में करुणा, सहानुभूति, गहरी मित्रता, स्वामिनिष्ठा, अच्छा नेतृत्व, असीम त्याग, नैष्ठिक कर्तव्यपरायणता, शत्रु का भी सम्मान करने की उदार और उदात्त मानसिकता, उत्कट बन्धु प्रेम, कर्तव्यपालन हेतु प्राण हथेली पर लेते रहने की वीरतापूर्ण प्रवृत्ति आदि उच्च नैतिक गुणों का अत्यन्त समुचित और सुयोग्य समन्वय भी है। इनका अध्ययन भी कइयों द्वारा किया गया है। रामायण के हर व्यक्ति के आचरण, प्रवृत्ति, उसका सामाजिक स्थान आदि पर विचार तथा मत प्रदर्शन हुआ है। मूलभूत अधिकारों के अन्तर्गत रामभक्तों ने अपने विचारों की प्रस्तुति अपनी बुद्धि के दायरे में की है। तर्क की कसौटी पर उनका भी विचार करना ज़रूरी है।

श्रीराम तथा लक्ष्मण के सरयू में देह विसर्जन के साथ रामायण समाप्त होती है। पाठक, श्रोता, अध्ययनकर्ता, समीक्षक, सारे राम और रामायण से प्रभावित होते हैं। रामायण पढ़ना, उसके प्रति श्रद्धा रखना, भक्तिभाव रखना, उसका प्रचार, प्रसार करना ये बातें व्यक्तिसापेक्ष हैं। रामायण न केवल काव्य है, न केवल इतिहास है, न केवल सामाजिक तत्त्वों, नीतिमूल्यों, राजनीतिक अधिकारों तथा नियमों के निरूपण का ग्रन्थ है। राष्ट्रीयता, प्रजाहित, लोकानुनय, परराष्ट्र व्यवहार, स्नेहीजनों का महत्त्व वर्णन करनेवाला ग्रन्थ है। वह आज भी आदर्श ग्रन्थ है। वैसे आदर्श कभी परिपूर्ण नहीं होते और आज के वैज्ञानिक युग में आदर्श भी बदले हुए हैं। रामायण की महानता तो इसी में ही है, यह निर्विवाद सत्य है।

संक्षेप में कहा जाये तो 'रामायण' काव्य है, इतिहास है और मानवीय जीवन का पथप्रदर्शक ग्रन्थ भी है। रामकथा से अनजान कोई भी भारतीय व्यक्ति नहीं मिलेगा। अनेक साहित्यकार, लेखक, नाटककार, निबन्धकार, अनुसन्धाता, अनुशीलक, अध्ययनकर्ता, कवि ऐसे हैं जिनको 'रामायण' महाकाव्य ने मोहित किया। भक्तिप्रवण किया। अपनी सृजनशीलता का उपयोग कर इनमें से कइयों ने रामायण तथा अनेक उपकथाबीजों पर लेखन कर 'रामायण' में अपनी रुचि, अध्ययन का प्रमाण दिया है। 'रामायण' तथा उसमें वर्णित विविध पात्रों, विशेष प्रसंगों पर लिखी गयी कृतियों की छानबीन शुरू की तब अनेक बातें स्पष्ट हुईं। 'रामायण' एक कोहिनूर है। उस कोहिनूर के इतने पहलू हैं, उसे ऐसे तराशा गया है कि उसकी आभा उत्तरोत्तर बढ़ती ही जा रही है। विश्व के अन्त तक वह बढ़ती ही जायेगी। अनुसन्धानपरक आलेख, निबन्ध, अनेक ललित रचनाएँ—स्तोत्र, कविता, उपन्यास, कहानी, एकांकी जैसी अनेक विधाओं में रचनाएँ उपलब्ध हो रही हैं। हर किसी की लेखनात्मा 'रामायण' से हुई है। रचनाकार का मूल दृष्टिकोण अभिव्यक्त हो ही रहा है। वह एक ऐसा सर्वश्रेष्ठ रत्न है कि जिसका हर पहलू मनुष्य को अलग-अलग तरह की सीख देता है।

उच्चतम नैतिक मूल्यों को संवर्धित करता है और व्यक्ति सापेक्षता से लेकर सामाजिकता के दायरे में विचार प्रवृत्त करता है, कार्यलीन रखता है। उत्तम साहित्य कृतियों हेतु प्रतिभा जाग्रत करता है। 'रामायण' ने न केवल भक्ति जीवन्त रखी है बल्कि अध्ययन, अनुसन्धान प्रतिभा, प्रज्ञा जाग्रत रखी है। हज़ारों वर्षों बाद भी 'रामायण' तरोताज़ा ग्रन्थ है। 'रामायण' पर आलेख संकलित कर अनुसन्धान करने मानो कालगति रुक सी गयी है।

'मराठी भाषा में रामकथा' ग्रन्थ के सम्पादन का अवसर 'अयोध्या शोध संस्थान', फ़ैज़ाबाद (उत्तर प्रदेश) की ओर से कार्यान्वित परियोजना 'भारतीय भाषाओं में रामकथा' के प्रधान सम्पादक मा.प्रा. योगेन्द्र प्रताप सिंह के कारण मिला। परिणामतः रामायण, रामकथा, उसके पात्र, मनुष्येतर पात्र, उनकी मनोभूमिका, घटना, रामायण कथा के बहुविध पहलू, वाल्मीकि की विद्वत्ता, विविध साहित्यकारों की अनेक सृजनात्मक रचनाएँ, अनेक विद्वानों के रामायण पर लिखे वैचारिक लेख आदि से गुज़रने का स्वर्णावसर मिला। साथ ही प्रस्तुत विषय पर मराठी भाषी हिन्दी प्राध्यापक, विद्वान, समीक्षक तथा अनुसन्धाता आदि से विविध लेख प्राप्त कर 'मराठी भाषा में रामकथा' शीर्षक से कार्य सम्पन्न करते हुए एक सुकून मिला। मराठी साहित्य समृद्ध है। प्राचीन काल से वर्तमान तक की कालावधि में अनगिनत साहित्यकारों ने अपनी लेखनी से इसे समृद्ध किया है। प्रस्तुत संकलन कार्य में साधारणतः 17वीं से 21वीं शती के कवि तथा साहित्यकारों की 'राम' विषयक सृजनात्मक रचनाएँ, समीक्षात्मक, विश्लेषणात्मक लेख एवं अनूदित रचनाओं को केन्द्र में रखा है। अभी कुछ शेष हैं। पर इस संकलन को पूर्णता देनी थी। मराठी भाषा में 'राम', 'रामकथा', 'प्रसंग', 'चरित्र' आदि को केन्द्र में रखकर अनेक रचनाओं का सृजन तथा लेखन हुआ है। यहाँ पर 34 लेखों का संकलन प्रस्तुत है। भविष्य में अवसर मिला तो पुनः शेष रचनाओं का परिचय तथा समीक्षादि देने का ज़रूर प्रयास किया जायेगा। अयोध्या शोध संस्थान, फ़ैज़ाबाद की 'भारतीय भाषाओं में रामकथा' जैसी भव्य एवं महत्त्वपूर्ण परियोजना अन्तर्गत 'मराठी भाषा में रामकथा' ग्रन्थ तैयार हुआ है। मैं अयोध्या शोध संस्थान, फ़ैज़ाबाद, प्रधान सम्पादक प्रा. डॉ. योगेन्द्र प्रताप सिंह एवं प्रकाशक महोदय जी के प्रति धन्यवाद ज्ञापित करती हूँ।

–डॉ. पद्मा पाटील
प्राध्यापक एवं पूर्व अध्यक्ष, हिन्दी विभाग
शिवाजी विश्वविद्यालय, कोल्हापुर, महाराष्ट्र

अनुक्रम

गीत रामायण : छप्पन महकते पुष्पों का प्रभाविस्तार 11
—डॉ. प्रभाकर ताकवले

सन्त एकनाथ की 'भावार्थ रामायण' 28
—प्रा. डॉ. सरजूप्रसाद मिश्र

रसज्ञ मीमांसक स्वामी प्रज्ञानानन्दजी 33
—प्रा. डॉ. सुरेश माहेश्वरी

रघुवंश के आदर्श 37
—डॉ. शैलजा 'श्यामा'

भारतीय संगीत का अभिव्यंजक 'गीत रामायण' 43
—प्रा. डॉ. पद्मा पाटील

जानकीहरण : एक विश्लेषण 47
—प्रा. डॉ. पद्मा पाटील

रामायण : भारतीय संस्कृति का इतिहास 52
—डॉ. शैलजा 'श्यामा'

श्रीराम विजय 54
—डॉ. वन्दना पाटील

प्रियकामा 57
—प्रा. डॉ. पद्मा पाटील

रावणायन 61
—डॉ. शैलजा 'श्यामा'

जानकीहरण 63
—सुश्री रोहिणी संकपाळ-देशमुख

मराठी स्त्रीरचित रामकथा 65
—प्रा. डॉ. पद्मा पाटील

रामायण : वनवास रहस्य 71
—डॉ. गीता दोड्डमणि

उर्मिला 74
—डॉ. शैलजा 'श्यामा'

रामायण : नवीन दृष्टिकोण से 77
—प्रा. डॉ. पद्मा पाटील

अपरिचित रामायण 79
—डॉ. शैलजा 'श्यामा'

रामायण : भूतकाल, वर्तमानकाल और भविष्यकाल का भी!!! 83
—डॉ. शैलजा 'श्यामा'

श्रीराम चरित्र 85
—प्रा. डॉ. पद्मा पाटील

वेणाबाईरचित 'श्री रामायण' 88
—डॉ. शैलजा 'श्यामा'

आन्ध आदिवासी लोकगीत और सीता 90
—सुश्री सन्ध्या कुलकर्णी

मनाचे श्लोक : सुखी जीवन का मन्त्र राम भक्ति 94
—डॉ. शैलजा 'श्यामा'

रामायण : शोध और बोध 96
—प्रा. डॉ. पद्मा पाटील

सुश्लोक मानस 102
—डॉ. रवीन्द्र भोरे

वास्तव रामायण 104
—डॉ. शैलजा 'श्यामा'

गीत रामायण : एक अस्मिता 107
—डॉ. शैलजा 'श्यामा'

पूर्णरूपेण स्त्रीत्वस्वरूपा मैथिली 109
—प्रा. डॉ. पद्मा पाटील

श्री हनुमान स्तोत्र 112
—डॉ. रवीन्द्र भोरे

वाल्मीकि रामायण : माधवराव चितळे के प्रवचन 114
—प्रा. डॉ. पद्मा पाटील

जत्ती गीतों में रामकथा 118
—अक्षय भोसले

वाल्मीकि के ऐतिहासिक राम 122
—प्रा. डॉ. पद्मा पाटील

कवि मोरोपन्त का अष्टोत्तरशत रामायण 125
—प्रा. डॉ. पद्मा पाटील

भूमिकन्या सीता : आधुनिककालीन समस्याओं की अभिव्यंजक नाट्यकृति 131
—डॉ. गीता दोड्डमणि

बाल काण्ड और उत्तर काण्ड 133
—सुश्री उमा सावन्त

श्रीरामकथा भावसुगन्ध 135
—भगवान गुरव

लेखक सम्पर्क ***136***

गीत रामायण : छप्पन महकते पुष्पों का प्रभाविस्तार

डॉ. प्रभाकर ताकवले

बीसवीं सदी के मराठी के कविवर ग. दि. माडगुळकर ने 1950 ई. के दरमियान भावगीतकार के नाते कला क्षेत्र में बहुत सम्मान और ऊँचा स्थान पाया। संयोग से आकाशवाणी, पुणे केन्द्र के कल्पक कार्यकर्ता सीताकान्त लाड, कवि बा. भ. बोरकर, संगीत नियोजक सुधीर फडके आदि के स्नेह-मिलन में 'गीत रामायण' की कल्पना कविवर ग. दि. माडगुळकर के लिए रचनार्थ प्रस्तुत हुई। और क्या अजब सृजन!!! 'गीत-रामायण' हर इतवार की सुबह धीरे-धीरे सुन्दर शब्द-पुष्पों का महकता काव्य-हार गूँथा जाने लगा। आकाशवाणी का सारा श्रोतृवृन्द मन्त्रमुग्ध।

गदिमा *(गणेश दिंगबर माडगूळकर)* का जन्म 1 अक्तूबर 1919 और मृत्यु 14 दिसम्बर 1977 ई. को हुई। वे चित्र पटकथा लेखक के रूप में अधिक विख्यात रहे हैं। इनका काव्य प्रसाद एवं माधुर्यगुणयुक्त है। आपने 'गीत-गोपाल' का भी सृजन किया है। 'सुगन्धी वीणा' नामक काव्य-संग्रह जो 1949 ई. में प्रकाशित 'भावगीत' के रूप में मराठी जनों में सुख्यात है। 'राधा-कृष्ण' पर लिखे इनके भावगीत बहुत को भाते रहे। आप बहुमुखी प्रतिभा के धनी थे। उनकी 'हिमांगी' चुटीली शैली की व्यंग्य कथा भी बहुत मुखर है। 'तुलसी' रामायण का भी अनुवाद 'स्वराज्य' साहित्यिक द्वारा संक्षेप में प्रस्तुत हुआ है। 'नाच रे मोरा आंब्याच्या वनात' यह बालगीत नृत्य और गीत के लिए आज भी यानी 70-80 सालों के बाद जन-जन में गूँजता है। 'शायर' के रूप में भी आप काफ़ी ख्यात रहे। 'औंध' रियासत के 'माडगूळ' गाँव गदिमा और उनके भाई 'व्यंकटेश' ने वहाँ के रियासत के राजा की तरह बहुत बड़ा किया। आचार्य अत्रे और पु. ल. देशपाण्डे जैसे अनेक समकालीन साहित्यकारों ने उनकी भूरि-भूरि प्रशंसा की है। 'विठ्ठला, तू वेडा कुम्भार', 'झाला महार पंढरीनाथ' जैसे गीत तथा 'इन्द्रायणी काठी देवाची आळंदी', ये अभंग सन्त तुकाराम के अभंगों जैसे भक्ति-पर्व पर गाये जाते हैं। उनके गीत, अभंग आज भी अत्यन्त लोकप्रिय है। परन्तु उनकी आजीवन ख्याति का आधार बना उनका 'गीत-रामायण'।

केन्द्र संचालक बा. भ. बोरकर (जो स्वयं सम्मानित कवि और गाँधीवादी कार्यकर्ता रहे हैं) ने लिखा, 'इस भाग्यशाली देह में ईश्वर बार-बार अवतार लेता है, ऐसा नहीं तो उसकी जीवनी भी युगधर्म के अनुकूल लिखनेवाला और गानेवाला पैदा होता है'। मराठी 'गीत रामायण' का 'गाते-गाते' जन्म हुआ है। यह भाव गीत, तत्त्व गीत, संघ गीत और सारे रसों में गाया हुआ भक्ति-गीत भी है। यह अपने ढंग का अलग संक्षिप्त रामायण है। यहाँ प्रभु श्रीराम के अलग-अलग पहलू बराबर मिलते हैं। प्रकृति रसज्ञ राम सुमन्त के ज़रिये प्रियजनों को हृद्‌गत समझानेवाला सखा राम, भरत को लौटाते वक़्त, जीवनभाष्य करनेवाला यथार्थ वक्ता राम, रणांगण में उतावली करनेवाले सुग्रीव को डाँटनेवाले राम, उसे रणनीति का पाठ भी पढ़ाते हैं। जयिष्णु होकर भी दुश्मन को सुविचार का मौक़ा देनेवाले

राम, राजधर्मी राम, कर्तव्यनिष्ठ राम (सीता की सत्व परीक्षा देखनेवाले राम) और अग्निदेव के समक्ष आँसू पीनेवाले कृतार्थ राम। इस तरह की राम की कई झाँकियाँ हम पाते हैं। 'गीत रामायण' के अनमोल गुलदस्ते को आशीर्वाद (प्रस्तावना) देते समय महामहोपाध्याय दत्तो वामन पोतदार जी ने इन गीतों की भूरि-भूरि प्रशंसा की है। ग्रन्थ के स्वयं हनुमानजी के वचन की कवि द्वारा दी हुई दुहाई देकर हनुमानजी के ही यथावत् शब्दों को प्रस्तुत करते हैं।

जोवरी हे जगे, जोवरी भाषण।
तोवरी नूतन नित-रामायण॥

अर्थात् जब तक यह दुनिया है और सम्भाषण चाहते रहते हैं, तब तक यह नया रामायण हमेशा जीवित रहेगा। —अस्तु

छप्पन महकते पुष्प :

1. निवेदक : **स्वयं श्रीराम प्रभु ऐकति।**
कुश-लव रामायण गाति॥

अर्थात् श्री प्रभुरामचन्द्र जी जिसे मनोयोग से सुनते हैं, वह गीतों में गूँथी, 'रामायण' कथा कर्ता कुश-लव, गीता-गण करते हैं।

2. कुश-लव : **सरयू तिरावरी...।**
अयोध्या, मनु-निर्मित नगरी॥

अर्थात् सरयू नदी के तटों पर (किनारे) अयोध्या मनु ऋषि द्वारा बसायी हुई, पवित्र नगरी है।

3. कौशल्या रानी : **उगा कां काळिज माजे उले?**

अर्थात् कौशल्या रानी मन ही मन कहती है, यों ही मेरा कलेजा क्यों तड़पता है? (बेली पर के सुमनों को देखकर)

4. दशरथ : **उदास का तू-आवर वेड़े**
नयनातील पानि, लाड़के कौशल्या रानी,
इप्सित तो ते देईल अंग्नि, अनंत हातांनी

अर्थात् राजा दशरथ कहते हैं, रानी कौशल्या तू क्यों अनमनी है? नयनों के आश्रु सम्हालो। तू तो मेरी लाड़ली रानी है! अग्नि देवता अनन्त हाथों से चाही हुई चीज़ दे ही देगा! (अर्थात् पुत्ररत्न)

5. यज्ञपुरुष : **दशरथा घे हे पायसदान।**

यज्ञपुरुष : राजा दशरथ, यह पायसदान लीजिए। (इससे चार महायोद्धाओं का जन्म होगा।)

6. अयोध्यावासिनी औरतें : **राम जन्मला ग सखी, राम जन्मला।**

अयोध्यावासिनी औरतें : (एक दूसरी से) हे सखी, श्रीराम जी का जन्म हुआ है, सखी श्रीराम का जन्म हुआ है न!

7. कौशल्या : **सांवळा ग रामचन्द्र!**
चन्द्र नभीचा मागतो

अर्थात् कौशल्या कहती है, रामचन्द्र श्यामल है, और तो और वह आसमान के चन्द्र की माँग करता है!

8. विश्वामित्र : **ज्येष्ठ तुझा पुत्र मला, देई दशरथा!**

अर्थात् विश्वामित्र राजा से कहते हैं, दशरथ राजा, आप बड़ा पुत्र मुझे (यज्ञ रक्षा के लिए) दीजिए।

9. विश्वामित्र : **मार ही त्राटिका रामचन्द्र!**

अर्थात् विश्वामित्र कहते हैं, श्रीरामचन्द्र! यह त्राटिका राक्षसी, मार डालिए।

10. आश्रमीय : **चला राघव चला, पहाया जनकाची मिथिला!**

आश्रमवासी कह रहे हैं, चलिए राघवेन्द्रजी और लक्ष्मणजी! राजा जनक की मिथिला नगरी को देखने।

11. अहल्या : **रामा, चरण तुझे लागले।**
आज मी शापमुक्त जाहले ॥

अर्थात् अहल्या अपने मन के भाव व्यक्त कर रही है, मैं आज श्रीराम के चरणस्पर्श से शापमुक्त हुई हूँ। क्योंकि राम जी, आपका पदस्पर्श मुझे हुआ!

12. भाट-चारण : **आकाशासी जडले नाते-धरणी मातेचे।**
स्वयंवर झाले सीतेचे ॥

अर्थात् भाट-चारण कह रहे हैं, सीतादेवी का स्वयंवर सम्पन्न हुआ। आकाश और पृथ्वी माता का रिश्ता बन गया!

13. उर्मिला, माण्डवी और श्रुतकीर्ति : **व्हायचे राम अयोध्यापति!**

अर्थात् उर्मिला, माण्डवी और श्रुतकीर्ति सीता की बहनें आनन्दविभोर होकर कह रही हैं कि सीतावल्लभ श्रीराम जी अयोध्या के राजा बननेवाले हैं।

14. कैकेयी (दशरथ जी से) : **नाथा! मोडू नको वचनास!!**

अर्थात् कैकेयी राजा दशरथ से कहती है, हे प्राणनाथजी, अपने वचन को भंग न कीजिए। (अर्थात् राम वन गमन करें और भरत राजा राजा बने।)

15. कौशल्या : **नको रे जाऊ, रामराया!**

अर्थात् कौशल्या देहली पर की माया लाँघकर कहती है, हे राम! आप न जाइए। (अपने हाथों से मुझे मार दीजिए। फिर आप राजा बनें या वनवासी! विदेही होकर यह मैं देख सकूँगी।)

16. लक्ष्मण : **रामविन राज्यपदी कोण बैसतो?**
घेउनिया खड्ग करी, मीच पाहतो!

अर्थात् लक्ष्मण क्रोध में कहते हैं, श्रीराम जी के सिवा सिंहासन पर कौन बैठता है, यह मैं देख लेता हूँ। यह खड्गास्त्र लेकर में यह देखता रहूँगा।

17. सीता : **जेथे राघव-तेथे सीता!**

अर्थात् सीता कहती है, मेरी काहे की बिदाई? जहाँ श्री राघव (श्रीराम) हैं, वहाँ सीता होगी।

18. अयोध्या के नागरिक (पुरुष) : **थांब सुमन्त, थांबवी रे रथ!**

अयोध्या नागरिक-पुरुष, **हे सुमन्त, रथ को रोकते रहो!**
अयोध्या नागरिक-औरतें **राम मागे, निघे जयश्री।**
आज अयोध्या प्रथम पराजिता ॥

औरतें : "राम चालले, तो तर सत्पथ" यह पुरुषों की धुन सुनकर कहती हैं, श्रीराम जी के पीछे जयश्री सीता देवी भी निकली है और अयोध्या नगरी पहली बार पराजित हुई है!

19. निषादराज गुह और केवट : **जय गंगे, जय भागीरथी।**
श्रीरामाचे नाम गतायां।
श्रीरामाला पार करूँ ॥

अर्थात् निषादराज गुह और केवट मन की बात बता रहे हैं, हे नैया! तू वापस मत जा तथा हे गंगाजी! तुम भी दुःखी न हों।) श्रीराम नाम लेकर ही, हम राम जी को गंगा पार करेंगे।

जय गंगे, जय भागीरथी!

जय जय राम दाशरथी!!

20. श्रीराम (लक्ष्मण से) : **या इथे लक्ष्मणा बाँध कुटी!**

या मंदाकिनीच्या तट-निकटी!

अर्थात् हे लक्ष्मण यहाँ कुटिया बनायी जाये! यह पवन मन्दाकिनी का किनारा (तट) है। (चित्रकूट, तपोवन, मुनिजनों का यही निवास है।)

21. सुमन्त : **बोलले, इतुके मज श्रीराम!**

अर्थात् सुमन्त दशरथ जी से कहते हैं, "श्रीराम जी मुझे इतने ही कह गये कि तातचरण ते वन्दनीय रे, शततीर्थीचे धाम" (तात चरणों की महत्ता शत तीर्थ स्थानों जैसी है, वे वन्दनीय हैं) और बाद में, 'शेवटी नम्र प्रणाम कर, माता कौशल्या और भरत को 'राज-धर्म' निभाने के लिए कहा!

22. दशरथ : **दाटलौ चोहिकडे अंधार!**

अर्थात् दशरथ कह रहे हैं, चारों ओर फैला हुआ है, गंगोदकसा अन्ती ओठी तुमचा-जयजयकार! (गंगोदक अर्थात् पवित्र गंगाजल जैसा अन्त समयी 'तुम्हारा राम-लक्ष्मण' यह जय-जयकार मेरे मुँह में गूँजता है।)

23. भरत : **माता न तू वैरिणी।**

अर्थात् भरत कैकेयी से कहता है, तू मेरी माता नहीं है, तू मेरी पक्की दुश्मन हो।

24. श्रीराम भरत से : **पराधीन आहे जगती, पुत्र मानवाचा।**

दैवजात दुःखे, भरता, दोष ना कुणाचा।

श्रीराम भरत से कहते हैं, "हे भरत, इस धरती पर मानव पुत्र परावलम्बी है। सारे दुःख दैव से प्राप्त हैं। इसमें किसी को दोषी नहीं ठहराया जाता!" और भी सुनिए भरत!

अन्त उन्नतीचा पतन होई या जगात।

सर्व संग्रहाचा वत्सा, नाश हाच अन्त

वियोगार्थ मीलन होते, नेम हा जगाचा।

सारी उन्नत स्थिति का पतन होता है, सब परिग्रह का विनाश होता है और मिलन का वियोग होना यह प्रकृति का निश्चित नियम है।

25. श्रीराम भरत से : **दोन ओंडक्यांची होते, सागरात भेट।**

एक लाट तोड़ी दोघा, पुन्हा नहीं गाठ

क्षणिक तोचि आहे बाळा, मेळ माणसांचा?

दो लकड़ी के गट्ठरों की समन्दर में भेंट होती है और उन्हें बड़ी समन्दर लहर अलग कर देती है, फिर से उनकी भेंट कभी नहीं होती। इसी तरह आदमियों का जमघट भी इसी तरह से क्षणजीवी है।

आणि म्हणून

अयोध्याचा तू हो राजा, रंक भी वनीचा।

और इसी कारण, तू अयोध्या नगरी का राजा बन और मैं जंगल का रंक बनूँगा।

26. भरत (राम जी से) : **मागणे हे एक रामा, आपुल्या द्या पादुका**

हे श्रीराम जी अपनी पादुकाएँ दीजिए। क्योंकि—

तात गेले, माय गेली, भरत झाला पोरका

भरत कह रहा है कि पिताजी चले गये, माताजी चली गयीं, भरत अब अनाथ हुआ है।

27. शूर्पणखा : **कोण तू? कुठला राजकुमार?**

शूर्पणखा राम से पूछती है कि आप कौन हैं? कहीं के राजकुमार हो?

देह वहिला तुला श्यामला कर माझा स्वीकार।

28. शूर्पणखा (रावण से) : **सूड घे, त्याचा लंकापति।**

शूर्पणखा लंकापति राजा रावण से कहती है कि लंकाधिपति राजा रावण उसका बदला लीजिए क्योंकि—

विरूप झाली शूर्पणखा ही दाशरथीची कृति।

शूर्पणखा विद्रूप हुई है और यह राम-लक्ष्मण की करतूत है।

29. सीता : **मज आणून द्या ती हरिण अयोध्यानाथा।**

तोड़िता फुले मी सहज पाहिली जाता!!

सीता राम से कहती है, हे अयोध्यानाथ, मुझे वह सुनहरी हिरनी लाकर दीजिए। फूलों को चुनते वक़्त उसे मैंने यों ही देखा है।

30. सीता : **याचका थांबू नको, दारात**

सीता रावण से कह रही है कि हे याचक, देहली पर मत ठहरिए। क्योंकि, "घननीळाची मूर्त वीज मी। नकोस जाळू हात!!" नीलघन (राम की) की मैं साक्षात् बिजली हूँ, तू अपना हाथ व्यर्थ न जला।

31. श्रीराम (विरह में) : **कोठे सीता? जनकनन्दिनी!**

उ...ड़ आश्रम, उरे काननी!

श्रीराम विरह में डूबे हैं। कह रहे हैं, हे जनकनन्दिनी सीता कहाँ हो? उसके सिवाय यह आश्रम भवन जंगल में पूरा सूना-सूना है।

32. राम : पुष्प विगलितों को देख : **ही तिच्या वेणीतील फुले**

लक्ष्मणा, तिचीच ही पाऊले!

राम लक्ष्मण को बता रहे हैं कि ये उसी की चोटी के पुष्प हैं और ये उसीके पदचिह्न हैं।

33. जटायु : **पळविली रावणे सीता!**

जटायु बता रहा है कि रावण (राक्षस राज) सीता को भगाकर ले गया है। उस खल को रोकते वक़्त मेरी यह हालत हुई है। इसी समय कबन्ध राक्षस ने राम जी से अपना उद्धार करवाकर रावण का अता-पता बता दिया!

34. शबरी : **धन्य मी शबरी, श्रीरामा!**

शबरी तृप्त मन से कह रही है कि श्रीराम जी के चरणस्पर्श से आश्रम भूमि पवित्र हुई!

35. सुग्रीव : **सन्मित्र राघवाचा, सुग्रीव आज झाला!**

साक्षीस व्योम, पृथ्वी, साक्षीस अग्नि ज्वाला!!

इसके लिए आसमान, धरणी और अग्निदेव है।

36. श्रीराम : **वालीवध ना, खलनिर्दालन!**

श्रीराम बता रहे हैं, यह वाली का वध नहीं है, यह दुष्ट संहार है। क्योंकि "मी धर्माचे केले पालन।" मैंने धर्म का अनुकरण किया है।

37. जाम्बवन : **असा हा एकच श्रीहनुमान।**

जाम्बवन मत व्यक्त कर रहा है कि इस तरह का वीर केवल श्री हनुमान ही अकेला है। क्योंकि तरून जाईल तो सिन्धु महान। महान सिन्धु लाँघकर जानेवाले वही एक वीर है।

38. हनुमान : **हीच ती रामांची स्वामिनी।**

हनुमान सोच रहें हैं, यही वह श्रीराम जी की स्वामिनी (सीतादेवी) हैं।

39. सीता : **नको करूस वल्गना, रावणा निशाचरा।**

सीता रावण से कह रही हैं, हे निशाचर रावण, व्यर्थ बड़ी-बड़ी बातें जो सम्पूर्णतः झूठी हैं न कर। क्योंकि–

समूर्त रामकीर्ति मी ज्ञात है सुरासुरा!

मैं भी मूर्तमान रामकीर्ति हूँ और सारे देव-दानवों को इसका पता है।

40. सीता : **मज संग अवस्था दूता, रघुनाथांची!**

सीता हनुमान से, हे दूत जी! मुझे श्री रघुनाथ जी का क्षेत्र और आज की स्थिति बताइए।

41. कुश-लव गायक : **पेटवी लंकौ श्रीहनुमंत**

नाचता अनल मूर्तिमंत।

कुश-लव गायक गा रहे हैं। श्री हनुमान जी लंकानगरी जलाते हैं और यह काम लीला से गगन में उड़कर कर रहे हैं।

42. वानरगण : **सेतु बांधा रे सागरी!**

वानर गण कह रहे हैं, समन्दर पर सेतु रचाया जाय! (ज़ोर-ज़ोर से चिल्लाकर और यही गाना गाकर)

43. सीता : **रघुवर बोलत का नहीं? काय ऐकलं?**

काय पाहते? काय अवस्था ही?

सीता राम से पूछ रही हैं, यह मैं क्या सुन रही हूँ? क्या देख रही हूँ? और यह क्या स्थिति है? आप बोलते क्यों नहीं?

44. राम (सुग्रीव से) : **सुग्रीव हे साहस असले,**

भूपतिस तुज, मुळी न शोभते।

श्रीराम सुग्रीव से कह रहे हैं, ऐसी ढिठाई तुझे (तुझ जैसे राजा को) शोभा नहीं देती। (राजा को ख़ूब सोचकर द्वन्द्व करना चाहिए) रावण से द्वन्द्व में तू हार जाता।

45. श्रीराम (अंगद से) : **जा झणी जा, रावणासी सांग अंगदा।**

शेवटचा करी विचार, फिरून एकदा!

श्रीराम दूत अंगद से कह रहे हैं, जाइए, जल्दी जाइए और रावण को फिर से बताइए आख़िर फिर से सोचिए गर्व छोड़कर, राम की शरण लें!

46. कुश-लव युद्ध गान वर्णन : **अनुपमेय हों सुरु युद्ध हे! राम-रावणांचे!**

नभा छेदुनी नाद चालेल शंख-दुंदुंभीचे!"

यह अनुपमेय संग्राम हो रहा है। आसमान भेदकर शंख और दुन्दुभीनाद गूँजते रहते हैं। (इसमें रावण शस्त्रहीन होकर लौटता है)

47. कुम्भकर्ण : **लंकेवर कठिणकाळ आज पातला।**

कुम्भकर्ण, रावण की हार और स्थिति देखकर उसे आश्वासित करते हुए कह रहा है कि लंका नगरी पर आज विपरीत काल आया है।

48. राम : **आज का निष्फल होती बाण**?

राम कह रहे हैं, 'आज क्यों शरसंभार फलित नहीं होते? मेरा पुण्य ख़त्म हुआ या मेरे बाहुओं की प्राणशक्ति समाप्त हुई?'

49. गन्धर्व और अप्सरा : **देव हो पहा रामलीला भूवरी रावण वध झाला।**

गन्धर्व और अप्सरा गान हो रहा है। 'हे देववृन्द! यह रामलीला देखिए, भू पर रावण वध हुआ है।'

50. श्रीराम (सीता के प्रति) : **किती यत्नें मी, पुन्हां पाहिले सीतें।**

लीनतें चारुते, सीते

दशा दिशा मोकळ्या तुजशी!

'हे सीता! कितने प्रयत्नों के बाद मैंने पुनः तुझे देखा है! हे लीनता की देवी, चारुते यह मेरा कितना बड़ा भाग खड़ा है!' (लेकिन अब हमारे बीच का रिश्ता ख़त्म भी हुआ है क्योंकि मैं पहले राजा हूँ!)

51. सीता (अग्नि में से) : शुद्ध होकर आने पर!

लोकसाक्ष शुद्धि झाली सतीजानकीची!

स्वामिनी निरंतर माझी, सुता ही क्षमेची!

श्रीराम कह रहे हैं कि सीता अग्नि द्वारा शुद्ध हुई है। निरन्तर काल की मेरी स्वामिनी, क्षमा देवी की पुत्री है।

52. अयोध्यावासी : **त्रिवार जयजयकार रामा, त्रिवार जयजयकार!**

पुष्पक यानातुनी उतरावे स्वर्गसौख्य साकार!!

अयोध्यावासी समूहगान में कहते हैं कि श्रीराम का बार-बार और तीनों समय जयजयनाद होता रहे। पुष्पक विमान से श्रीरामचन्द्रजी के रूप में स्वर्गीय सौख्य साकार होकर राम-सीता के रूप में नीचे धरती पर आया है।

53. हनुमान : **प्रभो मज एकच वर द्यावा,**

या चरणांच्या ठायीं माझा, निश्चल भाव रहावा!

हनुमान कहते हैं कि हे प्रभुजी मुझे एक ही आशीर्वचनपरक वर दीजिए कि आपके चरणों पर मेरा अविचल स्नेहभाव बना रहे।

54. सीता रामचन्द्र जी से : **डोहाळे पुरवा, रघुकुलतिलका माझे**

मज उगा वाटते वनीविहारावे

पाखरासारखे मुक्त स्वराने गावे!!

सीता प्रभु श्रीराम से कह रही हैं कि मेरे दोहद पूरे कीजिए, प्रभुजी! मुझे यों ही वन में जाने की चाह हो रही है और पंछियों की तरह गाने को जी ललचाता है।

55. अ. सीता : **मज सांग लक्ष्मणा जाऊ कुठे?**

पतिचरण पुन्हा मी पाहु कुठे?

सीता लक्ष्मण से पूछ रही हैं कि हे लक्ष्मण जी! बताइए मैं कहाँ जाऊँ? पतिचरण कहाँ देखूँ? अर्थात् मैं अब राम जी को कब देखूँ?

55. ब. सीता : **पति न राघव केवल नृपति।**

सीता यह भी कह रही हैं कि श्रीराम केवल राजा हैं! पतिदेव नहीं।

56. वाल्मीकि : **रघुराजाच्या नगरी जाऊन,**

गा बाळांनो श्रीरामायण!

वाल्मीकि कुश और लव से कहते हैं कि श्री रघुराज की पुण्यपुरी अवध में जाकर वत्सो श्री रामायण का सुन्दर गान करो। और कुछ हिदायतें उस वक़्त ध्यान में रखिए।

स्वरात ठेवा, हास्य गोडवा,
योग्य तेवढे बोला भाषण,
अवघ्या आशा-श्रीरामार्पण!

आपके स्वरों में हास झलकता रहे, उसमें मिठास हो और जो समुचित है उतना ही बोलिए! सारी आशाएँ-अरमान श्रीराम जी के लिए समर्पित हैं!

'गीत रामायण' के अन्तःक्षेत्र का प्रभाविस्तार

गीत रामायण का प्रारम्भ "स्वये श्रीराम प्रभु ऐकती" से होता है। यहाँ ख़ुद प्रभु रामचन्द्र जी बटुवत्सों को न जानकर मनोयोग से यह रामायण कथा गीत-रूप में मनोयोग से संगीतबद्ध स्थिति में मुग्ध होकर सुनते हैं। यह भी एक लीला है।

अयोध्या नगरी में श्रीरामचन्द्र जी के अश्वमेध यज्ञ के लिए मानव-समूह इकट्ठा हुआ था। उसी समय तापस वेश धारण कर दो तेजस्वी बटु (वाल्मीकि-शिष्य), उस पवन समूह में हाज़िर थे। वे दोनों कहने लगे, 'हम दोनों महर्षि वाल्मीकि के शिष्य हैं। हम रामचरित्र का गान करते हैं!' श्रीराम जी को पता नहीं था कि ये गान करनेवाले अपने ही सुपुत्र हैं! गीत का शुभारम्भ देखिए–

स्वये श्रीराम प्रभु ऐकती। कुश-लव रामायण गाती ॥

कुमार कुश-लव 'रामकथा' का गान करने लगे और ख़ुद प्रभु रामचन्द्र जी जो, स्वयं इस महागान के नायक हैं, उस गान का श्रवण करते हैं। यह दिव्य गीत-गुच्छ-गान, शान्त भाव से आप सुनते हैं। कुश-लव आगे कहते हैं–

कुमार दोघे एक वयाचे
सजीव पुतळे रघुरायाचे
पुत्र सांगति चरित पित्याचे
ज्योतीने तेजाची आरती।

अर्थात् ये दोनों तापस वेश में उपस्थित बालक एक ही उम्र के थे। हम जानते हैं कि थे (जुडवाँ भाई हैं) और यहाँ, परमेश्वर की लीला देखिए कि स्वयं दोनों, साथ-साथ, संगीत में अपने पिताजी का ही चरित्र-गीत-गान करते हैं। इस बात का पता उन दोनों को भी नहीं। उभय पक्ष अनजान हैं। यह दास्तान अजीबोगरीब है, एक ज्योति से दूसरे महातेज की ज्योति की आरती (यशोगान) करने जैसी भव्य-दिव्य है।

गीत रामायण के 56 शीर्षगीत हम पहले ही संक्षेप में पढ़ चुके हैं। अब इनमें से कुछ चुनिन्दा अंश गीत–क्रमांक देकर पाठकों के समक्ष आगे प्रस्तुत करेंगे। 'गागर में सागर' भरने के मद्देनज़र, गीतों का सन्दर्भ और कुछ मराठी अंश और साथ-साथ उनका हिन्दी अनुवाद पाठकों के लिए प्रस्तुत है। गीत 6 में 'यज्ञ-पुरुष' जब कहता है, "हे राजा दशरथ, पायस दान का स्वीकार कीजिए! तेरे यज्ञ में, मैं प्रगट हुआ हूँ! यह मेरा भी सम्मान है।" श्री विष्णु की आज्ञा लेकर, वह अग्नि से प्रगट हुआ, यज्ञ-पुरुष, यह भी कहता है कि इस पायसयुक्त सुवर्णकलश का स्वीकार और उसमें से तीन रानियों से पायस-पान होने से,

त्यांच्या पोटी जन्मा येतील, योद्धा चार महान!

यथावकाश, अयोध्या निवासी ठीक दोपहर के प्रारम्भ में, (अभिजीत मुहूरत) सूरज देवता रुक जाते हैं। तब अयोध्यावासिनी औरतें कहती हैं–

दोन प्रहरि कां ग, शिरी सूर्य थांबला?
रामजन्मला ग सखी राम जन्मला।

दो प्रहर में सूरज सिर पर आकर क्यों ठहरा हुआ है? सखियों बालक श्री प्रभु (राम) का जन्म हुआ है। चाँदखिलौना माँगनेवाले राम का भी ज़िक्र कवि ने किया है। राम थोड़े बड़े हो जाते हैं तो उस जेष्ठ पुत्र की माँग विश्वामित्र करते हैं। अपने साथ राम को ले जाते समय रास्ते में एक भयंकर राक्षसी जब उन्हें रोकती है तब विश्वामित्र राम से कहते हैं, "मार ही त्राटिका रामचन्द्रा।" यह आज्ञा देते हैं। धरती और देव-देवता-देवेन्द्र को यह 'शुक्र' माता राक्षसी सताती थी। यज्ञ-विघ्न लानेवाले 'सुबाहू' का भी वध होता है। 'मारीच' राक्षस को भी समुन्दर में डुबोया। वही आगे चलकर सुवर्णमृग बना था। अब राम-लक्ष्मण के जीवन में कुछ मोड़ आनेवाला है। यह काल लीला है।

आश्रमवासी और विश्वामित्र उन्हें मिथिलादर्शन और कुछ वाकिया दिखानेवाले हैं।

चला राघव चला पहाया जनकाची मिथिला।

'मिथिला' तो प्रेक्षणीय है ही, पर कविवर माडगूळकर कहते हैं–

मिथिलेहूनिही दर्शनीय नृप।
राजर्षि तो जनक नराधिप ॥

वाह वाह! मिथिला नगरी से बढ़कर सुन्दर, मिथिलाधीश जनक राजा हैं! और तो और ऐसे ही नृपवर के, सुकन्या का स्वयंवर सुन्दर से सुन्दरतर और सुन्दरतम क्या यही छिपी हुई सुन्दर लीला है! यज्ञ में, त्र्यंबकजी का शस्त्र, जिसने त्रिपुरारी मारा था, दाँव पर रखा गया है।

देव-दैत्य वा सुर-नर किन्नर।
उचलु न शकले त्यास तसूभर ॥

देव-दानव, सुर-नरगण, या गन्धर्वादि उसे किंचित भी उठा नहीं सके। राजा जनक हर दिन उसकी पूजा करते थे और ऐसे समय कुछ अघटित समाँ बन गया। राम राजा जनक से उसे उठाने की आज्ञा माँगते हैं जो सानन्द दी जाती है! कुछ चकित दृश्य दिखने में आता है, और इसी समय, भाट और चारण का समूहगान करते हैं–

श्रीरामांनी सहज उचलले धनु शंकराचे

श्रीराम जी ने सहजता से इस धनुष को उठाया था।

मुग्ध जानकी दुरुन न्याहळी, राम धनुर्धारी!

अर्थात् चकित जानकी, दूर से धनुर्धारी, रामरूप देखती ही रही। इसी घटना का सुन्दर वर्णन, कवि के ही शब्दों में देखिए—

ताडिताघातापरि भयंकर नाद तोच होई।
श्रीरामांनी केले टुकड़े दोन, धनुष्याचे ॥

अर्थात् पलकें उठाकर, सीता वह दृश्य और रामरूप देखती ही रहीं। बिजली कौंधी, जैसे चमक के साथ भयंकर गड़गड़ाहट हुई। और तो और, इर्दगिर्द क्या हुआ?

अंधारूनिया आले डोळे, बावरले सारे।

अर्थात् आँखों के आगे घनान्धकार और सारे प्रजाजन आनन्द से अभिभूत हो गये तथा स्वयं सीता की क्या हालत हुई?

आनन्दाने मिटले डोळे, तृप्त मैथिलीचे

अर्थात् आनन्द से संतृप्त होकर, मिथिला कन्या सीता ने भी आँखें बन्द कीं। यहाँ का समाँ, देखने लायक वर्णित हुआ है।

नीलाकाशी जशी भरावी उषरूप्रभा लाल।
तसेच भरले रामांगी मधु नूपुरस्वरताल।
सभामंडपी मीलन झाले माया-ब्रह्माचे ॥

नीले आसमान में लाल-लाल उषादेवी फैलने पर जो सुन्दर दृश्य होता है, उसके साथ राम जी की शरीरकान्ति पर भी, पाजेबों की मीठी आवाज़ गूँजने का समाँ भी बाँधा गया (सीता की सानन्दमूर्ति की झाँकी), यह ब्रह्म और माया का सम्मिलन था।

गगनामाजी देव करांनी, करिती करताल।
त्यांच्या कानी, गजर पोचले, मंगल वाद्यांचे ॥

इस समय आसमान में देववृन्द भी तालियाँ बजाते रहे। वे मंगल वादन सुनते ही रहे और अन्त में, विष्णु अंशावतार श्रीराम और धरती दुहिता सीताश्री का रिश्ता जुट गया।

आकाशासी जडले नाते-ऐसे धरणीचे।
स्वयंवर झाले सीतेचे ॥

आकाश और धरती के मिलन का अद्‌भुत मंगलगान, महाराष्ट्र में उस समय की आबोहवा में कई दिन गूँजता रहा। आज भी 'नवरात्र' में रामनवमी के दिन और कई देवी-मंगलों में यह 'स्वयंवर' गान हठात् प्रस्तुत होता है।

आगे चलकर— **सखे ग आनन्द सांगू किती**?
व्हायचे राम अयोध्यापति।

सीता की बहनें, उर्मिला, माण्डवी और श्रुतकीर्ति, राम के सिंहासनाधीश होने की गड़बड़ी में खोयी हुई हैं। लेकिन राजमाता कैकेयी की करतूत फलित हुई!

मोडू नका वचनास, नाथा।
मोडू नका वचनास।

अपने पुराने वचनों का भंग न करने के लिए राजा दशरथ जी से आग्रह करती रही। "भरत लागी द्या सिंहासन-रामासी वनवास" इन दो वचनों ने रंगभंग किया। सभी को मनाकर श्रीराम सीता जी की बिदाई के लिए आये हैं। तब सीता, दृढ़ता से कहती हैं—

संगे असता नाथा आपण।
प्रासादाहुन प्रसन्न कानन ॥
शिळेस म्हणतील, जन सिंहासन।
रघुकुल - शेखर वरी बैसता ॥

सीता कहती हैं कि आपके साथ राजप्रासाद की अपेक्षा वनों में प्रसन्नता मिलेगी। रघुकुल शिरोमणि जिस शिलाखण्ड पर बैठेंगे वहीं सिंहासन बनेगा। साथ-साथ उसे जंगल के श्वापदों का भी किंचित् भय नहीं होगा क्योंकि मेरे आगे पीछे ही चापबाणों से सुसज्ज धनुर्धर रहेंगे।

सीता के चलने पर अयोध्यावासी अपना प्रथम पराजित होना प्रकट करते हैं।

रामामागे निघे जयश्री। आज आयोध्या प्रथम पराजित ॥

आगे चलकर, गंगाजी के पास पहुँचकर, निषादराज गुह और केवट के मनोगीत देखिए।

जय गंगे, जय भागिरथी। जय जय राम, दाशरथी ॥

यह त्रिदोषनाशक, जय-गान गाकर उसके पार लगाते हैं और 'चित्रकूट' के पावन-पर्वत पर पहुँचने पर उसी मन्दाकिनी के तट पर 'कुटी' बाँधने के लिए श्रीराम जी लक्ष्मण को आज्ञा देते हैं।

आगे चलकर जब सुमन्त अयोध्या लौटते हैं और दशरथ उसे प्रेमविह्वल व्याकुलता में राम जी की वार्ता पूछते हैं तब सुमन्त बताते हैं कि राम जी कह रहे थे, "तातचरण ते वन्दनीय रे शततीर्थांचे धाम।" आपकी तरह, कौशल्या जी से भी, 'राजधर्मों' का स्मरण दिलाकर भरत को सम्मान दिलाने के लिए कहते हैं।

राजधर्म तू आठव आई, अभिषिक्ताने (गुण-वय नाही)

हे माताजी, जिसका अभिषेक हुआ है, उसका कोई वय-गुण का ज़िक्र नहीं होता, यह राज-धर्म का पालन कीजिए!

सांग जाउनी कुमार भरता। हो युवराज स्वीकार सत्ता ॥
प्रजाजनावर ठेवी ममता ॥
भोग सुरवाचा अखण्ड घेई। मनी राही निष्काम ॥

भरत को अमल लेने की सलाह दी जाती है पर निष्काम होकर और प्रजागण पर ममता रखने की भी हिदायत दी जाती है। माताओं के लिए "भरत ही राम है।" यह सन्देसा है।

भरत तोच श्रीराम।

दशरथ जी और श्रीराम न होने से गतधवा, अयोध्या नगरी भरत को अनमनी लगती है। भरत से कैकेयी ने इतिवृत्त बताकर सन्तप्त किया। भरत माता को पूर्णतः कोसने लगे। वे उसे माता के बदले बैरिन मानने लगे। लक्ष्मण की तरह वे भी 'खड्ग' लेकर खौलने लगे हैं।

तुला पहाता तृषार्थ होते, खड्गाची धार।
श्रीरामाची माय परितू, कसा करू प्रहार?

आगे चलकर श्री भरत जब राम जी से मिलकर हर हालत में सिंहासन नकारते हैं तब स्वयं प्रभु राम जी बहुत पते की बातें कहते हैं। उदाहरणस्वरूप कुछ देखते हैं, 'हम सब, दैवाधीन और अदृष्ट में फँसे हुए हैं।' यह सान्त्वना देते हैं। इस दुनिया में मानवपुत्र स्वाधीन नहीं है। दो लकड़ी के बड़े टुकड़ों के जैसी हमारी भेंट होती है। समुन्दर की एक बड़ी हिलोर उन्हें अलग करती है। हिलोर से अलग होनेवाले, फिर कभी नहीं मिलते।

दोन ओंडक्यांची होते - सागरात भेंट/
एक लाटू तोड़ी दोघा - पुन्हा नाही गाँठ/
क्षणिक तोच आहे बाळा - मेळ माणसाचा/
पराधीन आहे जगती पुत्र मानवाचा//
अयोध्येत हो तू राजा। एक मी वनीचा/
मान वाढवी तू अयोध्यापुरीचा//

यहाँ भरत को अयोध्या का राजा बनने पर उसकी कीर्ति-सम्मान बढ़ाने की श्रीराम जी की सूचना बहुत मुखर है! 'गागर में राजधर्म का सागर' इसमें भरा है! अब इसके आगे, पंचवटी का शूर्पणखा-प्रसंग! मराठी के अन्य कवियों ने यह 'पंचवटी' प्रसंग महाराष्ट्र में नासिक भूमि का प्राण होने से बहुत कुछ, मनोयोग और गहराई से चित्रित किया है। माडगूळकरजी भी इसमें पीछे कैसे रहें? 'रविकिरण मंडळ' के कवि गिरीशजी (कानेटकर) की शूर्पणखा मराठी भूमि में बहुत बहुत सुख्यात है। राम प्रेम मोहरत शूर्पणखा कहती है।

ही आभाळी वसने मला। प्रिय तुझ्यासाठी घननिळा ॥

****

किती नटून - थटून मी आले?
किती अलंकार मी ल्याले?
रामा! मन गेले तुझ्यावर जडुन

हे घननील रंग के जीव (राम)! ये मेरे आसमानी रंग के वस्त्र मुझे, तेरे लिए और भी भाने लगे हैं। तेरे लिए मैं कितनी सजधजकर आयी हूँ? कितने अलंकारों को धारण किया है? हे श्रीराम जी! मेरा मन आप पर पूरी तरह से आसक्त है! हिन्दी राष्ट्रकवि मैथिलीशरण गुप्तजी ने भी 'पंचवटी' खण्डकाव्य में इसीलिए शूर्पणखा को सुन्दरता से चित्रित किया है। कवि माडगुळकर, अनुरक्ता शूर्पणखा का चित्रण करने में पीछे नहीं हैं। प्रारम्भ में ही वे राम जी को देखकर, अनुमान से पूछती है—

कोण तू? कुठला राजकुमार?
देह वाहिला तुला श्यामला, कर माझा स्वीकार ॥

आप कौन हैं? कहाँ के राजपुत्र हैं? मेरी यह देह, आप जैसे श्यामल रंग के राजकुमार के लिए समर्पित है। इसको स्वीकार करें!

शूर्पणखा मी रावणभगिनी याच वनाची समज स्वामिनी।

मैं राजा रावण की बहन हूँ—इसी वनप्रदेश की मलिका समझिए!

तुझ्यासाठी मी झाले तरुणी,
षोडषवर्षा मधुर भाषिणी!

आपके लिए और भी यौवना बनी हूँ, साथ-साथ, मीठी बात करनेवाली भी!

प्रभु श्रीराम जी ने लक्ष्मण से उसे विरूप करने के लिए कहा। नासिका और कर्ण भेद होने पर, वह राक्षसी भयंकर बनी और खर, दूषण, त्रिशिर तथा चौदह सहस्र राक्षसों का राम जी और लक्ष्मण से नाश करवाकर अपने भाई रावण की ओर लंका चली आयी! उसने रावण को उकसाया।

जा सत्वर जा, ठार मार ते, बन्धु दोघे जण।
सूड घे त्यांचा, लंकापति!

हे लंकाधिपति! जाइए, जल्दी जाकर उन दोनों को ख़त्म कीजिए। प्रतिशोध लिया जाये। शूर्पणखा इसी समय राम की शक्तिनिपुणता का भी ज़िक्र करती है। राम के पौरुष के लिए भी वह चुनौती थी।

ऐक सांगते, पुन्हा तुला त्या श्रीरामाची कथा।
बाण मारता करात त्याच्या, चमके विद्युल्लता ॥

बाणों की बौछार करते वक़्त उसके हाथों में मानो विद्युत्संचार होता है। मैं फिर से यह कथा आपसे कहती हूँ। राम धरती पर मानो अनंग हैं, उनके साथ रति देवता से भी सुन्दर जनक कन्या (सीता) हैं। यहाँ शूर्पणखा कुछ झुठलाती भी है कि वह स्वयं सीता को, रावण के लिए प्राप्त करने के लिए गयी थी।

तिला पळवुनी घेऊन यावे, तुझ्यासाठी सत्वर।
याचसाठीं मी गेले होते, त्यांच्या कुटिरावर ॥

और वह यह बात दोहराती है कि–

जा सत्वर जा, ठार मार ते बन्धु दोघेजण।

कवि ने रामायण का प्रेरक कारण, यह प्रतिशोध भावना भी मानी है। रावण, मारीच को अपने साथ लेकर इस काम के लिए निकलते हैं। सम्मोहित–सीता, सुवर्ण मृग पाने का श्रीराम जी से हठ करती है।

मजसाठी मोडिले, आपण शंकर धनु!
जा त्वरा करा, मी पृष्ठी बांधिते भाता।
मज आणून द्या तो, हरिण-अयोध्यानाथा!

परिणामस्वरूप, रावण जब सीता को कुटी से उठाता है तब सीता उसे ज़रूर डाँटती है–

घननीळाची मूर्त वीज मी, नकोस जाळू हात।
याचका, थांबू नको दारात।

लेकिन हठी रावण भी उस बात को ठुकराकर सीता को उठाकर ले जाने का ईप्सित पूरा ही करता है। पक्षीराज जटायु और कबन्ध राक्षस, राम-लक्ष्मण को रावण की करतूत बताकर उसकी जाने की दिशा (दक्षिण) बताते हैं। ऋष्यामूक पर्वत पर सुग्रीव अपने हनुमन्तादि सचिव-मन्त्रियों सहित, छिपकर रहता था। श्रीराम जी ने उससे मित्रता बनायी। "दुःखीच साह्य होतो, दुःखात दुःखिताला" (दुःख में रहनेवाले को दूसरा दुःखी ही मदद करता है।) इस न्याय से, राम ने सुग्रीव को, उसकी पत्नी मिलाने के लिए (रूमा) वाली को मारकर मदद की।

"वाली वध ना खलनिर्दारन।" यह राम की धारणा रही। बाद में चक्षुष्मती–'विद्याप्राप्त सम्पाती' (गिद्धराज–जटायु बन्धु और दशरथ मित्र) उसे रास्ते में मिलता है। सीता का पता (लंका में होने का) वह बता देता है। तब जाम्बवन्त, हनुमान को पुकारकर सीता खोज के कार्य पर उसे ही भेजने का संकेत देते हैं, क्योंकि इतना दुश्वर और बड़ा काम पूरा करने की क्षमता उसी में थी।

असा तो एकच श्री हनुमन्त।

यह उसकी ललकार सही थी। श्रीहनुमान जी समुद्र और लंका को लाँघकर अशोकवन में सीता को देखते हैं जो राक्षसियों से घिरी हुई थी। हनुमान ने रावण को डाँटनेवाली सीता का भी अलग नज़ारा देखा।

नकोस करुस वल्गना, रावण निशाचरा

यह डाँट उसे धमकानेवाले रावण को सुनायी गयी। समूर्त राम कीर्तिरूप सीता, अधोवदनी स्थिति में आपके देखने पर, राममुद्रिका की निशानी उसे प्रस्तुत हुई! सन्देसा लेकर लौटते वक़्त, हनुमान, इन्द्रजीत द्वारा पकड़े गये जो लंकादहन का कारण बना। सीता की अग्निप्रार्थना से हनुमान अग्नि से सुरक्षित है। श्रीराम जी से मिलने पर, सब लंका की ओर प्रस्थान करते हैं। सेतुबन्ध का अजब नज़ारा अब प्रस्तुत है।

सेतू नच हा, क्रतु श्रमांचा।
विशाल हेतु श्रीरामांचा ॥

यह सेतु या साधारण बाँध न होकर यह विलक्षण यज्ञ-क्रिया है।

सेतू बाँधा रे सागरी।

यह समुदाय-गीत और कुछ (संगठित-शक्ति) की ओर भी संकेत करता है। भक्ति-शक्ति का यह मूर्त रूप था! उस समय, विद्युत् जिह्वा राक्षस, सीता को श्रीराम का मायावी शिर प्रस्तुत करते हैं। सीता मूर्च्छित होती है तब 'सरमा' राक्षसी उसे असलियत बताती है।

श्रीराम लंकानिरीक्षण, सुग्रीवादि के साथ करते थे, उसी समय, सुग्रीव, रावण से जाकर द्वन्द्व युद्ध में भीड़ गया। लेकिन वापस आने पर राम उसे ख़ूब डाँटते हैं।

प्रथम योजना, नंतर विक्रम,
अविचारे जय, कुणा लाभले?
सुग्रीव, हे साहस असेल!

राजधर्मी राम, आख़िरी बार, अंगद को दूत बनाकर, रावण के यहाँ भेजते हैं। अंगद युद्ध-संहार के पहले सुलह चाहता है। उसके असफल होने पर युद्ध शुरू होता है।

अनुपमेय हो युद्ध हे, राम-रावणांचे!
नभा भेदुनी नाद चालले, शंख-दुंदुभींचे ॥

इस अप्रतिम और अपने ही जैसे, अलग ही होनेवाले, 'युगान्तरी' युद्ध का वर्णन, 'गदिमा' मनोयोग से करते हैं। उदाहरण देखिए।

1. **रणांगणावर, कोसळला, तो पाऊस बाणांचा!**

(रणांगण पर, बाणों की मूसलाधार वर्षा हुई।)

2. **त्या नादातच, मिळले पदरव, प्लवग - राक्षसांचे।**

(उन्हीं निनादों में, वानर और राक्षसों के, पद-नाद मिले हुए थे।)

3. **शस्त्र म्हणून ते धाव घालिती, वृक्षपर्वतांचे।**

(बड़े-बड़े पेड़ और पर्वतों के प्रहार शस्त्रों के लिए होते थे।)

4. **भरास आले, द्वंद्व जणू की महासागरांचे।**

(मानो दो महासागरों की टकराहट, इसमें हो रही है।)

5. **रणभूमीवर ओहळ सुटले-लाल- शोणितांचे।**

(रणभूमि पर लाल-लाल लहू के प्रपात बहने लगे।)

6. **प्रलयकाळचे अंग थरारे, धरणी-गगनाचे ॥**

(आसमान और धरती मानो प्रलय-काल में हिल रहे थे। थर्राते थे।)

7. धुमाळीत, त्या कोणा नुरते, भानच कोणाचे!

(उसमें हर कोई अनसूझ धुन्ध में किसी को अपनी सुध नहीं थी।)

इस अनहोने युद्ध में, रावण का शस्त्रहीन होना और राम की कृपा का फल पाकर उसे एक रात्रि की सहूलियत मिलने पर वह कुम्भकर्ण को उकसाता है जो बहुत बड़ा शूरवीर है। स्वयं कुम्भकर्ण भी मानता है–

लंकेश्वर आज कठिन काळ पातला।

लंका के सामने आज बहुत कठिन समय आया है। बहुत पराक्रम दिखाकर आख़िर, वह भी श्रीराम जी से पराजित और मृत होता है। अब रावण का आख़िरी समय। पर यह भी हुआ–श्रीराम के बाण भी विफल होते थे। तब स्वयं राम भी चिन्तित हुए हैं। जब रावण का सारथी 'मातलि' हँसकर उसे अगस्त्य के ब्रह्मास्त्र का संकेत देता है। वह दैदीप्यमान बाण रावण के हृदय को शतशः विदीर्ण करता है। (तुलसीदास जी ने, विभीषण जी की सूचना पर 'नाभि भेद' और 'चित्त-चलन' का चयन किया है।)

राम-रावण युद्ध और रावण-मरण बहुत पेचीदा और गूढ़ बात है और रहेगी। असल में यह युद्ध भी राम-लीला है।

युद्ध करी हे जगताकरिता।
दाखवी अतुल राम-लीला ॥

इसके बाद श्रीराम जी अपना रण-कर्कश रूप छोड़कर सौम्यरूप में आते हैं। हनुमान से सीता को अशोक वन से लाने के लिए कहते हैं। सौम्य स्वर में जनकनन्दिनी से एक कठोर निवेदन करते हैं।

किती यत्ने मी पुन्हा पाहिली तूँते।
लीनते, चारुते, सीते ॥

कितने कठोर प्रयत्नों के साथ हे चारुगात्री और नम्र सीता, तुम्हें मैं देख रहा हूँ। यह सब तेरे कारण हुआ है। मैंने अपना काम किया है, अब तू स्वतन्त्र है।

मी केले मज कार्याशी।
दश-दिशा मोकळ्या तुजशी ॥

यह सुनने पर सीता पर बिजली गिरी। वह अग्नि प्रवेश कर बैठी और फिर अग्निदेव के उपस्थित होने पर, राम को वह पवित्र होने की दुहाई देते हैं। तब श्रीराम जी भी, लोकसाक्ष्य मानते हैं और कहते हैं।

लोकसाक्ष शुद्धी झाली, सती जानकीची
स्वामिनी निरंतर माझीऽऽ सुता ही क्षमेची!

लोगों के समक्ष यह अग्निदिव्य हुआ है। यह मेरी स्वामिनी निरन्तर क्षमापुत्री है। यहाँ साक्षात् क्षमा-कन्या यही बताती है कि–

प्रजा रंजवी सौखें, तोच एक राजा।
हेच तत्त्व मजसी सांगे, 'राजधर्म' माझा ॥
प्रजा हीच कोटी रूपें, मला ईश्वराची।

जो प्रजारंजन करता है वही असली राजा होता है। यही मेरा कर्तव्य रहा है और यही मेरा राजधर्म है। प्रजा के करोडों रूप ही मेरे करोड़ों ईश्वर हैं। बाद में फिर अग्निदेव के सामने–

अग्निदेव आज्ञा आपुली, सर्वथैव मान्य।
गृहस्वामिनीच्या दिव्ये, राम आज धन्य॥

अर्थात् हे अग्निदेवता! आपकी आज्ञा मुझे मंजूर है। मैं आज गृहस्वामिनी के दिव्य से धन्य हुआ हूँ।

लोकमाय लाभे फिरुनी प्रजा अयोध्येसी।

आज मुझे फिर से लोकमाता अयोध्या प्रजा की मान्यता मिली है। तभी अयोध्यावासी कहते हैं–

त्रिवार जयजयकार, रामा त्रिवार जयजयकार।
पुष्पक यानातून उतरले, स्वर्ग-सौरभ साकार।

पुष्पक विमान में से रामरूप में मानो स्वर्ग सौरभ धरती पर उतर आया। यथासमय, राम-सीता का राज्याभिषेक हुआ। सुग्रीव-अंगद आदि वानर वीरों को यथोचित सम्मान और गौरव मिला। सुग्रीव तो पाँचवें भाई समझे गये। विभीषण की विदाई हुई। अब भावस्निग्ध स्थिति में श्रीहनुमन्त, श्रीराम जी के चरणों में रहने का हठ करते हैं।

प्रभो मज एकच (द्या वरदान) वर द्यावा।
रामकथा नित वदनेगावी। राम-कथा या श्रवणी यावी॥
श्रीरामा, मज श्रीरामाविण, दूसरा छन्द नसावा॥

अर्थात् हे प्रभु जी, मुझे एक ही वर दीजिए। मैं रामकथा हमेशा मुख से गाता रहूँ। रामकथा का ही इन कानों से श्रवण करूँ। श्रीराम जी मुझे आपके बगैर (श्रीराम जी ही राम जी) कोई दूसरा स्मरण ही न हो। महामहोपाध्याय दत्तो वामन पोतदार जी की उद्धृत की हुई पंक्तियाँ बहुत मुखर हैं। ये पंक्तियाँ अनेक भाषाओं में (दुनिया की), अनेक मुखों में प्रसृत हों यही कवि की कामना रही है। और तो और कविवर माडगूळकर जी ने और भी आगे दो गीत प्रस्तुत किये हैं जो वाल्मीकि के नये दो शिष्य सीता का त्याग उन्हीं के आश्रम के पास होने पर अपनी पूज्य माता के साथ पाले जाते हैं। रानी सीता अयोध्या में होने पर श्रीराम जी से दोहदों को (शायद न) जानकर भी–

मज उगा वाटते, वनीं विहारा जावे।
पाखरांसारखे, मुक्त स्वरांनी गावे॥

मुझे वन में विहारकर, पंछियों की तरह, कूजन करने की ललक होती है। साथ-साथ तूणीर और बाणों को जुटाकर श्वापदों को गिराने की चाह होती है।

घेऊन धनूतें, बांधुन भाता पाठीं।
वाटते फिरावे, वनांत मृगयेसाठीं।
पाडीत फिरावे, दिसेल श्वापद जें जें।

और किस्मत का खेल देखिए। सीता को त्यागकर श्रीराम जी लक्ष्मण द्वारा उसे वन में (वाल्मीकि के आश्रम के पास) भेज देते हैं।

सीता पूछती है–

सांग लक्ष्मणा जाऊं कुठे?

हे लक्ष्मण जी! मैं इस अवस्था में कहाँ जाऊँ? यह महासाध्वी जनककन्या और रामरानी कहती है और मानती है कि–

पति न राघव, केवल नृपति।
बोलता पुनः ही जीभ थिटे।

यह बोलते समय सीता की जीभ लड़खड़ाती है, 'राम केवल राजा हैं पति नहीं।' बाद में इन बालकों का जन्म और लालन-पालन आश्रम में होने पर उनकी 'रक्षा-दीक्षा-शिक्षा' ठीक होती है। उन्हें गीत-गान और ख़ासकर रामायण-कथा-गान सिखाया जाता है। वाल्मीकि उन्हें बताते हैं–

रघुराजांच्या नागरी जाऊन
गा बाळांनोश्रीरामायण।

हे बालको, राम की नगरी में जाकर श्री रामायण का गीत-गान करें। लेकिन याद रहे कि पारिश्रमिक न लिया जाय! यहाँ 'गीत रामायण' की चक्राकार कथा समाप्त होती है।

सन्दर्भ

- माडगुळकर ग.दि., गीत रामायण, पुणे आकाशवाणी द्वारा 1955-56 में प्रस्तुत।

सन्त एकनाथ की 'भावार्थ रामायण'

प्रा. डॉ. सरजूप्रसाद मिश्र

मराठी भक्ति-साहित्य में एकनाथ का महत्त्वपूर्ण स्थान है। एकनाथ के पूर्वज भानुदास पैठण के समृद्ध कपड़ा व्यापारी थे। विजयनगर के शक्तिशाली सम्राट कृष्णदेव एक आक्रमण में पंढरपुर की विठ्ठलमूर्ति को अपने साथ लेते गये। स्वयं को संकट में डालकर भानुदास उस मूर्ति को वापस लाने में सफल हुए। जनता ने उन्हें आदर एवं सम्मान प्रदान किया। भानुदास के बाद की दो पीढ़ियों की जानकारी अनुपलब्ध है। भानुदास का पुत्र चक्रमणि, उसका पुत्र सूर्यनारायण, सूर्यनारायण का पुत्र एकनाथ जिनका जन्म सन् 1532 ई. में हुआ। एकनाथ को माता-पिता का सुख नहीं प्राप्त हुआ किन्तु सौभाग्य से आजा-आजी की छत्रछाया दीर्घ काल तक प्राप्त होने के कारण उनका बचपन सुखशान्तिपूर्ण रहा। बुद्धिमान एवं जिज्ञासु होने के कारण एकनाथ ने बाल्यावस्था में ही बहुत अधिक ज्ञान संचित कर लिया। पैठण के समीप देवगिरि स्थित जनार्दन स्वामी को उन्होंने अपना गुरु बनाया और उनकी सेवा करते हुए महत्त्वपूर्ण ज्ञानराशि उपलब्ध की। बाद में एकनाथ ने देवगिरि के पास के जंगल में तपस्या की। उसके बाद वे गुरु की आज्ञा से तीर्थाटन पर निकल पड़े। उनके साहित्य के पारायण से यह ज्ञात हो जाता है कि एकनाथ ने उत्तर के कुछ प्रमुख एवं दक्षिण के बड़े-छोटे कई तीर्थस्थानों पर मस्तक नवाया था। 'भावार्थ रामायण' के 'किष्किन्धा काण्ड' में सुग्रीव अपनी वानरसेना के विभिन्न दलों को विभिन्न स्थानों पर सीता की खोज में भेजते हैं। विभिन्न देशों, जातियों, तीर्थस्थानों के नामों से एकनाथ के व्यापक पर्यटन की जानकारी मिलती है। तीर्थयात्रा सम्पन्न करके एकनाथ 25 वर्ष की आयु में पैठण वापस आये। आजा-आजी ने सुयोग्य कन्या से उनका ब्याह किया। 1557 ई. से पूरे 13 वर्ष वे पैठण में रहे। उसके बाद वे तीन वर्ष काशी में रहे। इस तथ्य की पुष्टि उनके ग्रन्थों—'रुक्मिणी स्वयंभू एवं 'भागवत' से होती है। दोनों ग्रन्थ उन्होंने काशी में पूर्ण किये। एकनाथ रचित ग्रन्थ अनेक हैं, आनन्द लहरी, स्वानुभव सुख, हस्तामलक, शूकाष्टक एकनाथ के स्फुट ग्रन्थ हैं। रुक्मिणी-स्वयंवर, भागवत टीका एवं भावार्थ रामायण उनके प्रमुख ग्रन्थ हैं। इन ग्रन्थों के अनुशीलन से एकनाथ की भगवद् भक्ति, अध्यात्म साधना एवं तत्कालीन महाराष्ट्रीय समाज की स्थिति आदि की महत्त्वपूर्ण जानकारी प्राप्त होती है। हम अपना ध्यान मुख्यतः भावार्थ रामायण पर केन्द्रित करेंगे।

भावार्थ रामायण

'भावार्थ रामायण' एकनाथ का अन्तिम ग्रन्थ है। जीवन के उत्तरार्ध में वे रामचरित लेखन की ओर उन्मुख हुए। तुलसीदास ने निगर्वी भाव से 'कवि न होऊँनहिं वचन प्रवीना। सकल कला सब

विद्याहीना' कहा है। एकनाथ में भी यही अहंकारहीनता का भाव है—'मी फक्त दऊतलेखणीचा धनी आहे', 'कथा लिहविता श्रीराम' (मैं केवल क़लम दावात का मालिक हूँ, कथा तो श्रीराम लिखा रहे हैं) यह विनम्रता भक्ति का अनिवार्य गुण है। एकनाथ ने इस ग्रन्थ का नाम 'भावार्थ रामायण' क्यों रखा? इसमें आध्यात्मिक गूढ़ता एवं प्रतीकात्मकता है। अज राजा के दशेन्द्रिययुक्त दशरथ पुत्र हैं। पिता के अजत्व से युक्त अजन्मे परब्रह्मरूपी राम कौशल्या के गर्भ में आते हैं। एकनाथ दशरथ की ज्येष्ठ रानी कौशल्या को सद्विद्या, सुमित्रा को शुद्ध मेधा, कैकेयी को अविद्या और उसकी दासी मन्थरा को कुविद्या मानते हैं। एकनाथ अपनी कविता का उद्देश्य मुख्यार्थ प्रकट करते हुए शब्द-शब्द में परमार्थ दिखाना मानते हैं। यही 'भावार्थ' का आशय है। 'भावार्थ रामायण' का कथानक मूलतः वाल्मीकि रामायण पर आधारित है, लेकिन पुराणों, अन्य काव्य कृतियों एवं नाटकों में रामकथा से सम्बन्धित जो लोकप्रिय, रूढ़ एवं परिचित नये प्रसंग मिले उन्हें एकनाथ ने अपनी रचना में समाविष्ट कर लिया है। एकनाथ ने कहा है—'मृत्युलोकामाजी रामायणे असंख्यात की।' ग्रन्थ रचना करते समय रामचरित के अनेक ग्रन्थ एकनाथ के दृष्टिपथ में थे। 'अरण्य काण्ड' के 20 वें अध्याय के अन्त में उन्होंने रामायणों की सूची दी है—शिव, शैव, आगम पंचरात्र, गुह्यक, हनुमन्त (नाटक), मत्स्य, कूर्म, वराह, कालिकाखण्ड, महाकाली, स्कन्द, अगस्त्य, पुलस्त्य, पद्मपुराण के रवि, अग्नि, वरुण, (नन्दिग्राम के), भरत (रामायण), भारत में (क्रौंच द्वीप की) क्रौंच मुनिकथित विभीषण के धर्मकथित धर्म (रामायण), श्वेतकेतुकृत (श्वेत द्वीपान्तर्गत), शिव भवानी संवाद की रामायण। इसके अतिरिक्त 'शिव रामायण' का स्वतन्त्र निर्देश उन्होंने अनेक बार किया है। जिस शतक में एकनाथ ने अपनी रामायण लिखी उसके आगे-पीछे कई रामायण लिखे गये। इनमें तीन रामायण महत्त्वपूर्ण हैं—बंगाल में कृत्तिवासकृत, कर्नाटक में तोखें लिखित, उत्तर भारत में तुलसीदासरचित 'रामचरितमानस'। एकनाथ एवं तुलसीदास समकालीन थे। अपने काशी निवास के दौरान एकनाथ ने तुलसीदास की ख्याति अवश्य सुनी होगी। दोनों की भेंट होने की सम्भावना से इनकार नहीं किया जा सकता।

वाल्मीकि रामायण में बाल काण्ड में 77 अध्याय हैं। 'भावार्थ रामायण' में केवल 27 हैं। वाल्मीकि रामायण से हटकर एकनाथ ने नवीन उद्भावनाएँ की हैं। मुक्त कथासूत्र का अनुसरण करते हुए एकनाथ उपदेश देने के अवसर निकाल लेते हैं। यज्ञ से प्राप्त पुत्रप्राप्ति का प्रसाद एक चील कैकेयी के हाथ से छीन ले जाती है। चील वस्तुतः शापग्रस्त अप्सरा है। वाल्मीकि में यह प्रसंग नहीं है। एकनाथ ने इस प्रसंग के द्वारा कौशल्या की उदारता दिखायी है। 7 वें अध्याय में राम जन्म के समय लंका में अपशकुन होने का संकेत है। मन्दोदरी के गले का हार अपने आप टूट अग्नि में गिरकर जल जाता है। इसी अध्याय में राम की तीर्थयात्रा का वर्णन है जो वाल्मीकि में नहीं है। तीर्थयात्रा के फलस्वरूप राम में अद्भुत विरक्ति भाव पैदा हो गया है (अध्याय 8)। वे देह, यौवन, नारी, अहंकार सब की निन्दा करते हैं। वसिष्ठ मुनि राम को समझाते हैं। समाधान हो जाने पर राम विश्वामित्र के साथ यज्ञ रक्षणार्थ जाते हैं। एकनाथ ने यज्ञ और युद्ध को लेकर जो रूपक रचा है उसे पढ़कर 'रामचरितमानस' का 'धर्ममय रथ' का रूपक याद आ जाता है। अहल्योद्धार के प्रसंग में गौतम ऋषि को पश्चात्ताप ग्रस्त दिखाया गया है जो वाल्मीकि में नहीं है। 18 वें अध्याय से राम-सीता के विवाह का विस्तृत वर्णन आया है। सीता स्वयंवर में 96 कुल के राजा आये थे। महाराष्ट्र में मराठों के 96 कुल हैं। इसी का स्मरण हो आता है। विश्वामित्र ने ब्याह के सम्बन्ध में वसिष्ठ और दशरथ को दो पत्र लिखे। जनक का प्रधान उसे लेकर अयोध्या के लिए चल पड़ा। उसने तीन मुकाम किये—श्रवण मनन पुरी, निदिध्यास एवं साक्षात्कार। यहाँ एकनाथ की आध्यात्मिक रुचि का परिचय

मिलता है। दशरथ की मिथिला यात्रा के भी तीन पड़ाव बताये हैं—अहं, कोहं, सोहं अथवा दृश्य, द्रष्टा एवं दर्शन। इन तीन पड़ावों से गुज़र कर ही राम से भेंट हो सकती है।

'भावार्थ' में 18 अध्याय हैं। मूल रामायण के विपरीत यहाँ अयोध्या आने पर राम गुरु वसिष्ठ की आज्ञा से विभिन्न अस्त्र-शस्त्रों के संचालन की अपनी क्षमता का भी प्रदर्शन करते हैं। यह एतद्विषयक एकनाथ के ज्ञान का भी प्रदर्शन है। राम की निपुणता को देखकर राजा दशरथ उन्हें राजा बनाने का प्रस्ताव रखते हैं जिसे सभी मान्य करते हैं। रावण के बन्दीगृह से देवताओं को मुक्त कराने के लिए ज़रूरी था कि राम राजा न हों, वनवासी हों। इसलिए ब्रह्मा ने मन्थरा बुद्धि फेरने का उपाय ढूँढ़ा। राम-वनवास और दशरथ मरण के बाद अयोध्यावासी कैकेयी की अशोभनीय शब्दों से भर्त्सना करते हैं। ननिहाल से लौटकर भरत ने राम के लिए जो विलाप किया उसमें बन्धुप्रेम ही नहीं प्रभु भक्ति प्रगट होती है। चित्रकूट में राम-भरत भेंट प्रभु एवं भक्त की भेंट के रूप में चित्रित कर एकनाथ ने भक्ति रस की चरमावस्था दिखायी है। अयोध्या काण्ड में एकनाथ ने विविध रूपों में रामोपासना की महिमा गायी है। एकनाथ ने अरण्य काण्ड में रामकथा की उत्कटता व्यक्त की है। शूर्पणखा के पुत्र सांब के तप, मरण, शूर्पणखा के दुःस्वप्न आदि के प्रसंग रखकर रसिक पाठकों को आनन्द प्रदान किया है। एकनाथ भी वास्तविक सीता का हरण नहीं करवाते हैं। सीता अग्नि में प्रवेश कर जाती है और वह छाया प्रगट रूप में रहती है। राम के ब्रह्मत्व पर पार्वती द्वारा प्रश्नचिह्न खड़े करने का प्रसंग 'मानस' के समान 'भावार्थ' में भी है। 'भावार्थ' में लक्ष्मण समेत सभी देवता भ्रम में पड़ जाते हैं कि सीता की मुक्ति हो गयी। अब हमें बन्धन मुक्त कौन करेगा? राम के यह कहने पर कि शिव को अकेला छोड़कर माता मेरे साथ छल क्यों कर रही हैं? पार्वती सन्न रह गयी। लक्ष्मण एवं देवताओं का भी भ्रम दूर हुआ। एकनाथ ने इस प्रसंग के लिए 'शिवरामायण' का सन्दर्भ संकेतित किया है। राम के हाथों मरण एवं मुक्ति पानेवाले वाली ने अंगद, सुग्रीव व तारा को राम सेवा का उपदेश दिया।

लंका के मार्ग में तीन स्त्रियाँ सुरसा, सिंहिका एवं क्रौचा—हनुमान के लिए बाधा उपस्थित करती हैं। एकनाथ हनुमान द्वारा सुरसा व क्रौचा का वध करवाते हैं। सम्पूर्ण 'सुन्दर काण्ड' का नायक एकमात्र हनुमान हैं। उसके बुद्धिकौशल एवं शौर्य से पूरा काण्ड ओतप्रोत है। सीता की खोज में लंका में विचरण करते हुए हनुमान विभिन्न जातियों एवं व्यवसायों के लोगों का निरीक्षण करते हैं। यहाँ एकनाथ अपनी समकालीनता को उजागर करते हैं। सुनारों की बस्ती में हनुमान को धोखाधड़ी दिखायी पड़ी। इसी प्रकार-कासार, साहूकार, तेली, जुलाहे, तंबोली, दर्ज़ी, माली, बनिया आदि के व्यवसायों में भी छल छद्म के दर्शन हुए। इनमें से कुछ व्यवसायों में आज भी स्थिति यथावत् है। एकनाथ के समय भी दर्ज़ी कपड़ा चुराया करते थे। ऋण देनेवाले साहूकार आज भी किसानों की आत्महत्या का कारण बनते हैं। वेदपाठी ब्राह्मण उदात्त-अनुदात्त स्वरों के उच्चारण द्वारा एक-दूसरे का उपहास करते हैं। 'भावार्थ' में विदाई के समय सीता हनुमान को एक मणि देती हैं। यह मणि विष्णु ने इन्द्र को, इन्द्र ने दशरथ को, दशरथ ने कौशल्या को और कौशल्या ने सीता को दी थी। रावण द्वारा हनुमान पर 'चन्द्रसेन' नामक खड्ग से वार करने का ज़िक्र है। हनुमान ने राम को अपने करतब की कहानी सुनाने के बदले ब्रह्मदेव का पत्र पेश कर दिया जिसमें सम्पूर्ण घटनाचक्र का विस्तृत वर्णन है। पत्र लक्ष्मण पढ़कर सुनाते हैं। सुन्दर काण्ड के 26 वें अध्याय से प्रारम्भ हो यह पत्र 33 वें अध्याय में समाप्त होता है। इतना दीर्घ पत्र सुनने से श्रोता ऊबे नहीं, इसलिए बीच-बीच में उनकी प्रतिक्रिया वर्णित है। विभीषण जब राम की शरण में आये तो राम ने हनुमान को लंका

प्रत्यक्ष दिखाने के लिए कहा। हनुमान ने समुद्र की रेती पर लंका की प्रतिकृति रच डाली। राम ने विभीषण से कहा—“आज यह लंका मैं तुम्हें दे रहा हूँ। वास्तविक लंका मिलने तक यह हनुमाननिर्मित लंका तुम्हारे पास गहन रख रहा हूँ।” राम ने विभीषण का राज्याभिषेक कर दिया। तुलसीदास के ‘मानस’ में उत्तर तटवासी उन पापियों को अपने बाण से नष्ट कर दिया जो समुद्र को त्रास देते थे। एकनाथ ने समुद्र को त्रास देनेवाले मरु राक्षस का राम के अग्निबाण से नाश करवाया है। अहंकार को भक्ति मार्ग की सबसे बड़ी बाधा माना गया है। नल को अपनी क्षमता पर अभिमान हुआ तो उसके द्वारा डाली जानेवाली शिलाएँ जल में डूबने लगीं। हनुमान के सचेत करने पर वह अहंरहित हुआ तो सेतु बन्धन का कार्य निर्विघ्न सम्पन्न हुआ। समुद्र ने राम को सलाह दी कि वे योगी का वेश त्यागकर योद्धा का बाना धारण करें। एकनाथ ने इस योद्धा वेशधारी राम के रूप का विस्तृत वर्णन किया है। युद्ध काण्ड के कई प्रसंगों को एकनाथ ने सुन्दर काण्ड में समाविष्ट कर लिया है। सागर पर सेतुबन्ध, विभीषण का लंका से निष्कासन, उसकी राम की शरणागति इत्यादि ऐसे ही प्रसंग हैं। राम की सेना का निरीक्षण करने के लिए रावण ने शुक-सारण नामक दो राक्षसों को भेजा, जिन्हें वानरों ने पकड़ लिया लेकिन राम ने उन्हें छोड़ दिया। फिर शार्दूल नामक राक्षस आया। उसकी भी वही गत हुई। लौटकर उन्होंने रावण को राम से युद्ध न करने की सलाह दी। रावण स्वयं एक उच्च स्थान पर बैठकर राम की सेना का निरीक्षण करने लगा। राम ने उसके छत्र को धूल में मिला दिया। वानर लंका से भी ऊँचा एक पर्वत ले आया और हल्ला बोल दिया। लंका का बाज़ार लूट डाला। रावण की सेना से भी वे भिड़ गये। राम लक्ष्मण, सुग्रीव आदि के साथ लंका का निरीक्षण करने के लिए एक ऊँची जगह पर गये। सीताहरण करनेवाले रावण को देखकर सुग्रीव तैश में आकर छलाँग लगाकर रावण के पास गये। सुग्रीव ने अपनी पूँछ रावण की नाक में घुसा दी। रावण ने पूँछ को दाँतों से काट खाया। ऐसे प्रसंगों से एकनाथ की हास्य विनोद में रमने की प्रवृत्ति का ज्ञान होता है। युद्ध अपरिहार्य होने के बावजूद राम ने अंगद को दूत के रूप में रावण के पास भेजकर उसे टालने का अन्तिम प्रयत्न किया। इन्द्रजित द्वारा राम-लक्ष्मण का शरबन्धन, रावण द्वारा छोड़ी गयी शक्ति का लक्ष्मण पर परिणाम, कुम्भकर्ण का जागना और मृत्यु, इन्द्रजित का युद्ध व मृत्यु और अन्ततः रावण का अन्त। इन प्रसंगों में एकनाथ ने कई नयी उद्भावनाएँ की हैं। इन्द्रजित ने राम-लक्ष्मण को अपने शरबन्धन में फँसा लिया। राम ने वेद, पुराण, अनागत चरित्र, लोकस्थिति, धर्मनीति, भागवत भक्ति आदि को ध्यान में रख शरबन्धन का मान रखा। सीता को मानसिक आघात देने के लिए पुष्पक विमान द्वारा उन्हें युद्ध भूमि पर लाया गया ताकि वे अपने पति व देवर की निरीहता को देख सकें। राम ने अपने आराध्य शिव का स्मरण किया। शिव ने गरुड़ को भेजा। गरुड़ ने दोनों बन्धुओं को नागपाश से मुक्त किया। नारद के मुँह से सुना गया रावण-वध का भविष्य कुम्भकर्ण ने अपने भाई को बताया। विष्णु दशरथ के पुत्र के रूप में जन्म लेंगे और उन्हीं के हाथों रावण-वध होगा। इस पर रावण ने पूछा—‘कौन विष्णु?’ राम यदि विष्णु है तो उसे वानरों से मित्रता क्यों करनी पड़ी? पीछे जब मैंने देवताओं को जीता था तब तुम्हारा यह विष्णु कहाँ छिपा था? युद्ध से डर लगता हो तो जा फिर से सो जा—‘अति करंटा नपुंसक।’ एक बार सनत्कुमार ने रावण को बताया था कि अन्य देवों के हाथों मरने से पुनः जन्म लेना पड़ता है और विष्णु के हाथों मरने से मोक्ष प्राप्ति होती है। यही बात नारद ने दुहराई। तभी रावण ने विष्णु के हाथों मरण प्राप्त करने का संकल्प कर लिया था। शक्तिबाण लगने पर लक्ष्मण मूर्च्छित हो गये। राम ने हनुमान से औषधि लाने को कहा। हनुमान चिन्ता पर व्याख्यान देने लगे—‘परमानन्दाचे वन समग्र। चिंतेने जाईले चौफेर’। हनुमान द्रौणगिरि

पर्वत उठाये लंका जा रहे थे। भरत को लगा कि इन्द्र अप्सराओं के साथ आसमान में क्रीड़ा कर रहा है। भरत के बाण से घायल हो हनुमान नीचे उतरे एवं दो राम भक्तों का मिलन हुआ। लंका पहुँच कर हनुमान ने विलम्ब का कारण भरत-भेंट को बताया। यह सुनते ही राम हनुमान को भरत मानकर उनके गले लग गये। 51 से 54वें अध्याय में अहिरावण गहिरावण का आख्यान है। इन अध्यायों को एकनाथकृत नहीं माना जाता। युद्ध में राम की सहायता करने के लिए इन्द्र ने अपना रथ भेजा। उस पर विपुल अस्त्र-शस्त्र थे। युद्धस्त रावण को यत्र-तत्र राम दिखायी पड़ने लगे। वह सभी ओर बाण मारने लगा। लोगों ने इसे रावण का पागलपन माना। वे यह नहीं जान सके कि रावण बाणों से राम की पूजा कर रहा है। रणभूमि में चारों ओर रक्तमांस के विपुल ढेर लग गये हैं। सीता की अग्निपरीक्षा का प्रसंग एकनाथ ने भी रखा है। 83वें अध्याय में राम के राज्याभिषेक का विस्तृत वर्णन है। यह कहा जाता है कि युद्ध काण्ड के 44वें अध्याय के बाद के अंश एकनाथ द्वारा लिखित नहीं हैं। एकनाथ साहित्य के अध्येता श्री न. र. फाटक के अनुसार युद्ध काण्ड के 44वें अध्याय के बाद भक्त कवि एकनाथ स्वर्गवासी हो गये। उनके शिष्य गावबा ने 'भावार्थ रामायण' का शेष भाग पूर्ण किया। एकनाथ कृत 'भावार्थ रामायण' का मूलाधार वाल्मीकि रामायण है लेकिन उन्होंने उसका अन्धानुकरण न कर अनेक नयी उद्भावनाएँ व्यक्त की हैं। एकनाथी रामायण की महत्त्वपूर्ण विशेषता है, उसकी 'समकालीनता'। उसमें एकनाथकालीन महाराष्ट्र के जन-जीवन एवं उसके धार्मिक विश्वासों की झलक दिखायी देती है। इस तथ्य का उल्लेख हमने विभिन्न स्थलों पर किया है। मराठी के राम भक्ति साहित्य में एकनाथ के रामायण का महत्त्वपूर्ण स्थान है।

सन्दर्भ

- एकनाथ, भावार्थ रामायण, महाराष्ट्र राज्य साहित्य आणि संस्कृती मंडळ, महाराष्ट्र शासन, मुम्बई, पुनर्मुद्रित संस्करण, 2011

रसज्ञ मीमांसक स्वामी प्रज्ञानानन्दजी

प्रा. डॉ. सुरेश माहेश्वरी

एशिया विश्व का पथप्रदर्शक गुरु है। ज्ञान-विज्ञान, सामाजिक आदर्श, नैतिक आचरण, समानता, सहिष्णुता भारतीय जीवनाधार हैं। भारतीय प्रतिभा ने आनन्द और मोक्ष की परिकल्पना की। स्वर्ग से भी आगे ब्रह्मलोक, नारायण लोक की बात यहीं उपजी, विकसित हुई। वैदिक ज्ञान के साथ-साथ रामकथा की परिकल्पना विश्व को भारत की महती देन है। परिणामतः राम मात्र हिन्दुओं के न रहकर जैन, बौद्ध, इसाई, मुस्लिम सब के हो गये। आदिकवि वाल्मीकि ने इक्ष्वाकु वंश के सूत्रों द्वारा ऐतिहासिक घटनाओं के आधार पर महाकाव्य का सृजन किया। इसमें श्रीराम के वनगमन से लेकर अयोध्या पुनः लौटने तक की कथावस्तु वर्णित थी। वाल्मीकि ने राम को आदर्श मानव के रूप में प्रस्तुत किया था। यह रचना मौखिक परम्परा से पीढ़ी-दर-पीढ़ी आगे बढ़ती गयी। लोकरुचि के अद्‌भुत रस की सामग्री का समावेश इसके कथानक में अनायास हुआ। राम के वंश का परिचय दिलाने के उद्देश्य से बाल काण्ड तथा राम के पश्चात् उनके वंश सन्ततियों की चर्चा को लेकर उत्तर काण्ड की रचना हुई। ईसवीं की प्रथम शताब्दी में राम को भगवान विष्णु का अवतार स्वीकार कर परब्रह्म उपासना के रूप में रामभक्ति का सूत्रपात हुआ। राम सगुण-निर्गुण योगी-सिद्धों के उपास्य बने। राम का कथानक रोमहर्षक है। संस्कृत, प्राकृत, अपभ्रंश, ब्रज, अवधी, डिंगल, अर्धमागधी, मागधी से गुज़रता हुआ यह कथानक समूचे भारत के लेखकों-कवियों का प्रिय हो गया।

अवधी में रचित गोस्वामी तुलसीदास जी द्वारा लिखित 'श्रीरामचरितमानस' को सर्वाधिक लोकप्रियता प्राप्त हुई। तुलसीदास रामकथा के उत्कृष्ट सृजक थे। जानकी मंगल, रामाज्ञा प्रश्न, कवितावली, बरवै रामायण, विनय पत्रिका, हनुमान बाहुक राम जीवन से सम्बन्धित रचनाएँ हैं। डॉ. रामकुमार वर्मा तुलसी के योगदान को लेकर लिखते हैं, 'हिन्दी रामकथा साहित्य में तुलसीदास का एक प्रकार से एकाधिकार है। तुलसी की प्रतिभा और काव्यकला इतनी उत्कृष्ट प्रमाणित हुई कि उनके बाद किसी भी कवि की रामचरित सम्बन्धी रचना उनके मानस की समानता में ख्याति प्राप्त न कर सकी...मानस के सामने कोई भी प्रबन्ध काव्य आदर की दृष्टि से न देखा गया।' दूसरे शब्दों में तुलसीदास जी द्वारा रचित 'श्रीरामचरितमानस' ने भारतीय भाषाओं को प्रभावित किया।

महाराष्ट्र में रामभक्ति का उन्नयन कवि जनजसवन्त ने किया। ये अब तक अल्पज्ञात कवि हैं। जनजसवन्त नन्दुरबार ज़िले के साल्हेर-मुल्हेर के थे। मुल्हेर के राजा प्रतापशाह के पुरोहित जनार्दन पन्त की सन्तान जसवन्त हैं। इनका मूल नाम यशवन्त है। दस वर्ष की उम्र में ही इनका विवाह हो गया। वे पत्नी के प्रति अतिशय आसक्त थे। इस बात पर राजमाता चन्द्रावती ने उनकी भर्त्सना की। परिणामतः वे रामभक्ति की ओर अग्रसर हुए। गोस्वामी तुलसीदास जी के साथ उन्होंने

तीर्थयात्रा की। तुलसीदास जी ने इन्हें सेवा पर प्रसन्न होकर आशीर्वाद प्रदान किया। संवत् 1674 ई. में जसवन्त ने तापी नदी के किनारे समाधि ली। उनकी समाधि बाँध के पानी में डूब गयी है। उन्होंने हिन्दी में रचनाएँ कीं। चौपाई, दोहा, कवित्त छन्दों में रामकथा लिखी है। वे कीर्तन-प्रवचन भी करते थे। उनके द्वारा रचित बाल-लीला वर्णन प्रस्तुत है।

नाणि नाणि नाणि कनक बाण राम कोदंड साजे।
द्रिम द्रिम द्रिम द्रिमक निपुर रिमाझिमी रिमझिमी बाजे॥

अपनी अटूट रामभक्ति के सन्दर्भ में वे लिखते हैं—

लोभी को मीठी ज्यों दम जसवन्त में जीवन है राम।

जनजसवन्त तो तुलसीदास के शिष्य थे। उन्होंने हिन्दी में रचनाएँ कीं। आचार्य विनय मोहन शर्मा ने तथा मिश्र बन्धुओं ने हिन्दी जगत् को इसका परिचय कराया है। मराठी भाषा की प्राचीनतम रचना वारकरी सन्त एकनाथ द्वारा रचित 'भावार्थ रामायण' है। इसकी रचना 16 वीं सदी अन्त में हुई है। यह सर्वाधिक लोकप्रिय ग्रन्थ है तथा मराठी जनों का कण्ठहार है। सीता-स्वयंवर मराठी कवियों का प्रिय विषय रहा है। जनी जनार्दन, रामदास, वेणाबाई, वामन, आनन्दतनय, गोसावी नन्दन, नागेश रचयिता रहे हैं। पं. श्रीधर पन्त का 'राम-विजय' तथा मोरोपन्त का 'रामायण' विख्यात है।

'रामचरितमानस' के व्याख्याकार प्रज्ञानानन्द जी सरस्वती हैं। उन्होंने अपना सम्पूर्ण जीवन रामकथा लेखन में समर्पित कर दिया है। मराठी में 'गूढ़ार्थ मानस चन्द्रिका' तथा इसी नाम से हिन्दी में लेखन किया है जो रामायण प्रचार समिति, डोंबिवली (ठाणे) तथा गीता प्रेस, गोरखपुर से प्रकाशित हुए हैं। प्रज्ञानानन्द सरस्वती जी का जन्म 15 मई 1893 ई. को कोंकण में हुआ। इनका लौकिक या सांसारिक नाम श्री दत्तात्रेय नारायण कर्वे रहा है। इनके पिताजी नारायण बाबा लोकप्रिय कीर्तनकार थे। घर के धार्मिक परिवेश ने इन्हें संस्कारित कर दत्तात्रेय को व्यक्तित्व प्रदान किया। उनका कण्ठ सुरीला था। इसलिए वे बचपन में अपने पिताजी के साथ भजन गाते थे। कोंकण के मुरुड-ज़ंजीर में मैट्रिक (एस.एस.सी.) की पढ़ाई पूर्ण की। इनके मागाजी गुजरात के बड़ोदरा में रहते थे। इसलिए उन्होंने यहीं से संस्कृत विषय में बी.ए. की उपाधि ग्रहण करने के तत्पश्चात् शिक्षाशास्त्र की उपाधि ग्रहण की। उसके उपरान्त जीविकोपार्जन के लिए कानजी धरमसी हाईस्कूल में शिक्षक की नौकरी प्रारम्भ की। वे 'ईश्वरदास रामदासी' उपनाम से कविताएँ लिखते थे। समर्थ रामदास की तरह विवाह बेदी से पलायन करने की उनकी योजना थी। रिश्तेदारों को इस बात की भनक लग जाने तथा उनकी सतर्कता के कारण वे शादी का मण्डप छोड़कर भाग नहीं सके। विवश होकर उन्हें गृहस्थाश्रम में पदार्पण करना पड़ा। 1934 ई. में पुत्ररत्न की प्राप्ति हुई परन्तु एक सप्ताह के भीतर ही वह स्वर्ग सिधार गया। गृहस्थाश्रम में होने पर भी श्री दत्तात्रेय जी ने अपनी अलग कुटिया बनवाकर ब्रह्मचारी जीवन प्रारम्भ किया। व्रत-उपवास जप की साधना शुरू की। सत्पुरुष रावजी बुवा बिडवाडीकर की प्रेरणा से श्रीराम जय राम जय जय राम माँग का अनुष्ठान उन्होंने किया।

गुरुजी ने श्रद्धा और अखण्ड भक्ति के बल पर मात्र एक दो वर्षों में साढ़े चार करोड़ का जप पूर्ण कर लिया। एक विशेष बात ध्यान देने की यह है कि शिक्षक के उत्तरदायित्व का सफलतापूर्वक निर्वहन भी किया। जप के फलस्वरूप अयोध्या अखाड़ा के सन्त बाबा गंगादास जी से उनका साक्षात्कार हुआ। महज़ दो साल के पश्चात् श्री दत्तात्रेय जी आदर्श शिष्य बने। श्रीरामचरितमानस के प्रति उनके मन में रुचिजन्य प्रेमभाव निर्माण हुआ। बाबाजी की कृपा से निर्विकल्प समाधि तथा वेदान्त एवं श्रीमद्भगवद्गीता की दिव्य अनुभूति का लाभ प्राप्त हुआ। बाबा गंगादासजी ने आशीर्वाद

देते हुए कहा तुलसीदास जी तुम्हारे मुख से बोलेंगे। दत्तात्रेय जी का वैराग्यभाव और दृढ़ तथा प्रखर हुआ। उन्होंने संन्यास लेने का निश्चित किया। 18 जनवरी 1943 ई. के पुणे ज़िले के आळे नामक गाँव में परमहंस परिव्राजकाचार्य श्री वासुदेवानन्द जी सरस्वती से दण्ड ग्रहण कर संन्यास किया और संन्यस्त जीवन में प्रज्ञानानन्द सरस्वती ने दांडी स्वामी नाम ग्रहण कर संन्यस्त जीवन का आरम्भ किया। संन्यास लेने के तीन महीने के भीतर ही गोस्वामी तुलसीदास जी कृत श्रीरामचरितमानस का मराठी में समवृत्त (समछन्द) अनुवाद किया जो तुलसी की तरह ही रसपूर्ण है। 'श्रुत्व रामायणम् वयम्' का आशीर्वाद उन्हें गुरुजी से प्राप्त हुआ। इसके पश्चात् 'गुरुगीता-प्रबोधिनी', 'देवध्यान श्लोक', 'हनुमान चालीसा', 'श्रीमद्भगवद्गीता' का मराठी में अनुवाद सम्पन्न किया। साथ ही कई आरतियाँ, अष्टक, अभंग, ओवी, भूपाली का मनोहारी सृजन किया। स्वामी प्रज्ञानानन्द जी का महत्त्वपूर्ण एवं अविस्मरणीय योगदान 'मानस गूढ़ार्थ चन्द्रिका' है। प्रस्तुत ग्रन्थ मराठी और हिन्दी दोनों भाषाओं का सिरमौर ग्रन्थ है। लगभग 7000 पृष्ठों में रचित है। गूढ़ार्थ मानस चन्द्रिका के सत्रह खण्ड डोंबिवली (ठाणे) महाराष्ट्र के श्रीरामचरितमानस प्रेमी मण्डल द्वारा प्रकाशित हुआ है। हिन्दी में गूढ़ार्थ मानस चन्द्रिका गीताप्रेस गोरखपुर द्वारा प्रकाशित हुआ है। हिन्दी के ग्रन्थ को परमपूज्य श्री रामसुखदास जी महाराज की प्रस्तावना शोभायमान करती है।

मानस गूढ़ार्थ चन्द्रिका में स्वामी प्रज्ञानानन्द जी ने मानस की व्याख्या सर्वंकष और पूर्णरूपेण प्रस्तुत की है। स्वामी जी को अपने हस्ताक्षर में बाल काण्ड के 1 से 43 दोहों की व्याख्या को पूर्ण आकार के 2100 काग़ज़ लगे। इसका यह अर्थ कतई नहीं कि उन्हें अपने पाण्डित्य का प्रदर्शन करना था अथवा दूसरे विद्वानों को नीचा दिखाना था। प्रज्ञानानन्द जी 'श्रीरामचरितमानस' शीर्षक की व्याख्या सहज सुबोध और अनायास पाठकों के 'मानस' में पैठ जाने की दृष्टि से करते हुए प्रमुख विशेषताओं को रखते हैं। मानस की व्याख्या में स्वामी जी ने बताया कि भगवान भी अवसरवादी, अपने स्वार्थपूर्ति हेतु कार्यरत रहने एवं इसके लिए कुटिल चाल चलने में नहीं हिचकिचाते हैं। देवताओं ने योजना बनाकर मन्थरा नामक कैकेयी की प्रिय दासी को क्यों कैसे कलंकित किया और राम को वन भेजने के कारस्थान को प्रमुखता क्यों दी? संस्कार अत्यन्त महत्त्वपूर्ण होते हैं। वे आम आदमी मज़ाक़ में भी पाप न करें का सन्देश प्रभावशाली रीति से प्रस्तुत करते हैं। मन्थरा को कैकेयी के मन में रामविरोधी बात रखने का चित्रण 60 पृष्ठों तक का है। राम वनगमन की बात को लेकर स्वामी प्रज्ञानानन्द जी लिखते हैं कि ज्ञानरूपी राम वनगमन की इच्छा न करेगा तो आश्चर्य होगा। कैकेयी कामपाश में दशरथ को ऐसे जकड़ लेती है जैसे कोई भीलनी अपने शिकार को जाल में फँसा लेती है। परिणामतः दशरथ की मौत होना अवश्यंभावी है। तुलसीदास जी ने कामपाश का अनुभव स्वयं लिया है, लेकिन वे इस बात को रहस्यगूढ़ बनाकर प्रस्तुत करते हैं तो स्वामी जी प्रत्येक बात, घटना ब्यौरे के साथ खुलकर पाठकों के सम्मुख बेहिचक रखते हैं। ऐसी कठोर हृदय कैकेयी से राम वनगमन की आज्ञा लेते समय जननी कहकर पुकारते ही पाठक इन शब्दों को पढ़कर अचम्भित तथा आनन्दविभोर हो जाते हैं। राम वनगमन का मंगल समय तथा रामराज्य रसभंग शब्दों के द्वारा सूझबूझ के साथ शब्द प्रयोग से किया है। श्रीराम मेरे लिए आज विधि (भाग्य) अनुकूल हैं। स्वामी प्रज्ञानानन्द जी ने गोस्वामी तुलसीदास जी के श्रीरामचरितमानस के विभिन्न आयामों को पाठकों के सामने रखा है। महाराष्ट्र के सन्त साहित्य के शिखर अनुसन्धाता डॉ. रा. चिं. ढेरे ने स्वामी प्रज्ञानानन्द जी को महाराष्ट्र के तुलसीदास की गौरवमयी उपाधि प्रदान की है। डॉ. अनीता केलकर ने स्वामी के कार्य पर पीएच.डी. उपाधि हेतु अनुसन्धान किया है। डॉ. कमल वैद्य ने स्वामी प्रज्ञानानन्द जी का

गौरवमय जीवन चरित गद्य एवं पद्य में लिखा है। स्वामी प्रज्ञानानन्द जी के जीवन में ध्यान, मानस पूजा, मन्त्र, जाप, भजन और श्रीरामचरितमानस का पारायण महत्त्वपूर्ण रहे हैं। ऐसे महात्मा सिद्ध पुरुष तथा ज्ञान के जीवन्त विश्वकोश स्वामी प्रज्ञानानन्द जी का 23 मार्च 1968 को नौ दिवसीय उपवास के उपरान्त परांडा, ज़िला उस्मानाबाद महाराष्ट्र में अपना देह अपने आराध्य प्रभु श्रीरामचन्द्र के चरणों में अर्पित किया। इस समाधि स्थान पर श्रीरामविश्रामधाम नामक संगमरमर पत्थर से सुन्दर नेत्राकर्षक मन्दिर का निर्माण किया गया है। लक्ष्मण, भरत, शत्रुघ्न विनीत भाव से खड़े हैं। मन्दिर की दीवारों पर श्रीरामचरितमानस की दोहा-चौपाइयाँ खोदी गयी हैं। इस मन्दिर की प्राण प्रतिष्ठा मुरारी बापू ने की थी। महान सन्त श्री प्रज्ञानानन्दजी स्वामी का यह कार्य सुयोग्य शिष्य मण्डली द्वारा आज भी जारी है तथा विश्वास है कि भविष्य में भी जारी रहेगा। रामचरितमानस अज्ञानरूपी राक्षस का नाश कर रहा है। प्रेमस्वरूप राममय जीवन बन गया है।

सन्दर्भ

- स्वामी प्रज्ञानानन्द जी–गूढार्थ मानस चन्द्रिका, प्रकाशक : श्रीरामचरितमानस प्रेमी मण्डल, डोंबिवली (ठाणे)।
- डॉ. शहा मु.ब.–रामाभार्तृशाखा के अज्ञात कवि-जनजसवन्त, विद्या प्रकाशन, कानपुर।
- धनुर्धारी–'दीपावली' विशेषांक (2017) मासिक पत्रिका।

रघुवंश के आदर्श

डॉ. शैलजा 'श्यामा'

महाकवि कालिदास की महान काव्यकृति है 'रघुवंश'! 'रघुवंश' में कालिदास ने एक सम्पूर्ण वंश में उत्पन्न महापराक्रमी, व्रतस्थ, सदाचारणी विनीत पुरुषों का सर्वांगीण वर्णन किया है। इक्ष्वाकु के राजा दिलीप से लेकर राम तक की अखण्ड समयधारा पर अपना अधिराज्य अबाध्य रखनेवाले हर पुरुष का वर्णन करना कालिदास के लिए सृजनानन्द की बात थी। साहित्यजगत् में 'रघुवंश' के लिए अत्यन्त आदर का स्थान दिया जाने की बात तो सर्वमान्य है। 'रघुवंश' में कालिदास ने इक्ष्वाकु कुल के हर राजा द्वारा जिन आदर्शों पर अपना जीवन व्यतीत किया गया, अपनी कीर्ति सर्वदूर प्रस्तुत की, उन आदर्शों का वर्णन किया है। हज़ारों साल बीत गये पर वे आदर्श परिवर्तित नहीं हुए हैं। अभी भी उन आदर्शों की परम्पराओं पर जीवन व्यतीत कर अपना जीवन सफल बनाने और अन्य अनेक व्यक्तियों को आनन्द प्रदान करने में सुख, आनन्द माननेवाले व्यक्ति दुनिया में मौजूद हैं। 'रघुवंश' में जन्म लेकर इक्ष्वाकु कुल को धन्य करनेवाले अनेक राजा हुए। उनके ही कार्यकर्तृत्व से ईक्ष्वाकु कुल धन्य तो हुआ पर नाम 'रघु'-'रघुवंश' क्यों? इस प्रश्न का उत्तर स्वयं कालिदास ने इस महाकाव्य द्वारा दिया है।

'रघुवंश' महाकाव्य के प्रथम सर्ग में कालिदास ने एक सूची प्रस्तुत की है। जिन आदर्शों पर भाष्य करना कालिदास का उद्देश्य है, उन आदर्शों की वह सूची है। वह केवल रुक्ष सूची नहीं है, अपितु मानवीय जीवन के सर्वांगीण क्षेत्र को स्पर्श करनेवाली, हर क्षेत्र का विवेकमय विचार करनेवाले मुद्दों की सूची है। अत्यन्त वस्तुनिष्ठ सूची 'रघुवंश' के हर सर्ग में दृश्यगोचर रखने की सावधानी पाठक को अनुभव होती है। 'रघुवंश' महाकाव्य की प्रशंसा, कालिदास के रचनाकौशल की प्रशंसा करते समय अपने आलेख की पृष्ठभूमि कहते समय आनन्द साधले जी लिखते हैं, "रघुवंश में अनेक स्थलों पर कथानक एकसन्ध लगता नहीं, उसमें अस्तव्यस्तता नज़र आती है, पर सर्ग क्र. दो, आठ और चौदह में कालिदास की रचना के जिस कलात्मक सौन्दर्य का दर्शन होता है, वह मानो कालिदास की कलाशक्ति की चरम सीमा निर्देशित करता है। इन सर्गों में से सुन्दरता की चाँदनी की बरसात होती है। उस बरसात में अन्य स्थलों की अस्तव्यस्तता बह जाती है। पूर्ण रघुवंश पढ़ने के पश्चात् केवल शरद ऋतु की पूर्णचन्द्र रात्रि का सुधास्वाद स्मृतिशेष रह जाता है।

कालिदास ने इक्ष्वाकु कुल के राजा दिलीप का चित्रण किया है। दिलीप राजधर्म निभाने में माहिर था। उसकी पत्नी रानी सुदक्षिणा पतिव्रता थी। सन्तति के अभाव से दोनों पति-पत्नी अन्तर्याम में दुःख महसूस करते थे। आख़िर राजा दिलीप ने कुलगुरु वसिष्ठ ऋषि से सलाह माँगी। उनकी सलाह के अनुसार पुत्रप्राप्ति हेतु दोनों पति-पत्नी कामधेनु की कन्या नन्दिनी गोमाता की सेवा करने लगे।

दोनों हर सुबह शुचिर्भूत होकर नन्दिनी की पूजा-अर्चा करते। बछड़े के दूध पीने के बाद उसे बाँधकर रखते और राजा नन्दिनी को चराने बन में ले जाता। हर क्षण उसके साथ रहता, उसकी सेवा में लीन रहता। दिन ढलते नन्दिनी जब घर वापस आती तो रानी सुदक्षिणा उसका स्वागत करती। फिर पूजा और तत्पश्चात् बछड़े को स्तन्य दिलाया जाता। राजा-रानी ने नन्दिनी की इक्कीस दिनों तक सेवा की। नन्दिनी ने विचार किया कि दोनों की परीक्षा ली जाये। एक दिन वन में उसने एक मायावी शेर उत्पन्न किया। शेर नन्दिनी के ऊपर झपट पडा। डर के मारे नन्दिनी आर्त्तता से रँभाने लगी। राजा दिलीप न केवल गुणवान बल्कि शूरवीर भी थे। नन्दिनी के रक्षणार्थ उन्होंने धनुष्य और तीर निकालने का प्रयास किया पर तीर और उसके हाथ ऐसे चिपक गये कि छूटना असम्भव हो गया। आश्चर्य यह हुआ कि वह शेर मानवी भाषा में दिलीप से कहने लगा, "अरे राजन्! मैं साधारण शेर नहीं हूँ। मैं प्रत्यक्ष भगवान शंकर का दूत हूँ। सामने के देवदार वृक्ष की सुरक्षा हेतु मेरी नियुक्ति यहाँ हुई है। इस वृक्ष को स्वयं देवी पार्वती ने पानी सींचकर वर्धित किया है। अतः महादेव का प्रिय वृक्ष है यह! यहाँ जो भी पशु आते हैं, वे मेरे भक्ष्य हैं। मैं जानता हूँ कि हे राजन्!, तुम बड़े वीर हो—पर यहाँ मेरी चलती है। तुम वापस जाओ।" राजा दिलीप ने शेर का प्रतिपादन स्वीकार किया परन्तु प्रार्थना की कि शेर नन्दिनी को छोड़ दें। नन्दिनी, मुनि की पवित्र गाय थी। शेर की निर्वाहवस्तु उसे मान्य थी, शेर की जीविका चलते रहने की बात उसे स्वीकार थी। पर वे नन्दिनी की सुरक्षा चाहते थे, वे शेर के प्रति मन से प्रार्थना कर रहे थे। पर शेर ने कहा, "तुम अत्यन्त अल्प फ़ायदे के लिए बहुत विशाल ऐसे कुछ-कुछ का नाश करनेवाला अविचारी मनुष्य हो। एक क्षुद्र गाय के लिए अपने प्राण अर्पण करने में क्या होशियारी है? तुम स्वर्गसमान राज्य के राजा हो, युवा हो, स्वास्थ्यपूर्ण, तेजःपुंज शरीरसम्पदा है तुम्हारी, सुलक्षणपूर्ण और पतिव्रता पत्नी है तुम्हारी... इन सबका त्याग कर दोगे? एक गाय के रक्षणार्थ? अगर वसिष्ठ मुनि गाय चाहते हैं तो दूसरी भी गायें हैं। दे दो। वचन भंग का दोष तुम्हारा नहीं होगा। व्यर्थ प्राणियों की बाजी क्यों लगाते हो?" पर कुछ उपयोग नहीं हुआ। राजा दिलीप शेर का कहना स्वीकृत न कर अपने प्राणों के बलिदान के लिए याचक बने दृढ़ रहे। आख़िर शेर हार जाता है। नन्दिनी को छोड़ता है। दिलीप शेर के मुँह में अपना मस्तक देते हैं।

कथावस्तु पर सन्देह व्यक्त करते आनन्द साधले जी पूछते हैं, "क्या सच में राजा दिलीप शेर के मतानुसार विवेकहीन, बुद्धिहीन है?" पर तुरन्त वे स्वयं उत्तर देते हैं, "इसका उत्तर उपनिषदों के दर्शन में है।" उपनिषदों के दर्शन का उत्तम विवेचन कर आनन्द साधले जी ने 'रघुवंश' के पहले आदर्श का ज़िक्र किया, रचयिता कालिदास की सृजनशीलता की प्रशंसा के साथ-साथ उन्होंने सम्पूर्ण मानव जाति के लिए महान आदर्श का निर्माण करनेवाले राजा दिलीप की आचरणनिष्ठा की महत्ता का वर्णन किया है। साधले जी ने अत्यन्त हृद्य, भावुकतापूर्ण, आदरयुक्त शब्दों द्वारा राजा दिलीप के प्रति मायावी शेर के कहे श्लोक के सन्दर्भ विवेचन कर 'रघुवंश' की महानता स्पष्ट की है। दिलीप नन्दिनी की सुरक्षा के बदले अपना बलिदान देना चाहते हैं। शेर उनके सामने अनेक प्रलोभन रखता है, पर दिलीप मानते नहीं। यह देखकर शेर कहता है—

अल्पस्य हेतोर्बहुहातुमिच्छिन्।
विचार मूढ़ः प्रतिभासी मे त्वम् ॥ (रघुवंश 2/47)

अर्थात्, अल्पांश लाभ के लिए बड़े प्रमाण में होनेवाली फ़ायदेमन्द बातों का नाश हो देनेवाले तुम, हे राजा दिलीप, मुझे तो अविचारी प्रतीत होते हो।

शेर के मुख से कालिदास ने राजा दिलीप का अधिक्षेप निर्देशित नहीं किया बल्कि राजा दिलीप की राजधर्मनिष्ठा, सुरक्षाधर्म का दृढ़ निर्वाह करने का निश्चय तथा अपने सर्वस्व के प्रति निश्चित त्याग भावना आदि सर्वोच्च मानवीय गुणों का निर्देश किया है। इसका समर्थन करते आनन्द साधले जी ने लिखा है, "विश्व में मनुष्य के लिए दो गतियाँ होती हैं। एक प्रेय अर्थात् प्रिय वस्तुओं का लाभ करा देनेवाली गति। दूसरी है श्रेय। मतलब हित या कल्याण का लाभ करा देनेवाली गति। इनमें से प्रेय गति ऐहिक, ऐन्द्रिय है। श्रेय गति दैवी है, ईश्वरी लीला है, आत्मिक है। प्रेय गति में जो अल्पांश में दृष्टिगत होता है, जो अल्पसुखदायी होता है, वही श्रेय गति में बड़ी मात्रा में कल्याणकारी होता है। स्वार्थ के हिसाब से इसमें जो नुक़सान होता है, वह परमार्थ के रूप में बहुत ही बड़ा लाभ होता है। कौन-सी चीज़ छोटी, महत्त्वहीन और कौनसी बात महत्त्वपूर्ण है यह देखनेवाले के दृष्टिकोण पर निर्भर होता है। शेर का हेतु राजा दिलीप की परीक्षा लेने का था। वह जिन बातों को अल्प, यःकश्चित्, क्षुद्र, महत्त्वहीन कहता है, वे बातें प्रत्यक्ष में अल्प नहीं, यःकश्चित् नहीं बल्कि बहुत ही महत्त्वपूर्ण हैं, प्रचण्ड मात्रा में कल्याणकारी हैं, हितकारी हैं। लाखों बार जन्म लेकर प्राण न्योछावर करने में जितनी वे अमूल्य हैं, परमश्रेष्ठ हैं। जो प्रण स्वीकृत किया है वह पूर्णत्व की तरफ़ ले जाने हेतु आत्यन्तिक निष्ठा से प्राणार्पण करने की तैयारी रखना, दिखाना कोई साधारण बात नहीं हैं। 'रघुवंश' को कीर्ति के प्रकाश में अधिक देदीप्यमान करने की निष्ठा है यह! उपनिषदों में जो कहा है, राजा दिलीप ने उसका निष्ठा से आचरण कर दिखाया है।"

राजा दिलीप का यह आदर्श भारतीय संस्कृति का मानदण्ड ही बन गया है। पर उसका पुत्र रघु तो पिता से भी बहुत आगे निकल गया है। तभी तो इक्ष्वाकु कुल या राजा दिलीप का कुल 'रघुवंश', 'रघुकुल' नाम से विख्यात हुआ है। घटना है राजा रघु के दिग्विजय की। वह अनगिनत धन कमाता है। फिर 'विश्वजित' नाम का यज्ञ करता है और कमाया हुआ सारा धन दान में दे देता है। दान का स्वरूप इतना सर्वस्पर्शी होता है कि दानोपरान्त रघु के पास अपना ऐसा न भोजनपात्र रहता है, न भोजन पकाने के लिए पात्र! धातुपात्र एक भी शेष नहीं। ऐसे में राजा रघु मिट्टी के बरतन में पकाता है और ईंट के टुकड़े में भोजन करता है।

उससे भेंट करने आता है कौत्स। वह वरतंतु ऋषि का शिष्य है। वह गुरुदक्षिणा के सम्बन्ध में राजा रघु से मिलना चाहता है। उसे वरतंतु ऋषि को गुरुदक्षिणा देनी है। गुरुदक्षिणा देनी है चौदह करोड़ सुवर्ण सिक्कों की। कौत्स की धारणा थी कि इतनी सुवर्णमुद्राएँ राजा रघु के पास होंगी ही। बड़ी सहजता से वे प्राप्त होंगी। पर आगमन कर कौत्स देखता है तो क्या! राजा रघु मिट्टी के बरतन में खाना खा रहा है ! पर यह निर्धनता मानो रघु का भूषण ही है। राजा रघु ने तो अपने पूर्वजों को भी अधिक कीर्तिमान बनाया है। देख और सुन कौत्स को अत्यन्त आनन्द होता है, पर मन में उदासी भी है कि अपनी इच्छा अपूर्ण रह जायेगी। वह वापस लौटने लगता है तब रघु उसका क्षेमकुशल पूछता है। कौत्स की मनीषा जानकर रघु चिन्तित इसलिए हो जाता है कि रघुकुल के राजा के घर से याचक अतिथि रिक्त हस्त से वापस जाने की घटना तो कलंकमय होगी। नहीं ! ऐसा नहीं होगा। रघु सोचने लगते हैं कि कैसे कौत्स को इतनी बड़ी राशि दी जाये? सारी धरती को जीता है। अब कहीं पर भी जीतकर लाने जितना धन उपलब्ध नहीं। क्या करे? राजा रघु सोचता है कि अब तो इतना धन स्वर्ग में ही मिलेगा। इसलिए वह निश्चय करता है कि वह स्वर्ग पर, कुबेर के भण्डार पर आक्रमण कर धन प्राप्त करेगा। दूसरे दिन प्रस्थान की योजना बनाकर वह निद्राधीन होते हैं। सबेरे उठकर वे देखते हैं तो उनके रथ में सुवर्णमुद्राओं की राशि चमक रही थी। पराक्रमी राजा रघु

से भयभीत हो कुबेर ने ही सुवर्णमुद्राओं की वर्षा की थी। यह धनराशि थी कितनी? चौदह करोड़ से भी बहुत अधिक! राजा रघु कौत्स को सुवर्ण मुद्राएँ दे देते हैं। कौत्स सुवर्ण मुद्राएँ लेता है, पर गिनकर केवल चौदह करोड़! उसकी ज़रूरत थी केवल चौदह करोड़। वह ज़्यादा क्यों लेगा? राजा रघु के आग्रह पर भी वह अपनी ज़रूरत की अपेक्षा एक भी मुद्रा लेता नहीं। फिर राजा रघु भी कम नहीं थे। वे शेष सुवर्ण मुद्रा ऊँटों पर लादकर कौत्स के पीछे भेज देते हैं।

यह घटना केवल याचक-दाता की नहीं। प्रसंग केवल ज़रूरतमन्द और पूर्तिकर्ता का नहीं। बात लेन-देन की नहीं। बात है आपसी सम्बन्धों की। स्वयं की अपेक्षा दूसरों के बारे में सोचनेवालों की। जितनी आवश्यकता स्वयं के लिए है, उससे अधिक अगर किसी दूसरे की हो तो उस दूसरे को सब कुछ देनेवाले दुनिया में होते हैं। फ्रांस के 'आबे पिएर' राजा रघु के ही वंशज माने जाने चाहिए। याचक को विमुख न करने की परम्परा अनोखी है। इस परम्परा के पालन का अर्थ है, अपने इस प्रण हेतु सर्वस्व की बाजी लगाना। अतिथि, याचक, अनाथ, आकांक्षी...कोई भी निराशा से लौट न जायें। इसी प्रण के लिए तो राजा रघु ने स्वर्ग पर आक्रमण करने की योजना बनायी। क्यों न फिर कुबेर सुवर्ण मुद्राओं की बारिश करेगा? यहाँ मोल सुवर्ण मुद्राओं का नहीं। मोल है देने की इच्छा का। अन्तस्तल से देने सम्बन्धी भावना तो अमूल्य होती है। कोई मूल्य ही सीमित नहीं रह जाता। ऐसे दाता प्रेय की नहीं, श्रेय की आराधना करते हैं। राजा रघु इसी कारण इक्ष्वाकु कुल के अर्थवाहित्व सिद्ध करनेवाले राजा रहे। वे अमर हुए हैं। कालिदास ने 'रघुवंश' महाकाव्य में तीसरा आदर्श 'राम' के बारे में वर्णन किया है। राम राजा रघु के प्रपौत्र हैं। अन्तःकरण की भावभीनी स्थिति और उसकी नाट्यात्मकता का विलक्षण सुन्दर संगम इस काव्य द्वारा अभिव्यंजित हुआ है। इसमें कालिदास की वर्णनशैली विशेष रूप में दृष्टिगोचर होती है। प्रसंग है, राम के जीवन में राम और परशुराम आमने-सामने खड़े हैं। दोनों संघर्ष की मानसिक और प्रत्यक्ष स्थिति में हैं। परशुराम जगज्जेता, लोकनायक के रूप में विख्यात हैं। अब पराक्रम धारणा, वृत्ति, स्वभाव आदि की अद्वितीयता से श्रीराम जनमानस जीत जाते हैं। उनका विशिष्ट स्थान निर्माण हो जाता है। लोग उन्हें वन्दनीय समझने लगे हैं, भला पौरुष का महासागर होनेवाला परशुराम राम के सामने चुनौती दे खड़े हो जाते हैं। धनुर्भंग-राम की विजय परशुराम को स्वीकारना अटल है—अब क्या होगा आगे? राम और परशुराम साधारण मनुष्य की तरह आमने-सामने खड़े हैं। राजा जनक के दरबार में नागरिकों की जिज्ञासु भीड़ है। जो संघर्ष दोनों में हुआ है उस संघर्ष की हार-जीत के एक क्षण को महान या हीन बनाने की स्थिति है। परशुराम धनुर्भंग करने के संघर्ष हेतु आये ज़रूर हैं परन्तु वे हैं गुरुवर्य, आचार्य—ज्येष्ठ व्यक्ति। वह रावण की तरह शत्रु नहीं है—वह समाजमान्य व्यक्ति है...परम्परा का निर्वाह करनेवाला वन्दनीय, श्रेष्ठ व्यक्ति है, आज्ञाकारी पुत्र, शिष्य है।

साधले जी लिखते हैं, "संस्कृति, सभ्यता की जिस लता पर परशुराम का फूल खिला है, उसी लता पर राम का फूल अब विकसित हो रहा है, खिल रहा है। फूल के केवल खिलने से कुछ नहीं होता—उसकी सुगन्ध चारों दिशाओं में फैलनी चाहिए—हवा के झोंकों से सभी तक पहुँचनी चाहिए—उसके बाद ही वह जगन्मान्य हो जाता है।" रामपुष्प की कीर्तिसुगन्ध ऐसी सर्वव्यापक हो गयी है। परशुराम तक वह पहुँच चुकी है। अब तो परशुराम भी राम की महत्ता जान चुके हैं। पर वे करें तो क्या करें? उनके अन्तःकरण में संवेदना जाग्रत हो चुकी है कि अब निःशक्त, दुर्बल होते जा रहे अपने स्कन्धों की ज़िम्मेदारी किसके स्कन्धों पर दें? पर उन्हें उत्तर मिल गया है। परशुराम की मानसिक स्थिति बन चुकी है कि वे सम्बन्धित दायित्व किसी पुरुषोत्तम के स्कन्धों पर सौंप दें।

कालिदास की उत्तुंग प्रतिभा ने इसी क्षण का इतना सुन्दर वर्णन किया है कि पाठक रघुवंश के पठन से आनन्द में डूब जाता है। कालिदास लिखते हैं, "जो अस्त समय के कारण आभाहीन हुआ है ऐसा सूर्य और वह आभा स्वीकृत कर अधिक आभामय भासमान हुआ है, ऐसा पूनम का पूर्ण चन्द्र—एक ही समय आमने-सामने खड़े हैं।" जब परशुराम और राम सामने आये तब यह प्रतीत हुआ है। लोग आश्चर्य से देख रहे हैं। तब परशुराम कहते हैं, "हे राम, हे दाशरथि, मैंने तुम्हें पहचाना नहीं था। तुम जैसे महावीर की ओर से हुआ मेरा पराजय भी मेरे लिए श्लाघनीय तथा भूषणास्पद है। वाहवाह! परशुराम जैसा ही व्यक्ति अपनी हार खुले मन से स्वीकृत करता है। धन्य है वह!"

कालिदास द्वारा आयोजित इस घटना के वर्णन पश्चात् साधले जी सन्देह व्यक्त करते हैं, "पराक्रम में हार हुई है फिर भी अपने इस आचरण द्वारा क्या परशुराम राम को पराजित कर रहे हैं?" आगे स्वयं ही वे उत्तर लिखते हैं, "नहीं! नहीं! राम भी उसी संस्कृति के फूल हैं। वह परिपूर्ण बुद्धि के हैं।" वे परशुराम को प्रणाम कर कहते हैं, "आर्य! मुझे क्षमा कीजिए!" कहते-कहते परशुराम के चरणों में मस्तक रखते हैं! इस घटना में संघर्ष कैसा? विजय किसकी? हार हुई किसकी? साधले जी समर्थन में लिखते हैं, "बुजुर्ग पीढ़ी और युवा पीढ़ी के संघर्ष से दुनिया में अतीव दुःख उत्पन्न होता है। वैसे ऐसा संघर्ष पुरातन भी है और अटल भी। कालिदास ने बताया है कि ऐसे संघर्ष से निश्चित मार्ग कौनसा होता है। 'रघुवंश' महाकाव्य द्वारा बताया है। परशुराम और राम—दोनों के आचरण द्वारा दुनिया के सामने आदर्श रखा है!" साधले जी ने कालिदास का महाकाव्य 'रघुवंश' में इस प्रकार के छोटे परन्तु महत्त्वपूर्ण आदर्शों से परिपूर्ण होने की बात की है। उनके मतानुसार कालिदास तो पूर्ण समाज के मार्गदर्शक हैं। 'रघुवंश' इसका प्रमाण है। समाज चाहे राघवकालीन हो या आज का हो, आदर्श हमेशा अनुकरणीय रहते हैं। जब नयी पीढ़ी अपनी गुणवत्ता सिद्ध कर दिखाती है, तब पुरानी पीढ़ी को चाहिए कि वे अपनी ज़िम्मेदारियाँ नयी पीढ़ी के स्कन्धों पर सौंपकर वानप्रस्थाश्रम को स्वीकार करें। राघवकुल या रघुवंश के राजाओं ने वैसा ही कर दिखाया है। कालिदास ने रघुवंश के राजाओं के सर्वश्रेष्ठ आचरण का वस्तुपाठ परशुराम-राम के बीच के संघर्ष द्वारा बड़ी ही तन्मयता से प्रस्तुत कर काव्यात्मकता से चित्रण किया है।

आनन्द साधले जी ने यहाँ एक श्लोक उद्धृत किया है जिसे वे 'रघुवंश' महाकाव्य का सर्वश्रेष्ठ श्लोक मानते हैं। उस श्लोक के बारे में वे कहते हैं, "जिन आदर्शों के आधार पर सभ्यता-संस्कृति ज़िन्दा रहने की आकांक्षा होती है, उन आदर्शों के मर्मस्थल तक जानेवाले प्रवाह का अनोखा संगम इस श्लोक में हुआ है।" श्लोक है—

लंकेश्वरप्रणतिभंगदृढ़व्रतं तत्।
वंद्य युगं चरणयोर्जनकात्सजायाः॥
ज्येष्ठानुवृत्तिजटिलं च शिरोऽ स्य साधोः।
अन्योन्यपावनमभूदुभयं समेत्य ॥ (13-18)

वे इस श्लोक की पृष्ठभूमि की घटना इस प्रकार लिखते हैं—रावण का वध हो चुका है। राम-सीता वापस अयोध्या में आये हैं। सभी आत्मीय जनों से मिलना-जुलना, भेंटवार्ता, कुशलमंगल पूछना शुरू है। ऐसे वातावरण में सीता और भरत की भेंट हो जाती है। तब भरत उनके चरणों पर मस्तक रखता है। सीधा प्रसंग! प्रणाम किया। भेंट पूरी। पर बात ऐसी नहीं! इस भेंट प्रसंग पर कालिदास कहते हैं, "जनकनन्दिनी सीता के चरणयुग्म वन्दनीय हैं। वन्दनीय चरणों पर मस्तक झुकाकर आदर व्यक्त करने की रघुकुल के राजाओं की परम्परा, प्रण कायम रखने की रीति को इस

द्वयी पूर्णतः अमल में ले लायी थी। इन चरणद्वयी ने ऐसा कौन-सा महत्तम कार्य, व्रत, प्रण पूरी निष्ठा से पूर्ण किया था? उत्तर है, रावण जब-जब याचना करते-करते चरणों में झुक जाता था, तब-तब उसके मस्तक पर प्रहार करने का प्रण, व्रत अविरत रीति से निभाया था, परिणामस्वरूप किसी भी व्रतानुकरण कर्ता की तरह ये चरणद्वय वन्द्य हो गये थे। इसलिए तो भरत ने इन पर आदरपूर्वक मस्तक झुकाया था, मानो वह स्वयं पवित्र हो गया था। पर क्या यहीं पर सब समाप्त हुआ है? नहीं! नहीं! बिल्कुल नहीं!" कालिदास की प्रतिभा कितनी अमर्याद, उत्तुंग है। उसने भरत का ज़िक्र किया है। साधले जी आगे लिखते हैं, "जो भरत सीता की चरणवन्दना करने से पवित्र हो गया था, वह कैसा था? क्या वह पापी था कि जिसे पवित्र होने हेतु कुछ करने की आवश्यकता थी?" तो भरत कैसा था? भरत वह साधुपुरुष था जिसने ज्येष्ठ भ्राता राम के वनवास के ही दूसरे रूप का प्रण-व्रत के नाते स्वयं स्वीकृत किया था। उसके मस्तक पर जटाभार था। उसके मस्तक पर भी उसी प्रकार का जटाभार था। उसका मस्तक अत्यन्तिक पवित्र था। मानो स्वयं ही वह एक तीर्थ था! अतः जब ऐसे पवित्र, आदरणीय तीर्थरूप मस्तक का स्पर्श सीता के चरणों को हुआ, तब क्या हुआ?

कालिदास की प्रतिभा आदर्श की ओर निर्देश करती है, "पहले ही पवित्र रहे सीता के चरण ऐसे पवित्र मस्तकस्पर्श से अधिक धन्य हो गये! भरत का पवित्र मस्तक और सीता के पवित्र चरण; दोनों का एक-दूसरे को स्पर्श होने की घटना से दोनों की पवित्रता और तीर्थवत्ता अधिक संवर्धित हो गयी!" ऐसे श्लोकों का अर्थ जान लेने के बाद उन श्लोकों में निहित अर्थसुन्दरता की झलकियाँ भी जान लेना कितनी आशयघन बात है। ये संस्कार और ऐसी महान संस्कृति-सभ्यता का आविष्कार कर कालिदास ने न केवल 'रघुवंश' महाकाव्य अपितु अखिल मानवता के मानदण्ड स्थापित किये हैं। इन मानदण्डों को तोड़-मरोड़कर जड़ से उखाड़ देने की असहिष्णुता के दोष का उद्‌भव वैश्विक स्तर पर कभी-कभी हो जाता है, परन्तु ऐसे महाकाव्यों के कारण इन आदर्शमय सभ्यता-संस्कृति के तेज़ में कमी नहीं आयी है। इसका मूलभूत अधिष्ठान 'रघुवंश' में उत्पन्न, इक्ष्वाकु कुल में उत्पन्न राजाओं की तपस्या है। यह अधिष्ठान इन राजाओं ने स्थापित किया है। हम सारे इन आदर्श रघुवंशीय राजाओं के ही वारिस हैं। हम 'राघव' ही हैं, राजा दिलीप और मायावी शेर, कौत्स-रघु-कुबेर, अत्याचार का प्रतिकार करनेवाली सीता और त्यागभाव से राम के राज्य की रक्षा करनेवाला भरत एक-दूसरे को अधिक पवित्र और तीर्थवत्ता संवर्धित करनेवाले ये दोनों अभी भी हमारे आदर्श हैं। ऐसे प्रसंगों के निरूपण तथा आशयघनता से कालिदास का 'रघुवंश' महाकाव्य अजरामर साहित्यकृति बन गयी है। 'रघुवंश' शीर्षक के लेख द्वारा आनन्द साधले का गम्भीर अध्ययन स्पष्ट होता है। मूल कृति है 'रघुवंशम्' । मराठी साहित्यकार द्वारा इसे केन्द्र में रख लिखे लेख से मराठी पाठकों तक राजा रघु के पूर्व तथा पश्चात् की जानकारी तथा काव्यात्मक सौन्दर्य की पहचान होती है। इक्ष्वाकु कुल की परम्परा, महत्त्व को कालिदास ने संस्कृत भाषा में 'रघुवंशम्' में बखूबी निरूपित किया। प्रस्तुत लेख द्वारा मराठी पाठकों के सामने राजा राम के आदर्श स्पष्ट होते गये हैं।

सन्दर्भ

- डॉ. साधले आनन्द, जानकीहरण आणि इतर लेख, प्रिया प्रकाशन, मुम्बई, 1976

भारतीय संगीत का अभिव्यंजक 'गीत रामायण'

प्रा. डॉ. पद्मा पाटील

'गीत रामायण' विख्यात मराठी कवि ग. दि. माडगुळकर की रचना है। ये आकाशवाणी द्वारा प्रसारित सुमधुर रचना है जिसे संगीतकार तथा गायक सुधीर फडके ने संगीत दिया तथा स्वरबद्ध किया। यह रचना मराठी साहित्यकार बा. भ. बोरकर के मनोगत से सम्पृक्त है। कवि बा. भ. बोरकर मराठी काव्य क्षेत्र का एक विख्यात नाम रहा है। संस्कृत सम्पृक्त शब्द रचना, उत्कृष्ट अलंकार योजना, विषयानुरूप आशयघनता उनकी कविता के विशेष रहे हैं। वे आकाशवाणी की प्रसारण सेवा में कर्मरत थे। तब गीत रामायण लिखा गया, ध्वनिमुद्रित हुआ और पुणे आकाशवाणी से प्रसारित किया गया। आकाशवाणी के एक ज़िम्मेदार अफ़सर होने के नाते उनके ही सेवाकाल में 'गीत रामायण' का कार्यक्रम होता रहा। इस बात पर अभिमान व्यक्त करते हुए उन्होंने गीत रामायण प्रसारण के प्रारम्भिक दिनों के बारे में अपना मन्तव्य प्रस्तुत किया है। प्रथमतः राम, रामचरित्र, उसका भारतीय लोगों पर जादू आदि के बारे में लिखा है। स्वाभाविक है कि भारतीय संस्कृति का अस्मिता केन्द्र 'रामायण' होने के परिणामवश उन्होंने अपनी भूमिका प्रस्तुत की। अत्यन्त विनम्रता से अलंकारिक भाषा योजना कर उन्होंने राम तथा रामचरित्र के बारे में लिखा है। इस लेखन की पृष्ठभूमि में उनका स्वयं कवि व्यक्तित्व से अभिभूत होना महत्त्वपूर्ण है।

ग. दि. माडगुळकर में कई बातों, घटनाओं तथा व्यक्तियों का मेलजोल किया हुआ नज़र आता है। बातों-बातों में रामायण पर काव्य लिखे जाने की सम्भाव्यता का ज़िक्र किया और वह कल्पना प्रत्यक्ष साकार होने लगी। अधिकारी बा. भ. बोरकर के साथ काम करनेवाले एक कर्मचारी थे, सीताकान्त लाड। वे कवि ग. दि. माडगुळकर से परिचित थे। एक सिद्धहस्त कवि के रूप में गदिमा महाराष्ट्र में विख्यात तो थे ही। तब तय हुआ कि कवि ग. दि. माडगुळकर हर सप्ताह में एक गीत लिखेंगे, गद्य निवेदन के साथ। संगीत नियोजन तथा गायन का प्रमुख स्वर सुधीर फडके का होगा। प्रसारण घोषणा, ध्वनिमुद्रण, संगीत नियोजन, प्रसारण समय आदि सभी तान्त्रिक बातों का उत्तम संयोजन हुआ और पूर्वघोषित कार्यक्रम के अनुसार पुणे आकाशवाणी की ओर से 'गीत रामायण' प्रसारित होने लगा। इस तरह 'गीत रामायण' के कार्यक्रम की पृष्ठभूमि बोरकर जी ने लिखी है। स्वयं एक भारतीय व्यक्ति होने के अभिमान से अभिभूत हो उन्होंने भी अत्यन्त मार्मिक तथा अन्तःस्तल को स्पर्श करनेवाले शब्दों में रामचरित्र, राम के गुण विशेषों के बारे में लिखा है। 'राम' हर भारतीय के लिए आदर्श चरित्र हैं। वाल्मीकि ने मर्यादा पुरुषोत्तम राम को काव्यबद्ध कर साधारण मनुष्य के सामने एक आदर्श रखा है। अनुष्टुप् छन्द में लिखी गयी रामायण रचना की श्रेष्ठता आज हज़ारों वर्षों बाद थोड़ी भी कम नहीं हुई है। राम के चरित्र से पुत्रधर्म, पतिधर्म, भ्रातृधर्म का महत्त्व तथा

उसे निबाहने की सीख मिलती रही है। राम का आज्ञापालन, संयम, शत्रु से भी स्नेहभाव रखने का स्वभाव आदि का उल्लेख कर साधारण मनुष्य की तरह रामायण रचयिता महर्षि वाल्मीकि की तरह कवि ग. दि. माडगुळकर की कवित्व शक्ति को सराहा है। राम भारतीय जनमानस के आदर्श हैं। अनपढ़ व्यक्तियों से लेकर महापण्डितों तक के लिए राम कोहिनूर हैं। कभी कोई दो व्यक्ति आपस में मिलते हैं तो वे 'राम राम' कहकर हाथ मिलाते हैं। इतना ही नहीं किसी व्यक्ति की मृत्यु वार्ता बतानी हो तो ऐसा कहते हैं, 'फलां फलां ने राम कहा।' ...रक्त की बूँद-बूँद में राम बहुत घुलमिल गये हैं।

बा. भ. बोरकर ने कवि ग. दि. माडगुळकर द्वारा शब्दबद्ध हुए रामायण के कई प्रसंगों के उदाहरण प्रस्तुत कर स्वयं का गहरा अध्ययन भी पाठकों, श्रोताओं के सामने विनम्रता से प्रस्तुत किया है। बोरकर जी की प्रतिभा तरल और अत्यन्त संवेदनशील होने के अनेक प्रमाण मिलते हैं। उनके लेखन की एक लक्षणीय बात ध्यान में आती है कि उन्होंने ग. दि. माडगुळकर द्वारा अवलम्बित शब्दयोजना तथा रचना की प्रशंसा की है। ग. दि. माडगुळकर द्वारा रचित गीतों का श्रोता मन पर हुआ प्रभाव भी वे बड़ी बखूबी प्रस्तुत करते हैं। बोरकर जी भूमिका में लिखते हैं, "कविश्री ग. दि. माडगुळकर की शब्द-संयोजना, रचना कौशल्य इतना परिणामकारी और प्रभावपूर्ण रहा है कि गीतों में अभिव्यक्त हुए भाव मन को छू लेते हैं। वही भाव मन को बेचैन या हर्षित या विचार करने पर बाध्य कर देते हैं।" राम एक ऐसी शक्ति है जो हर एक को हमेशा प्रेरणादायी प्रमाणित हुई है। राम प्रमुखतः लोगों का विचार करनेवाले राजा हैं। वे ऐसा कोहिनूर हैं जिनका हर पहलू पहले से ही तराशा हुआ है। वह न केवल आज्ञाधारी पुत्र हैं बल्कि पुत्रधर्म पालन का शास्त्रार्थ जाननेवाला व्यक्ति हैं। श्रीराम का प्रकृति प्रेम ही नहीं तो प्रकृति ज्ञान का प्रत्यय माडगुळकर ने एक प्रसंग के माध्यम से शब्दांकित किया है। वनवास में रहने हेतु कुटिया बनाना, परिवेश का विचार करना आदि के बारे में लिखे गीतों में राम केवल प्रकृति पूजक ही नहीं अपितु प्रकृतिज्ञान तपस्वी होने का अहसास होता है। वनवास निवास के कारण श्रीराम के स्वभाव के विविध पहलुओं का परिचय ही नहीं होता बल्कि प्रकृति के अन्य घटकों के प्रति उनका प्रेम और ज्ञान भी व्यक्त हुआ है। राम के अन्यों के साथ के संवादों से उनका पक्षी प्रेम व्यक्त होता है। सुग्रीव के प्रति उनका मित्र भाव तथा स्नेह अतुलनीय है। वानर समूह राम की सेना है, परन्तु जब वे सेतु बना रहे हैं तब राम के मार्गदर्शक नेतृत्व के वर्णन में कवि की लेखनी अत्यन्त प्रभावशाली बनी है। 'गीत रामायण' के छप्पन गीतों के प्रभाव में श्रोताओं के हृदय को स्पर्श करनेवाले गीतों का वर्गीकरण महत्त्वपूर्ण है। यह कवि की अभिरुचि और कवित्व शक्ति के अनुसार है। वे लिखते हैं, "कविश्री ग. दि. माडगुळकर की रामरसमयता उन्हें उनकी माताजी की रामभक्ति के रूप में विरासत में मिली है, हर गीत द्वारा वह प्रकट हुई है। केवल प्रकट ही नहीं हृदयस्पर्शी हुई है। छप्पन्न गीतों में कई भावगीत हैं, कई तत्त्वगीत हैं तो कई संघगीत हैं।"

कवि बा. भ. बोरकर द्वारा ग. दि. मा. के 'गीत रामायण' का किया यह वर्गीकरण अत्यन्त सहज बना है। कोई ख़ास कारण नहीं, परन्तु इससे एक बात साफ़ ज़ाहिर होती है कि स्वयं प्रतिभावान कवि होने की उनकी संवेदनशीलता यहाँ कितनी सहिष्णु और निरपेक्ष बनी है। प्रत्येक व्यक्ति के आत्मसंवाद से परिपूर्ण गीत को वे 'भावगीत' कहते हैं। शीर्षक से ही स्पष्ट होता है कि रामायण का कोई भी सदस्य जो राम से सम्बन्धित है, दोयम, गौण या नगण्य नहीं होता। उसका भी अपना एक स्वतन्त्र अस्तित्व है। निःसन्तान होने का कौशल्या का दुःख भाव समस्त बाँझ कहलानेवाली स्त्रियों का हो जाता है। व्यष्टि-समष्टि भाव बख़ूबी अभिव्यंजित हुआ है। उन्होंने ऐसे भाव अनेक गीतों में पिरोए हैं।

पराधीन आहे जगतीं। पुत्र मानवाचा

—

कुश-लव रामायण गाति।

—

दशरथा घे हे पायसदान।

—

राम जन्मला ग सखी, राम जन्मला।

—

सांवळा ग रामचन्द्र!

—

चला राघव चला, पहाया जनकाची मिथिला!

—

रामा, चरण तुझे लागले।
आज मी शापमुक्त जाहले ॥

—

रामविन राज्यपदी कोण बैसतो?
घेउनिया खड्ग करी, मीच पहतों!

—

पराधीन आहे जगती, पुत्र मानवाचा।
देवजात दुःखे, भरता, दोष ना कुणाचा।

—

मागणे हे एक रामा, आपुल्या द्या पादुका।

—

मज आणून द्या ती
हरिण अयोध्या
तो दिता फुले, भी सहज पहिली जाता!!

—

मज सांग लक्ष्मण जाऊ कुठे?
पतिचरण पुन्हा मी पाहु कुठे?

ये कुछ गीत कविश्री माडगुळकर जी की विद्वत्ता के प्रतीक हैं। सभी गीत बड़े ही भावपूर्ण, सुन्दर बने हैं। बन्धु भरत चित्रकूट की तरफ़ राम से मिलने आ रहे हैं। लक्ष्मण वृक्ष पर चढ़कर भरत और उसकी बढ़ती आ रही सेना का वर्णन कर रहे हैं। इस गीत की विशेषता बताते समय बा. भ. बोरकर ने लिखा है, "कविश्री माडगुळकर के गीतों की ऐसी क्षमता है कि पाठक या श्रोता के सामने चलत् चित्र दृश्यमान होने लगता है। इस तरह के और भी अनेक प्रसंग हैं। राम, लक्ष्मण, सीता को गंगा पार करनेवाले निषादराज गुह का गीत या सेतु बाँधनेवाले वानरों का गीत या रामजन्म का आनन्द माननेवाली अयोध्यावासी स्त्रियों का गाना हो... उसमें जो चित्रात्मकता है वह अतुलनीय है।" राम स्थिरबुद्धि हैं, विवेकशील हैं। वे भविष्यकालीन परिणामों का विचार कर निर्णय लेते हैं।

कवि माडगुळकर ने फ़िल्मों के लिए संवाद लिखने का कार्य भी किया। वे बड़ी सहज और ख़ास शैली में इसका उल्लेख करते हैं। माडगुळकर लिखित 'गीत रामायण' पर उनके विचारों का समुचित शब्दों,भाषा, भावों की दृष्टि से अनन्य साधारण महत्त्व है। 'गीत रामायण' की प्रशंसा जितनी की जाये उतनी कम ही है। ये उन दिनों इतना विख्यात हुआ था कि 'दूसरा सप्तक' में संकलित हिन्दी कवि हरिनारायण व्यास जी जो आकाशवाणी से बहुत जुड़े रहे—पर इसका काफ़ी प्रभाव हुआ। उन्होंने इसका हिन्दी अनुवाद किया है जो अभी तक अप्रकाशित है। बोरकर जी आकाशवाणी के अधिकारी थे। साथ ही स्वयं विख्यात कवि भी। इसका प्रमाण 'गीत रामायण' के मनोगत में मिलता है।

ग. दि. माडगुळकर की कवित्व शक्ति का परिचय गीत रामायण द्वारा महाराष्ट्र को हुआ। अनेक वर्षों तक या यूँ कहें कि आज भी सुधीर फडके की आवाज़ में गदिमा के ये रससिक्त गीत सुनना प्रत्येक घर की एक आदत रही है। आकाशवाणी से प्रसारित होने के बाद इसके कैसेट्स बने जाकि आज सी. डी. के रूप में भी उपलब्ध हैं। दिन का समय कोई भी क्यों न हो कभी भी सुनें तो आनन्द दुगुना ही होता है।

सन्दर्भ

- माड़गुळकर ग. दि., गीत रामायण, 1955-56, आकाशवाणी, पुणे से प्रसारित।

जानकीहरण : एक विश्लेषण

प्रा. डॉ. पद्मा पाटील

आनन्द साधले जी संस्कृत, मराठी साहित्य-विश्व के सिद्धहस्त एवं अध्यवसायी लेखक थे। संस्कृत साहित्यसागर में उन्होंने मीमांसा वृत्ति से गहरा अवगाहन किया था। उनकी कहानियाँ और उपन्यास प्रमुखतः सामाजिक हैं। उनके कई ग्रन्थ संस्कृत साहित्यविषयक समीक्षा हैं। 'जानकीहरण आणि इतर लेख' उनका ग्रन्थ ऐसा है जिसमें आठ लेख सम्मिलित हैं। उनमें से चार तो रामायण के सम्बन्ध में हैं। जैसे 'जानकीहरण', 'महाकाव्य के स्वप्न', 'रघुवंश में मनोज्ञ श्रृंगार', 'रघुवंश के आदर्श', 'उत्तर रामचरित ने मुझे क्या दिया...' स्पष्ट ही है कि इस ग्रन्थ में लेखक ने 'जानकीहरण' महाकाव्य के बारे में विस्तृत लिखा है। 'जानकीहरण' को लेखक ने महाकाव्य कहा है। वह कितना पुराना है, किस लिपि में उपलब्ध हुआ, किस तरह से और कहाँ से, किन व्यक्तियों से, इस तरह के अनेक दृष्टिकोणों से सारी जानकारी लिखी है।

हर भारतीय की तरह 'रामायण' के प्रति लेखक आनन्द साधले अत्यन्त श्रद्धाभाव रखते हैं। वे संस्कृत के अध्ययनकर्ता, प्रगाढ़ विद्वान रहे हैं। मूल संस्कृत रामायण पढ़कर उन्होंने 'रामायण' का अपना बहुआयामी अध्ययन पाठकों के सामने सहज, अनलंकृत मराठी भाषा में प्रस्तुत किया है। अतः उनके 'जानकीहरण' आलेख में उनके श्रद्धाभाव के साथ-साथ इस महाकाव्य के ज्ञात होने का संक्षिप्त इतिहास बताया है। अपने इस आलेख में उन्होंने 'जानकीहरण' किस तरह देवनागरी लिपि में पाठकों और भक्तों को प्राप्त हुआ, यह बताया है।

'जानकीहरण और अन्य आलेख' प्रकाशक—ग. तु. बांदोडकर, प्रिया प्रकाशन, गिरगाँव, मुम्बई, प्रथमावृत्ति, 15 जनवरी 1976, शीर्षक के इस ग्रन्थ के आमुख में उन्होंने ग्रन्थस्वरूप और ग्रन्थ के उद्देश्यों का निर्देश करते कहा है, "संस्कृत भाषा की विदग्ध ललित कृतियों में निहित सौन्दर्य का परिचय करा देना इन आलेखों का उद्देश्य है।"

इस उद्देश्य से परिपूर्ण 'जानकी' की व्यक्तिरेखा पर आलेख लिखा गया है। साधले जी ने शीर्षक में ही 'जानकीहरण' की घटना को 'महाकाव्य का स्वप्न' कहा है। आरम्भ में उन्होंने स्वयं ही प्रश्न उपस्थित कर "जानकी का हरण कुल कितनी बार हुआ है?" पाठकों के मन में जिज्ञासा उत्पन्न की है। राजा जनक की सुकन्या है जानकी। श्रीरामचन्द्र की पत्नी। वह रामायण महाकाव्य की नायिका है। उसके अपहरण के बारे में अद्‌भुत प्रश्नों के अलग-अलग उत्तरों का प्राप्त हो सकने का मन्तव्य लेखक ने व्यक्त किया है।

उनकी जानकारी इस तरह की है। मूल ग्रन्थ 'जानकीहरण' सिंहली भाषा में है। यह महाकाव्य चौदह सर्गों का है। यह ग्रन्थ मूल काव्य पर लिखा गया टीकात्मक ग्रन्थ है। श्रीलंका के पिलिओगौद

कॉलेज के प्राचार्य के. धर्मराम ने यह टीका लिखी है। साधले जी लिखते हैं कि यह 'जानकीहरण' की पुनर्रचना है। सर्गों की संख्या चौदह है तथा ग्रन्थ की भाषा सिंहली है। साधले जी ने जयपुर के शास्त्री तथा रामायण के अध्ययनकर्ता श्री हरिदास जी शास्त्रीजी का कृतज्ञतापूर्वक उल्लेख किया है। वे लिखते हैं, "सिंहली भाषा में लिखे गये 'जानकीहरण' महाकाव्य को शास्त्रीजी ने संस्कृत भाषा में और देवनागरी लिपि में लिखकर एक महान कार्य किया है।" यह पुनर्कथन ही है। 1893 ई. में यह महाकाव्य कोलकाता में प्रकाशित हुआ। इसमें 15 सर्ग हैं। सर्ग 15 के पाँच श्लोक उपलब्ध हैं। इसकी विशेषता है कि यह देसी काग़ज़ पर लिखा है। लन्दन के पौर्वात्य भाषा भवन में मलयालम लिपि में लिखा गया 'जानकीहरण' का 16वाँ सर्ग भी प्रकाशित हुआ है।

'जानकीहरण' महाकाव्य की कथावस्तु, घटनाक्रम, फलनिष्पत्ति सर्वश्रुत है। उस काव्य के मूल कर्ता के बारे में श्रीलंका के श्री के. धर्माराम, जयपुर के शास्त्री हरिदास स्वयं भी अनभिज्ञ हैं। उन्होंने महाकाव्य को अन्य लिपियों में ढालकर सीताकथा पाठकों के प्रति प्रस्तुत करने का महान कार्य किया। यह एक बहुत ही महत्त्वपूर्ण अनुसन्धान कार्य है। ये उपलब्धियाँ अत्यन्त असाधारण हैं।

लेखक ने साधारण, श्रद्धामय भक्तों की अपेक्षा जिज्ञासा व्यक्त करनेवाले अध्ययनकर्ताओं का उल्लेख किया है। कई व्यक्ति ऐसे होते हैं कि वे वस्तुनिष्ठ पद्धति से रामायण का अध्ययन करते हैं। उनकी जिज्ञासा का शमन हो और रामायण भक्तों का भाव सुरक्षित रहने के दृष्टिकोण से 'जानकीहरण' के बारे में मत व्यक्त किये हैं। पाठकों के मन में 'जानकीहरण' दो बार होने की घटना और स्थलों का उल्लेख श्लेषात्मक पद्धति से कर एक सुन्दर काव्य का परिचय देना आरम्भ किया है। बड़ी ही चतुराई से लेखक साधले जी ने 'जानकीहरण' काव्य की पृष्ठभूमि, स्थल, काल स्वरूप, आशय, रचना विशेषताओं के बारे में समीक्षा की है।

प्रख्यात कविकुलगुरु कालिदास का 'रघुवंश' समाज में प्रिय काव्य था, तब लंका का अधिराज कुमारदास ने भी रामायण में निहित 'जानकीहरण' की घटना केन्द्र में रखकर रचना की। वही साहित्यकृति है 'जानकीहरण!' साधले जी ने राजशेखर के 'काव्यमीमांसा' ग्रन्थ का उल्लेख सन्दर्भस्वरूप में कर कर्ता कुमारदास के बारे में प्रहेलिका और गल्प का वर्णन किया है। 'जानकीहरण' काव्यग्रन्थ के बारे में जान लेने से पहले 'कुमारदास' का परिचय लेना आवश्यक है। साधले जी ने कुमारसेन का काल कालिदास का ही काल बताया है। लंकाधीश कुमार की राजा के नाते पृष्ठभूमि, स्थल, काव्यरचना की प्रवृत्ति आदि बातों पर प्रकाश डालते हुए साधले जी ने श्रीलंका के इतिहासलेखन का स्वरूप, काल आदि के बारे में लिखा है कि लंका का धार्मिक दृष्टिकोण से लिखा गया दो हज़ार पाँच सौ वर्षों का राजनीतिक इतिहास उपलब्ध है। ई. 478 में धातुसेन नाम का राजा लंका में सिंहासनाधिष्ठित था। धातुसेन राजा के एक दासीपुत्र कश्यप ने उसकी हत्या की और राज्य पर क़ब्ज़ा किया। तब धातुसेन का जायज पुत्र मंगल प्राणभय से भारत में आया और वहीं बस गया। उसे वहाँ आश्रय मिला। वह भारत में अठारह वर्षों तक रहा। उसे आश्वस्त मानसिक स्थिति में भारतीय समाज, सभ्यता, दर्शनशास्त्र आदि का सहवास, निरीक्षण, अनुभूति का अवसर प्राप्त हुआ। 496 ई. में कश्यप को पराभूत कर अपना राज्य पुनः प्राप्त किया। इसी राजा मंगल का सुपुत्र कुमारसेन हुआ। राजा मंगल के पश्चात् कुमार सेन ने 513 ई. से लेकर 522 ई. तक राज्य कारोबार किया। अपने एक अत्यन्त प्रिय मित्र की मृत्यु पश्चात् विरह व्याकुल हो कुमारसेन ने उसी की चिता में स्वयं को विसर्जित करते हुए मृत्यु को अपना लिया। कुमारसेन की संस्कारक्षम उम्र भारत में भारतीय वातावरण में ही बीती थी। उसने भारत में ही शिक्षा प्राप्त की थी। उसने जाने-अनजाने में

भारतीय सभ्यता का गहरा अध्ययन किया था। परिणामवश हम समझ सकते हैं कि लंकाधीश होने के बावजूद कुमारसेन ने रामायण महाकाव्य के 'जानकीहरण' प्रसंग पर महाकाव्य क्यों लिखा होगा। यहाँ पर एक बात का विचार करना अनावश्यक या अस्थानपरक नहीं होगा। कइयों ने कालिदास के 'काल' के बारे में अनेक विवादपूर्ण मत प्रस्तुत किये हैं, पर साधले जी ने प्रख्यात महापण्डित 'भाऊ दाजी लाड' के निर्णय के आधार पर ई. की छठी सदी में कालिदास का कार्यकाल निश्चित किया। उसी आधार पर साधले जी लिखते हैं, "विवादों को वर्जित कर 'जानकीहरण' काव्य के बारे में यह लिखना अप्रस्तुत नहीं होगा कि भारतीय सभ्यता-संस्कृति से परिष्कृत, विकसित व्यक्तित्व के बौद्धधर्मीय एवं लंका का सम्राट कुमारसेन ने ई. 500 के दरमियान 'जानकीहरण' काव्य रचा। काल के प्रवाह में यह काव्य ग्रन्थ भी लुप्त हुआ था। उसकी पुनश्च उपलब्धि सम्बन्धी साधले जी लिखते हैं, "पाश्चात्य ज्ञानर्षियों की प्रेरणा से पौर्वात्य ज्ञानभण्डार के बारे में जो अथक अनुसन्धान के प्रयास प्रारम्भ हुए थे उनका परिणाम लंका के इतिहास क्षेत्र में भी हुआ था। परिणामवश एक ग्रन्थ प्राप्त हुआ। उसकी लिपि सिंहली थी। अध्ययनोपरान्त ज्ञात हुआ कि 'जानकीहरण' महाकाव्य के पहले चौदह सर्गों पर लिखी गयी समीक्षा थी।" इस ग्रन्थ में सिर्फ़ समीक्षा थी, मूल संस्कृत काव्य उसमें नहीं था। इस 'समीक्षा' का स्वरूप स्पष्ट करते हुए साधले जी ने 'समीक्षा' की परिभाषा भी बतायी है। वे लिखते हैं, "अर्थ, छन्द, व्याकरण के नियम, अलंकार, साहित्य सौन्दर्य, सन्दर्भ, खण्डन, मण्डन, आदि के बारे में, कभी-कभी अन्वयार्थ हेतु मूल रचना के शब्दों में स्थान परिवर्तन भी किया जाता है, वही समीक्षा (टीका) होती है।"

'जानकीहरण' की समीक्षा मिली। परन्तु मूल काव्य नहीं मिला। श्रीलंका के पैलियगोड कॉलेज के प्राचार्य धर्माराम ने इस ग्रन्थ का अध्ययन कर उस समीक्षा में निहित मूल काव्य के शब्द अलग किये। केवल अलग ही नहीं अपितु निर्देशित छन्द में पुनः रचना की। पूर्ण महाकाव्य साकार हुआ। धन्य हैं, धर्माराम! बहुत ही महत्त्वपूर्ण कार्य उन्होंने सम्पन्न किया है। 1891 ई. में महान काव्य 'जानकीहरण' प्रकाशित हुआ! लिपि थी सिंहली! संस्कृत साहित्यविश्व में इस महान् कार्य अर्थात् महाकाव्य की सुवार्ता सुगन्ध की तरह फैल गयी थी। उस ग्रन्थ पर काम शुरू हुआ। स्थल था जयपुर! पण्डित हरिदास शास्त्री जी ने ग्रन्थ की सिंहली लिपि का देवनागरी लिपि में रूपान्तर कर 'जानकीहरण' महाकाव्य के चौदह सर्ग प्रस्तुत किये! यह ग्रन्थ 1893 ई. में प्रकाशित किया गया! स्थल था कोलकाता! महत्त्वपूर्ण बात यह थी कि यह महाकाव्य देवनागरी लिपि में टंकित किया गया था! लेकिन के. धर्माराम और हरिदास शास्त्री दोनों को ज्ञात नहीं था कि महाराष्ट्र के प्रख्यात संस्कृत पण्डित श्री नन्दरगीकर भी 'जानकीहरण' महाकाव्य की विशुद्ध प्रति तैयार करने के कार्य में व्यस्त थे।

साहित्यजगत् में एक के बाद एक ऐसी घटनाएँ हो रही थीं कि विद्वानों का ध्यान उनकी तरफ़ न जाता तो आश्चर्य था। 1885 ई. के दरमियान पण्डित नन्दरगीकर 'रघुवंश' का सम्पादित संस्करण बना रहे थे। सन्दर्भों के लिए उन्होंने भारत के अनगिनत स्थलों से अनेक पाण्डुलिपियाँ मँगवायी थीं। उस समय रावबहादुर टी. गोपाळराव नाम के विद्वान ने 'रघुवंश' के रूप में तीन पाण्डुलिपियाँ भेज दी थीं। वे कुम्भकोणकम् के थे। उनके द्वारा भेजी तीनों पाण्डुलिपियाँ 'रघुवंश' की नहीं अपितु 'जानकीहरण' महाकाव्य की थी, पर टी. गोपाळराव इस सत्य से परे थे। श्री नन्दरगीकर को प्राप्त हुई तीनों पाण्डुलिपियों का स्वरूप निम्न जैसा था।

i) इसकी लिपि तेलुगु थी। पहले चौदह सर्ग पूर्ण थे। पन्द्रहवें सर्ग के छह श्लोक थे। यह पाण्डुलिपि भूर्जपत्र पर लिखी गयी थी।

ii) इसकी लिपि तमिल थी। पहले चौदह सर्ग पूर्ण थे। पन्द्रहवें सर्ग के दस श्लोक थे। लेखन तालपत्र/ भूर्जपत्र पर था। उस पर उल्लेख था कि सिंहली लिपि की समीक्षा (टीका) के आधार पर इसकी रचना की गयी थी। वह 1907 ई. में प्रकाशित की गयी।

iii) यह पाण्डुलिपि देवनागरी लिपि में थी। पहले चौदह सर्ग पूर्ण थे। पन्द्रहवें सर्ग के पाँच श्लोक थे। लेखन देसी काग़ज़ पर था। इस पर भी उल्लेख था कि सिंहली लिपि में की गयी समीक्षा के आधार पर इसकी रचना की गयी है।

इन सारी पाण्डुलिपियों की खोज 1885 ई. में हुई और संस्कृत साहित्य जगत् में यह ख़ज़ाना ज्ञात हुआ। इनमें से एक बात महत्त्वपूर्ण है कि स्पष्ट रूप से देवनागरी लिपि में थी। दोनों में उल्लेख भी था कि सिंहली लिपि की समीक्षा से इसकी नकल की गयी है। परन्तु के. धर्माराम इससे अनभिज्ञ होने के परिणामस्वरूप स्वयं नवीन संहिता तैयार करने का श्रम कर रहे थे। स्पष्ट था कि महाराष्ट्र में हो रहे प्रयासों का ज्ञान लंका में नहीं था, उसी तरह जयपुर में भी नहीं था। पर आश्चर्य यह कि जयपुर में लंका में हो रहे प्रयासों का ज्ञान था। तभी तो पण्डित हरिदास शास्त्री जी लंका की मदद से देवनागरी प्रति बनाने में व्यस्त थे। के. धर्माराम और पण्डित हरिदास शास्त्री जी उनके कार्य में सफल हुए। श्री नन्दरगीकर भी सफल हुए थे। अपने पास की पाण्डुलिपियों का गहरा अध्ययन करते, विश्लेषण करते उन्होंने पहले दस सर्गों का परिपूर्ण विशुद्ध संस्करण प्रस्तुत किया। यह संस्करण 1907 ई. में प्रकाशित किया गया।

संस्कृत साहित्य अध्ययनकर्ताओं में सन्तुष्टि तो हुई थी पर वह अंशतः थी, सम्पूर्ण नहीं थी। कारण यह था कि अब काव्य उपलब्ध तो था पर आधा-अधूरा। रसिक पाठक गण शेष काव्य की प्रतीक्षा में थे। इसके बाद अत्यन्त अल्प कालावधि पश्चात् लन्दन के पौर्वात्य विद्या भवन में एक पाण्डुलिपि सामने आयी! मलयाळी लिपि में! 'जानकीहरण' महाकाव्य का सोलहवाँ सर्ग प्राप्त हुआ! रसिक पाठक उल्लसित हुए! पठन, समीक्षा तथा उद्बोधनादि संस्कार पश्चात् 1916 ई. साल अवतीर्ण हुआ। वह भी अपने साथ एक अच्छी हर्षवर्धित वार्ता लेकर! भारत के मलाबार किनारे पर 'मद्रास ओरिएंटल मॅन्युस्क्रिप्ट लाइब्रेरी' में वह अन्तर्भूत हुआ। उस पर भी संशोधन होने लगा। पण्डित के. धर्माराम द्वारा संशोधित हुए सर्गों के आगे के सर्गों पर अनुसन्धान तथा संस्कार होने लगे। यह मद्रास (चेन्नई) में सम्पन्न हुआ पर अभी भी पूर्ण ग्रन्थ एकसन्ध नहीं था, उसके सर्ग बिखरे हुए थे और अलग-अलग जगहों पर थे। पर ऐसी परिस्थिति पर हार मानी तो वे अन्वेषक कैसे? पण्डित व्रजमोहन व्यास ने 1967 ई. में ये बिखरे सर्ग महाप्रयास से इकट्ठे किये और न केवल शोधकर्ता या संस्कृतज्ञ व्यक्तियों के लिए अपितु साधारण व्यक्ति के लिए सहजसाध्य स्वरूप में 'जानकीहरण' महाकाव्य सम्पूर्ण रूप में प्रकाशित किया। जिस काव्य के बारे में केवल सुनी-सुनाई बातें थीं, वह लगभग चौदह सौ साठ वर्षों पश्चात् प्रथम ही उपलब्ध हुआ! स्पष्ट है कि पण्डित व्रजमोहन का इस काव्य के बारे में हुआ कार्य अत्यन्त महत्त्वपूर्ण, अमूल्य है। परन्तु अध्ययनशील पण्डितों तथा विद्वानों का आक्षेप रहा है कि उस प्रकाशन में अनेक त्रुटियाँ हैं। महाकाव्य के मुद्रण और स्वैर रूप के अनुवाद में अस्तव्यस्तता बड़ी मात्रा में हैं। एक बात स्पष्ट हुई है कि अब एक से ज़्यादा प्रतियों की उपलब्धि से अध्ययन, अनुसन्धान, तुलनात्मक अध्ययन करना आसान हुआ है। यह स्पष्ट है कि आनन्द साधले जी का 'जानकीहरण' महाकाव्य के बारे में लिखा आलेख ग्रन्थरूप में प्रकाशित होने तक विश्लेषण, मीमांसा तथा तुलनात्मक अध्ययन नहीं हुआ था क्योंकि उपरोक्त ग्रन्थ के प्रकाशन का काल 1976 ई. था। भिन्नता के तौर पर विचार किया जाये तो यह बात भी स्पष्ट हो जाती है कि

तीन अलग विद्वान व्यक्तियों ने तीन भिन्न-भिन्न स्थलों में रहकर परन्तु सिंहली लिपि में हुई समीक्षा (टीका) के आधार से जो तीन अलग पाठ तैयार किये हैं उनमें भिन्नता रहेगी और वह आक्षेपार्ह नहीं हो सकती। यह प्रमाणित करना आसान नहीं कि महाकाव्य का हर शब्द कुमारसेन का ही है। साहित्यजगत् में 'कुछ भी नहीं था' के बदले 'कुछ तो है' यह विचार तो काफ़ी स्वागतार्ह होता है।

उपरोक्त 'जानकीहरण' महाकाव्य के बारे में प्रचलित एक विवाद है कि "इस महाकाव्य के मूल सर्ग 25 थे।" परन्तु यह भी विवाद की स्थिति रही कि कुछ अलग संख्या के प्रमाण भी मिलते हैं। साहित्यकार आनन्द साधले जी ने लिखा है, "पहले बीस सर्गों में श्रीराम के राज्याभिषेक की घटना तक की कथावस्तु है।" आगे के पाँच सर्गों में रामायण की अगली घटनाओं का सन्निवेश होने की सम्भावना हो सकती है। अपना आलेख समापन करते समय साधले जी ने कुमारदास के 'जानकीहरण' महाकाव्य का मराठी तर्जुमा दिया है। राम-सीता के विवाहप्रसंग का वर्णन बड़े विस्तार से दिया है। उस वर्णन में विवाहस्थल, स्वयं राम, सीता, पुरोहित, सेवक, अतिथि आदि का वर्णन किया है। कुमारसेन की ओर से वर्णन में आये अलंकार—उपमा, उत्प्रेक्षा, रूपक आदि की प्रशंसा की है। अन्त में वे लिखते हैं, "यद्यपि 'जानकीहरण' और कुमारसेन का समन्वय या बराबरी का विचार हमेशा रघुवंश और कालिदास के साथ प्रस्तुत किया गया है फिर भी काव्य और कवि की दृष्टि से रघुवंश और कालिदास श्रेष्ठ हैं। गुणों की कसौटी से कुमारसेन और उसका काव्य कालिदास से मिलता नहीं है। उसके नज़दीक भी नहीं पहुँच सकता। यह निर्विवाद सत्य है कि महाकाव्य के साहित्यिक प्रमुख लक्षण 'जानकीहरण' में ज़रूर दृष्टिगत होते हैं। परन्तु महाकाव्य की आन्तरिक महत्ता के अनुभव उसमें नहीं होते।"

सन्दर्भ

- साधले आनन्द, जानकीहरण आणि इतर लेख, प्रिया प्रकाशन, मुम्बई, 1976

रामायण : भारतीय संस्कृति का इतिहास

डॉ. शैलजा 'श्यामा'

पण्डित श्रीपाद दामोदर सातवळेकर महाराष्ट्र के एक विद्याशास्त्रसम्पन्न व्यक्तित्व रहे हैं। भारतीय संस्कृति के विलक्षण अभिमानी और समर्थक थे। साथ ही उनका मत रहा है कि धर्म की कोई मर्यादा नहीं होती। जहाँ मानव हैं वहाँ धर्म है। उन्होंने भारतीय संस्कृति किस प्रकार विश्व पर प्रभावदायी है यह वेद, उपनिषद्, रामायण और महाभारत जैसे महत्त्वपूर्ण ग्रन्थों द्वारा विशद किया है। उनके नाम पर लगभग चार सौ ग्रन्थ हैं। उनमें से 'भारतीय संस्कृति' एक उल्लेखनीय ग्रन्थ है। पण्डित श्रीपाद दामोदर सातवळेकर ने 'भारतीय संस्कृति' शीर्षक ग्रन्थ (खण्ड 4) का एक प्रकरण 'रामायण' पर लिखा है। उनके मतानुसार 'रामायण' और 'महाभारत' न केवल काव्य हैं बल्कि भारतीय संस्कृति के इतिहास भी हैं। इतिहासविद् चिं. वि. वैद्य जी ने रामायण-महाभारत का जो काल निश्चित किया है उसे स्वीकृत कर शास्त्री जी ने उस ज़माने के कई ऐतिहासिक, सामाजिक रीति परम्पराओं के प्रमाण प्रस्तुत किये। केवल प्रस्तुत ही नहीं किये अपितु उनके अनेक उदाहरण रामायण-महाभारत के अध्ययन द्वारा विद्वानों की चर्चा में सर्वदा रखे। यहाँ रामायण के कुछ विशेष प्रसंगों पर लिखे उनके मन्तव्य का विचार करना उचित होगा।

घटना है, शम्बूक वध की। छोटी जाति का शम्बूक ध्यानधारणा में लीन है, जब कि उसे वेदाध्ययन, विद्यार्जन का अधिकार नहीं है। उसके विद्यार्जन की प्रक्रिया देख पूरा ब्राह्मण वर्ग अस्वस्थचित्त हुआ है। वे राम के प्रति क्रोधभरी प्रतिक्रिया प्रस्तुत करते हैं। राम का व्रत है लोकानुनय, उत्कृष्ट प्रशासन, प्रजाहितदक्षता। राम उनकी सुनते हैं और शम्बूक का वध करते हैं। सातवळेकर शास्त्री जी लिखते हैं, 'राम राजा है, राज्य में शान्ति, सुव्यवस्था बनाये रखना उनका कर्तव्य था। समाज में वर्णाश्रम पद्धति कायम रख प्रजा की स्वतन्त्रता और हर व्यक्ति को विश्वासार्हता प्रदान करने का कर्तव्य राम ने निभाया था।' राम के कार्य का समर्थन करते हुए शास्त्री जी लिखते हैं, 'शम्बूक शूद्र, सेवा धर्म निभानेवाला और जीवनयापन हेतु छोटे पैमाने पर भूदासत्व करनेवाला... अगर वह विद्यार्जन, वेदाध्ययन करेगा तो उसके जीवनयापन का क्या? उसका भार अन्य जन क्यों वहन करें? पहले ही ब्राह्मणों का भार अन्य तीन वर्ण उत्पादन कर वहन करते हैं। समाज में सन्तुलन रखने हेतु शम्बूक का वध समर्थनीय है।' पण्डित जी के मतानुसार राम अपने समय की सामाजिक व्यवस्था और परम्परा के अनुसार ही आचरण करते हैं। हम आज रामायण पढ़ते हैं तो यह ज़रूरी नहीं कि वर्तमान युग की परम्पराओं के प्रतिबिम्ब उसमें देखने का प्रयास करें। पण्डित जी ने राम के इस कृत्य का समर्थन रामायणकालीन राजा के कर्तव्यों के सन्दर्भ में किया है जो उच्च नीतिमूल्य, राज्यव्यवहार तथा राजनीति के अनुसार ही है।

'भारतीय संस्कृति' ग्रन्थ द्वारा वर्णव्यवस्था का समर्थन किया हुआ दिखायी देता है। पण्डितजी स्वयं इस व्यवस्था के समर्थक रहे हैं। उनके मतानुसार भारतीय संस्कृति की नींव इसी में है। 'भारतीय संस्कृति' के प्रति विविध विद्वानों के विविध मत प्रमाणों और स्पष्टीकरण सहित सामने आते हैं। इतना ही नहीं राम, रामकथा, रामकथा के उपकथानक, विविध प्रसंग, पात्रों सम्बन्धी भी। पण्डित जी की अपनी एक पहचान है। उनकी रुचि भी इन विषयों के प्रति ही रही है। अपने दृढ़ मत निरूपित करने की क्षमता उनमें निश्चित है।

सन्दर्भ

- पण्डित सातवळेकर, 'भारतीय संस्कृति' (खण्ड 4), भारतीय संस्कृति कोश मण्डल, पुणे।

श्रीराम विजय

डॉ. वन्दना पाटील

'राम' का नाम छोटे बच्चों से लेकर बूढ़ों तक सभी की जिह्वा पर बैठा हुआ होता है। बच्चों के जन्म के साथ जुड़ा हुआ राम का नाम मरने के बाद भी अन्तिम यात्रा तक जुड़ा होता है। बच्चों के नामकरण समारोह के समय गाये जानेवाले गीतों में 'राम' के गीत को अधिक महत्त्व दिया जाता है। उसी प्रकार किसी भी व्यक्ति की मृत्यु के बाद अन्तिम यात्रा में 'राम नाम सत्य है' यही वाक्य कहते-कहते अन्तिम यात्रा निकाली जाती है। श्रीराम की कथा पुराणों से लेकर आजतक के साहित्य में अलग-अलग भाव लेकर आ गयी है। लोकगीतों से लेकर कथासाहित्य तक अनेक कारणों से राम के पात्रों को चित्रित किया है। मूल वाल्मीकि रामायण से कथा लेकर प्रत्येक साहित्यकार ने अपने-अपने विचारों से परिस्थिति और उद्देश्य के अनुसार कथा को वर्णित किया है। परन्तु सभी कथाओं का अध्ययन करें तो सभी में एक बात समान रूप से आती है और वह है 'राम का आदर्श चरित्र' जो समाज को एक आदर्श पुत्र, आदर्श राजा, का सन्देश देता है। कवि श्रीधर जी द्वारा लिखित 'श्रीराम विजय' ग्रन्थ मराठी में लिखा हुआ है। यह राम के जीवन पर लिखा हुआ ग्रन्थ है। इस ग्रन्थ को लिखने के लिए लगभग आठ नौ महीने लगे थे। इस ग्रन्थ की रचना 1703 ई. में की गयी है।

कवि श्रीधर जी द्वारा राम के जीवन की विजय को सामने रखकर ग्रन्थ की रचना करने के कारण ग्रन्थ का शीर्षक उचित लगता है। मूल वाल्मीकि रामायण की तरह इसमें भी कवि ने सात काण्ड रखे हैं। इन सात काण्डों को चालीस अध्यायों में विभाजित किया है। इस ग्रन्थ की पृष्ठ संख्या 426 है। ग्रन्थ के सम्पादक रामचन्द्र शंकर जोशी हैं। सारथी प्रकाशन, सदाशिव पेठ, पुणे द्वारा 17 जून, 1996 में इसका प्रकाशन किया गया। इसका मूल्य 110 रु. है। कवि श्रीधर का जन्म 1658 में नासरे गाँव में हुआ था तथा उनकी मृत्यु 1729 ई. में हुई। कवि श्रीधर जी ने इस ग्रन्थ की रचना करते समय वशिष्ठ रामायण, शुक रामायण, हनुमान नाटक रामायण, विभीषण रामायण, शेष रामायण, अध्यात्म रामायण, अरुण रामायण, शैव रामायण, आगम रामायण, कूमे रामायण, स्कन्द रामायण, पत्र रामायण, भरत रामायण, धर्म रामायण, आश्चर्य रामायण, शिव रामायण, अगस्त्य रामायण आदि ग्रन्थों का अध्ययन किया है। परन्तु हनुमान नाटक और वाल्मीकि रामायण का अधिक मात्रा में आधार लिया गया है। इसका सन्दर्भ प्रत्येक अध्याय की अन्तिम पंक्ति 'संमत वाल्मीकि नाटकाधार' के द्वारा स्पष्ट होता है। श्रीधर जी ने अनेक संस्कृत प्राकृत कवियों का आदर्श सामने रखकर ग्रन्थ की रचना की है। परन्तु सम्पूर्ण ग्रन्थ में अनेक जगहों पर ज्ञानेश्वर, एकनाथ तथा मुक्तेश्वर का स्पष्ट उल्लेख दिखायी देता है।

प्राचीन काव्य परम्परा के अनुसार किसी भी ग्रन्थ का प्रारम्भ देवताओं की स्तुति से और संस्कृत में किया जाता है, उसी प्रकार कवि श्रीधर जी ने भी ग्रन्थ के प्रारम्भ में देवताओं की स्तुति संस्कृत में की है। बाद में वाल्मीकि का परिचय दिया है और वाल्मीकि रामायण की स्तुति की है। 'श्रीराम विजय' ग्रन्थ की कथा का प्रारम्भ रावण के जन्म से होता है। उसमें वाली द्वारा रावण को बन्दी बनाना, रावण के पिता का शरण आना और उसे छुड़ाना, रावण द्वारा दशरथ-कौशल्या के विवाह में विघ्न डालना आदि कथाओं से ग्रन्थ का प्रारम्भ होता है और राम को सीता और दो बेटे लव-कुश भी मिल जाते हैं और राम राज्य करना प्रारम्भ करते हैं और यहाँ कथा समाप्त होती है। कवि स्वयं अन्त में कहते हैं कि राम के निजधाम जाने का वर्णन न करने के लिए उन्हें दृष्टान्त हुआ था। इसलिए उन बातों का वर्णन नहीं किया है।

कवि श्रीधर जी ने उपर्युक्त रामायणों से सन्दर्भ लेकर अपनी कथा की रचना की है। कुछ कथाओं का विस्तृत वर्णन किया है। वे कथाएँ मूल वाल्मीकि रामायण में मिलती नहीं हैं। एक मनोरंजकता, चमत्कृति के लिए उन कथाओं को सम्मिलित किया होगा। कवि श्रीधर जी ने सीता की जन्मकथा की तुलना पद्माक्ष राजा की कन्या पद्माक्षी से की है। राजा पद्माक्ष को अपनी पुत्री लक्ष्मी जैसी होनी चाहिए ऐसी इच्छा थी तभी वह विष्णु की आराधना करते हैं और उनके वरदान से एक कन्या प्राप्त होती है। कन्या के विवाह योग्य होने पर उस कन्या के रूप सौन्दर्य के कारण पद्माक्ष को एक भी वर पसन्द नहीं आता है तब प्रजा क्रोधित होती है और राजा को मार देती है। पिता की मृत्यु के बाद पद्माक्षी अग्निकुण्ड में स्वयं को समर्पित करती है तभी रावण वहाँ से जाते समय उसे देखकर उसे प्राप्त करने के लिए अग्निकुण्ड बुझाते हैं। परन्तु उसे पद्माक्षी नहीं मिलती बल्कि पाँच रत्न मिल जाते हैं। कुछ दिनों बाद वह बक्सा रावण अपनी पत्नी मन्दोदरी को दिखाते हैं तब बक्सा खोलते ही उसमें छह महीने की छोटी बच्ची दिखायी देती है। मन्दोदरी उसे देखकर डर जाती है। उसे लगता है कि यह बेटी उनके कुल का नाश करेगी। इसलिए वह रावण को बक्सा फेंक देने को कहती है। रावण वह बक्सा जनक राजा की खेती में फेंक देते हैं। वह बक्सा एक किसान के माध्यम से जनक राजा के पास पहुँच जाता है और उसमें पाँच साल की बेटी मिलती है। वही बेटी सीता है। पंचवटी में रहते समय लक्ष्मण एक बार फल इकट्ठा करने के लिए वन में जाते हैं तब शंबरी नामक एक राक्षस ईश्वर की आराधना करते हुए दिखायी देते हैं। उसकी भक्ति से प्रसन्न होकर श्री शंकर उसे कालखड्ग अस्त्र देते हैं। परन्तु अस्त्रदेवता अपना अस्त्र उस राक्षस को देना नहीं चाहती। अतः वह अस्त्र लक्ष्मण के सामने आ जाता है। तब लक्ष्मण उस अस्त्र की परीक्षा लेने के लिए उस अस्त्र को एक द्वीप पर छोड़ देते हैं जिससे वहाँ पर बैठे शंबरी का वध होता है। शंबरी रावण की बहन शूर्पणखा का बेटा था। शूर्पणखा जब अपने बेटे की अवस्था देखती है तब वह क्रोधित होती है और लक्ष्मण से शादी करने की इच्छा प्रकट करती है तब लक्ष्मण उसे राम से विवाह के लिए सम्मति लेने को कहते हैं। राम शूर्पणखा के पीठ पर लिखकर भेजते हैं कि इसके नाक और कान काट दो। लक्ष्मण आज्ञा का पालन करते हैं और शूर्पणखा के कान और नाक काट देते हैं। इस घटना से रावण क्रोधित हो जाता है और सीता को भगाकर ले जाते हैं। हनुमान जब सीता को ढूँढ़ने के लिए लंका में जाते हैं तब रावण उन्हें मारने की आज्ञा अपने सेवकों को देता है। सभी सेवक हनुमान को पकड़कर ले आते हैं। रावण उन्हें जलाने को कहता है। परन्तु हनुमान की पूँछ इतनी बढ़ती जाती है कि उसे लंका के सभी लोगों को नग्न करके वस्त्र लाये जाते हैं फिर भी कम होते हैं। अन्त में रावण सीता के वस्त्र लाने को कहता है तब हनुमान अपनी पूँछ कम कर देते हैं।

हनुमान द्वारा लंकादहन की वार्ता स्वयं हनुमान नहीं देते बल्कि ब्रह्मदेव पत्र लिखकर राम को बता देते हैं, ऐसा श्रीधर जी ने लिखा है। अंगद रावण से मिलने जाता है। तब रावण की बातों से क्रोधित होकर रावण का पूरा सभागृह ही उठाकर राम के सामने रख देता है परन्तु राम की आज्ञा के कारण फिर से उसे वापस रख कर आता है। द्रोणागिरी के बारे में श्रीधर जी दो बार लाने की कथा बताते हैं। पहली बार इन्द्रजित के ब्रह्मास्त्र के कारण मूर्च्छित हुए सभी बन्दरों को होश में लाने के लिए हनुमान द्रोणागिरी को उठाकर ले आते हैं और फिर से वापस रखकर आते हैं और दूसरी बार लक्ष्मण के मूर्च्छित होने पर लेकर आने की कथा है। द्रोणागिरी को उठाकर ले आते समय हनुमान को भरत पकड़ लेते हैं और जब हनुमान उन्हें सभी बातें बताते हैं तब वे बाणाग्रा पर बिठाकर लंका में छोड़ देते हैं। यह कथा अलग ढंग से वाल्मीकि रामायण में है। इस प्रकार कुछ कल्पित कथाओं को कवि श्रीधर जी ने चित्रित किया है जिनका सम्बन्ध मूल 'वाल्मीकि रामायण' से नहीं है। कवि श्रीधर जी ने 'श्रीराम विजय' ग्रन्थ में वीर, करुण और अद्‌भुत रसों का अधिक मात्रा में प्रयोग किया है। संस्कृत ग्रन्थों का आधार ले कर ग्रन्थ की रचना करने के कारण संस्कृत भाषा का प्रभाव दिखायी देता है। बीच-बीच में संस्कृत शब्द दिखायी देते हैं जिससे भाषा में थोड़ी-सी क्लिष्टता आ गयी है। दृष्टान्तों और अलंकारों का प्रयोग यथास्थान पर हुआ है जिससे कवि की प्रतिभा शैली स्पष्ट होती है। कवि प्रारम्भ में इस ग्रन्थ रचना निर्मिति का अपना उद्देश्य बताते हैं कि इस रचना के पीछे केवल मनोरंजन उद्देश्य नहीं है बल्कि इनमें वर्णित कथाओं के आधार पर नीति और सत्य आचरण सिखाना, मोक्ष तथा ज्ञान प्राप्ति कराना, दुःख, दरिद्रता संकट का निर्मूलन कराना रहा है।

सन्दर्भ

- कवि श्रीधर, श्रीराम विजय, रचना 1703, सम्पादक : रामचन्द्र शंकर जोशी, सारथी प्रकाशन, सदाशिव पेठ, पुणे, प्रकाशन वर्ष 17 जून, 1996

प्रियकामा

प्रा. डॉ. पद्मा पाटील

'प्रियकामा' मराठी साहित्य क्षेत्र के विख्यात लेखक तथा कवि बा. भ. बोरकर द्वारा मराठी में लिखा उपन्यास है। बा. भ. बोरकर गाँधीवादी विचार प्रणाली से जुड़े रहे हैं। साथ ही प्राचीन भारतीय संस्कृति के अभिमानी भी। सरकारी नौकरी करते-करते उन्होंने मराठी साहित्य क्षेत्र की उल्लेखनीय सेवा की है। वे अपने लेखन को प्रायः समाजोन्मुख मानकर ही सृजन करते रहे हैं। उनके अनेक कविता संग्रह, उपन्यास प्रकाशित हुए हैं। पुराण, पुराख्यान, इतिहास के दुर्लक्षित पात्रों को उन्होंने अपनी रचनाओं के केन्द्र में रखा है। उनके उपन्यास भी काव्यात्मक भाषा से सम्पृक्त हैं। उन्होंने समाज के शोषित, सर्वहारा वर्ग की व्यथा अपने उपन्यासों द्वारा पाठकों के सामने रखी है। अपने लेखन द्वारा वे देवदासी प्रथा का विरोध करते रहे। प्राचीन संस्कृति की ओर आधुनिक दृष्टिकोण से देखना उनकी विशेषता रही। परिणामवश उन्होंने रामायण का महत्त्वपूर्ण चरित्र राजा दशरथ की प्रिय रानी कैकेयी को अपने 'प्रियकामा' उपन्यास का प्रमुख पात्र बनाया।

उपन्यास का शीर्षक कैकेयी के जीवन से जुड़ा है। लेखक ने कैकेयी को 'प्रियकामा' सम्बोधित किया है। बोरकर जी ने कलात्मक, काव्यात्मक भाषा में कैकेयी का जीवन अभिव्यंजित किया है। मूल प्रवृत्ति कवि मन की होने से उनका ये उपन्यास प्रत्येक पृष्ठ द्वारा अधिकाधिक रोचक तथा आकर्षक होता जाता है। उपन्यास में दशरथ के निःसन्तान गार्हस्थ्य जीवन के चित्रण को भी जगह दी है। कैकय देश का प्राकृतिक, सामाजिक, राजनीतिक वर्णन लेखक ने इस तरह किया है कि राजकन्या कैकेयी के मानसिक, वैचारिक व्यक्तित्व विकास का सम्पूर्ण आकलन होता है। रामायण द्वारा कैकेयी का पूर्व प्रचलित चरित्र जो हमारे सामने है, उससे बहुत अलग रीति से बोरकर जी ने अंकित किया है। उसका चरित्र कैसे विकसित होता गया, किस दिशा में हुआ ये बातें पाठकों के मन पर बड़ी गहराई से अमिट छाप छोड़ जाती हैं। कैकेयी न केवल बुद्धिमती है बल्कि वह वीरांगना भी है। इन्द्र से हुए युद्ध में उसने दशरथ की बड़ी वीरता से मदद कर उसे विजय प्राप्त करा दी। कौशल्या या सुमित्रा की अपेक्षा कैकेयी वीरांगना, रूपसुन्दरी है जो राजा दशरथ को अधिक प्रिय है। हर तरह की अभिलाषा अभिव्यक्त कर लेखक ने बड़ी कुशलता से कैकेयी का व्यक्तित्व निरूपण किया है।

वह न केवल अपने पुत्र भरत की बल्कि अन्य राजकुमारों की भी अभिभावक है। पुत्रों से सभी माताओं का ख़ास स्नेह है। सापत्न माताएँ होकर भी स्वयं कैकेयी और सुमित्रा तथा कौशल्या भी चारों पुत्रों से स्नेह करती है। लेखक ने ऐसी अनेक घटनाओं को उपन्यास में सँजोया है। उन्होंने कई ऐसे प्रसंगों को भी रचा है कि कैकेयी के साथ राजनीति के बारे में दशरथ चर्चा विमर्श करते हैं। बा. भ. बोरकर द्वारा बहुत कुशलतापूर्वक कैकेयी का व्यक्तित्व चित्रण किया गया है।

बोरकर की कैकेयी अब तक स्थापित मत्सरी, दुष्ट, स्वार्थी, राज्य की आकांक्षा कर श्रीराम को अरण्यवास बाध्य करनेवाली नहीं है। वह केवल प्रियकामा है। मन्थरा का हर कुटिल शब्द न सुनने जितनी वह चतुर है। राजा दशरथ के संवेदनशील मर्मस्थल उसने जान लिए हैं। भरत के लिए राजसिंहासन की माँग करना, उस बारे में अत्यधिक आग्रही रहना स्वाभाविक है, इस बात की लेखक बोरकर ने ऐसी हिमायत की है कि स्वयं पाठक भी पढ़ते समय मान्य करता है कि कैकेयी की माँग गलत नहीं है। प्रेमाराधना में वह इतनी कुशल है कि राजा दशरथ से वह अपने अनुकूल निर्णय करवा लेती है। एक माता होने से सहज है कि उसे पुत्र भरत के लिए राज्य की आकांक्षा है। लेखक की कल्पनानुसार भरत का नन्दिग्राम-ननिहाल जाना संयोग है। कैकेयी ने जानबूझकर उसे ननिहाल नहीं भेजा था। लेखक ने कैकेयी का चित्रण ऐसे किया है कि उसके आगे राजा दशरथ ही नहीं अपितु कौशल्या और सुमित्रा भी फीकी पड़ गयी हैं। कैकेयी भरत के राज्याभिषेक की माँग करती है, कोपभवन में जाकर, मुक्तकेशा बनकर वह अपने प्रेम का फ़ायदा उठाती है और राम का समारोह रुकवा देती है। अगली सारी कथावस्तु वाल्मीकि रामायण की तरह वैसे ही बढ़ती घटती रहती है।

कैकेयी 'प्रियकामा' इसलिए है कि उसने न केवल राजा दशरथ बल्कि सौतनें कौशल्या, सुमित्रा तथा सारे राजकुमारों का प्रिय चाहा है, उनके कल्याण की कामना की है। वह राजा दशरथ की प्रियकामा है, अपनी स्वयं की हर चाहत कैकेयी ने अपनी प्रीतिसुधा का उपयोग कर पूरी की है। लेखक की कुशलता अन्त में प्रखरता से व्यक्त हुई है। राजा दशरथ ने कैकेयी से मदद ली, उससे विवाह किया, दासी को अयोध्या में लाने की अनुमति दी, उसका क्रोध शान्त करने के लिए प्रिय पुत्र राम को वनवास भेजने की बात भी मंजूर की। परन्तु उपन्यास की समाप्ति में लेखक ने कथावस्तु में अनोखा मोड़ दिखाया है। उससे पाठक विस्मित हो जाता है। सबकुछ अपनी इच्छाओं के अनुसार होने के सन्तोष में मग्न कैकेयी को राजा दशरथ मर्मभेदक शब्द सुनाता है और अपने एकान्तकक्ष की ओर चला जाता है, मानो उसने कैकेयी के साथ की उसकी प्रीति तथा पति का रिश्ता तोड़ डाले हैं। संस्कृतप्रचुर भाषा शैली, समर्पक उपमा-अलंकारादि का अवलम्ब मार्मिक संवाद, घटनाओं का समन्वय आदि विशेषताओं से परिपूर्ण ऐसा 'प्रियकामा' उपन्यास पाठकों को प्रिय लगता है।

बा. भ. बोरकर मूलतः कवि प्रकृति के ही हैं। पर सम्भवतः किसी सृजनशील रचनाकार की तरह उन्हें भी महसूस हुआ होगा कि अन्य साहित्य विधाओं को भी अपनाकर देखना चाहिए। परिणामतः कविता विधा पर के असाधारण अधिकार की तरह ही उन्होंने उपन्यास विधा पर भी अपना अधिकार जमाया, ऐसा कहना अनुचित न होगा। 'प्रियकामा' की प्रस्तावना में उन्होंने लिखा है कि उपन्यास विधा की तरफ़ वे केवल उनकी रुचि को केन्द्र में रख नहीं देखते। 'प्रियकामा' पौराणिक उपन्यास है। बा. भ. बोरकर ने रामायण का कैकेयी चरित्र बहुत अलग दृष्टि से इस उपन्यास में निरूपित किया है। राम को वनवास भेज कर दशरथ की मृत्यु का कारण बनी कैकेयी की जनमानस में सैकड़ों वर्षों से दृढ़ बनी छवि को मराठी साहित्यकार बोरकर जी ने पूर्णतः दूर करते हुए अपनी कैकेयी को अंकित किया है। कैकेयी केकय देश की राजकन्या है। दशरथ ने अपनी ढलती उम्र में उससे विवाह किया। केकय देश जाने के बाद वहाँ जितना समय दशरथ ने बिताया उस कालावधि में कैकेयी के सौन्दर्य, बुद्धि, राजनीतिज्ञता आदि से वे परिचित होते गये। इन्द्र के शंबरासुर के साथ के युद्ध में कैकेयी ने राजा दशरथ की मदद कर उनके प्राण बचाये थे। इस कारण दशरथ ने उसे दो वर दिये। उन वरों की सहायता से उसने राम को वनवास भेजा तथा भरत को राज्य का अधिकारी बनाया। इस कथानक को बोरकर जी ने केन्द्र में रख नायिका प्रधान उपन्यास प्रियकामा का सृजन किया।

बोरकर जी ने कैकेयी को सम्पूर्णतः अलग रूप में अंकित किया है। उन्होंने कैकेयी के आचरण के पीछे एक कल्याणकारी मत होने पर बल दिया है। उनकी प्रियकामा श्रेयकामा के रूप में पाठकों के समक्ष आती हैं। 'रामायण' में यदि 'कैकेयी' चरित्र न होता तो 'रामायण' घटित न हुआ होता। कैकेयी को सम्पूर्णतः अलग दृष्टिकोण से चित्रित करने के पीछे बोरकर जी की एक निश्चित भूमिका रही है। इस उपन्यास का प्रत्येक प्रसंग, वर्णन, पात्रांकन, चरित्र-चित्रण कैकेयी के अनुकूल बनाया है।

इस उपन्यास की नायिका कैकेयी है अर्थात् वही इसके केन्द्र में है। उपन्यास के पहले ही अनुच्छेद में ऊँचे, पुष्ट काले घोड़े पर सवार होकर दौड़नेवाली राजकुमारी का वर्णन है। कैकेयी युद्ध विद्या तथा अश्वविद्या में निपुण है। राजनीतिक अनेक दाँवपेंच वह कुशलता से सँभाल सकती है। मृगया, पाककला, चित्रकला, मद्यविशेष, हर तरह के मांस पकवान बनाने जैसी अनेक कलाओं में वह बहुत ही निपुण है। उसके स्वभाव में केकय उत्कटता, निष्ठा, दृढ़ निर्धारादि सभी गुण मौजूद हैं। वह अन्याय की केवल कल्पना से भी बहुत अधीर होने का दोष लिए हुए है। केकय देश की भेंट करनेवाला राजा दशरथ वहाँ की निवासावधि में उसके सौन्दर्य, चतुरता, विद्वत्ता, राजनीतिज्ञता आदि से प्रभावित होकर उससे विवाह का प्रस्ताव रखता है। उसके साथ विवाह करते समय वह भविष्य के युवराज की माता बनेगी ऐसा वचन केकय नरेश को देता है। प्रियकामा भी रघुकुल की प्रतिष्ठा का संरक्षण करने, कभी समय आये तो सर्वस्व का त्याग करने की मानसिकता रखने की बात को स्पष्ट करती है। वह इसी निश्चय के साथ दशरथ राजा के साथ विवाह करती है। वह विवाह के पश्चात् दशरथ का मन पूर्णतः जीत लेती है। उसके गुणों तथा कर्तृत्व का प्रभाव दशरथ राजा पर हो जाता है। जब राम को ही राज्याभिषेक करने का निर्णय दशरथ राजा लेता है और यह बात कैकेयी से छिपाकर रखता है एवं यह बात कैकेयी मन्थरा से जान लेती है तो श्रेय के मार्ग से भ्रमित न होते हुए, कितनी भी अड़चनें आयें और सारी दुनिया यदि उसे दूर करती है तो भी वचनभंग का कलंक महाराजा को न लगे, रघुकुल की प्रतिष्ठा बाधित न हो जाये...पति की मृत्यु ही सही पर उसके यश की मृत्यु न हो, ऐसा वह निश्चित करती है। दशरथ ने केकय नरेश को उनका पोता ही कल का सम्राट होगा, ऐसा वचन दिया था। विश्वामित्र को राम द्वारा रावण वध करवाने का भी एक वचन दिया था। अयोध्या का राज्य कोई भी करेगा पर रावण वध की प्रतिज्ञा केवल राम ही पूर्ण करेगा। राम का अवतार कार्य यही है। इसीलिए महर्षि विश्वामित्र ने दण्डकारण्य में एक पीढ़ी तैयार की थी। राम के सामने उनके कार्य को पूरे किये बगैर विकल्प नहीं है। इस तरह का विचार कर वह दशरथ पर क्रोधित होना तय करती है। उस समय वह दो वर माँग लेती है। वह दशरथ की 'कल्याणी' थी। लौकिक, अलौकिक दुनिया में दशरथ की कीर्ति बाधित न हो, उनकी छवि मलिन न हो, इसलिए वह इस प्रकार का निर्णय लेती है। बोरकर ने चित्रित किया है कि कैकेयी स्वार्थ तथा बदले की भावना से इस प्रकार का निर्णय नहीं लेती है। राम, अपनी माँ की पिता के प्रति की पतिनिष्ठा, कर्तव्यादि सभी को महसूस करते हुए कैकेयी के निर्णय का स्वागत करते हुए उनका पालन करते हैं। राम-लक्ष्मण चर्चा करते हैं। कैकेयी द्वारा लिया निर्णय राजनीति की दृष्टि से भविष्य काल में भी उचित कैसे हो सकता है, इस पर दोनों भाई विचार-विमर्श करते हैं। बोरकर जी ने भरत का चरित्र-चित्रण भी बहुत अलग रूप में प्रकट किया है। वह अपनी माता के प्रति तिरस्कार प्रकट नहीं करता। बल्कि माँ के साथ चर्चा करके आगे क्या करना चाहिए सोचता है। कैकेयी उसे बताती है कि राम वापस लौटें इसलिए वह भी उसे समझाएगी और यदि वह न लौटें तो वही सुझाती है कि राज्य शासन हेतु भरत राम को सोने की पादुकाएँ पहनाएँ और उन्हें पुनः उतारकर सिंहासन पर

विराजित कर राज्य कारोबार चलाएँ। ये बातें कैकेयी के चरित्र को औदात्य तक पहुँचा देनेवाली हैं। लक्ष्मण जब सीता को रामाज्ञा के फलस्वरूप वन में छोड़कर वापस लौटते हैं तो कैकेयी ही लक्ष्मण को एक स्त्री, सास तथा कल के राघवों की दादी होने की बात को प्रमुखता देकर उसे भी वन में छोड़ आने की आज्ञा करती है।

कोई भी विद्वान लेखक पुराण कथाओं को स्वयं की प्रतिभा के अनुसार नवीन अर्थ देता है। वाल्मीकि रामायण में तथा अन्य राम काव्यों में भी कैकेयी, रामायण का एक महत्त्वपूर्ण पात्र है। वह खलपात्र के रूप में ही सभी के सामने अपनी छवि सदियों से रखे हुई है। जबरदस्त महत्त्वाकांक्षा से परिपूर्ण यह केकय नरेश की राजकन्या दशरथ की रानी होने से सौतन भाव से सिक्त होकर राम को वनवास भेजना चाहती है। युवा राज्ञी वृद्ध दशरथ पर अधिकार, प्रभाव डालते हुए अपने पुत्र को राज्याभिषेक करवाने की माँग करती है। समस्त रामायण में आदर्श तत्त्वों का निरूपण महत्त्वपूर्ण रहा है। पर सभी रचनाकारों ने कैकेयी, मन्थरा तथा सीता की निन्दा करनेवाला धोबी आदि पात्रों के चित्रण से 'रामायण' को बाधित किया है। बोरकर के पहले किसी को क्यों नहीं लगा कि इन पात्रों के ऐसे चारित्रिक निरूपण से 'रामायण' के औदात्य की हानि होगी? बोरकर जी ने कैकेयी का उदात्तीकरण किया है। रामायण में स्थित द्वेष, बदला, क्रोध, मत्सर आदि मानवीय दोषों को स्वाभाविक रूप में अंकित किया है। उन्होंने पूर्वप्रचलित रामकथा के कुछ सन्दर्भों का प्रयोग किया है। अपनी कल्पनाशक्ति से उन्होंने केकय देश का वर्णन, वहाँ की राजनीतिक स्थितियाँ, कैकेयी की विद्वत्ता, केकय नरेश के पत्र, युधाजीत के बीच के सम्बन्धादि का वर्णन बहुत सुन्दर किया है। संस्कृतप्रचुर भाषा से उपन्यास में भी काव्यत्व का निखार महसूस होता है। कैकेयी 'रामायण' का महत्त्वपूर्ण पात्र है। बोरकर जी के मराठी भाषा में लिखे 'प्रियकामा' उपन्यास की नायिका कैकेयी है। वह अपना अलग रूप लेकर पाठकों के सामने आती है। पूर्वप्रचलित धारणाओं को पीछे छोड़ बोरकर जी ने 'रामकथा' के इस पात्र की अभिव्यंजना बहुत ही अनोखे ढंग से की है। बा. भ. बोरकर जी के साहित्यकार व्यक्तित्व की ऊँचाई का परिचय अधिक दृढ़ होता है।

पवित्र तथा ऐतिहासिक और सामाजिक ग्रन्थ 'रामायण' के अहंभावी, दुष्ट परन्तु रामायण उसके बिना अधूरा रहता ऐसा एक महत्त्वपूर्ण पात्र कैकेयी जो अत्यन्त महत्वाकांक्षी मानी गयी उसका पक्ष भी सत्य होने का विश्वास बोरकर जी के इस उपन्यास से हो जाता है। बा. भ. बोरकर जी का रामायण की कथावस्तु से जुड़ा उपन्यास 'प्रियकामा' मराठी साहित्य के लिए भूषण ही है।

सन्दर्भ

- बोरकर बा. भ., प्रियकामा, पॉप्युलर प्रकाशन, मुम्बई, 1983

रावणायन

डॉ. शैलजा 'श्यामा'

मराठी साहित्यक्षेत्र की विख्यात कहानीकार 'इन्द्रायणी सावकार' का 'रावणायन' उपन्यास नवीनतम उपन्यास है। ये रचना 2016 ई. में रिया पब्लिकेशन्स, कोल्हापुर द्वारा प्रकाशित हुई है। लेखिका ने इस उपन्यास लेखन हेतु जो प्रयास किये हैं, उनकी चर्चा उन्होंने स्वयं की है। रावण पर उपन्यास लिखने हेतु उन्होंने जितने भी प्रयास किये, उन्हें दर्ज़ करते हुए वे अपने रामायण अध्ययन की एक विशेषता पाठकों के सामने प्रस्तुत करती हैं। वे लिखती हैं, "वाल्मीकि रामायण में दशरथ की अनेक पत्नियों का उल्लेख मिलता है जिसे मैंने इस उपन्यास में नहीं किया है।"

रामायण पढ़ते समय पाठकों के सामने रावण का प्रथम दर्शन सीता स्वयंवर के दरमियान पहली बार मिथिला में होता है। शिवधनुष उठाने और उसकी प्रत्यंचा चढ़ाने में रावण असफल और लज्जित होते हैं और दरबार से चले जाते हैं। रावण के महापराक्रमी, महाबलवान, लंकानरेश होने का ज्ञान सर्वप्रसृत होता है। उसकी वीरगाथा आसेतुहिमाचल विख्यात है। रावण स्वयं महाबलवान होकर कट्टर शिवभक्त है। लेखिका के मत से "महानायक रावण परिस्थितिवश खलनायक बना है।" उपन्यास में लेखिका ने रावण की हर तरह की जानकारी 'निवेदन शैली तथा पात्रों के संवादों' द्वारा पाठकों के सामने प्रस्तुत की है।

जय-विजय विष्णु के द्वारपाल हैं। उनमें से जय का सुपुत्र है विश्रव ऋषि। उत्तर प्रदेश के गौतमबुद्ध नगर ज़िले में विश्रव ग्राम है जहाँ विश्रव ऋषि का आश्रम था। कैकसी उसकी पत्नी थी। विश्रव ऋषि और कैकसी का सुपुत्र रावण है। तत्कालीन रीति अनुसार रावण आश्रम में पला-बढ़ा है। वे ज्ञानसम्पन्न एवं महाबलवान है। रावण का 'अयन' अर्थात् आरम्भ से लेकर अन्त तक यह प्रवास है। पराक्रम, जीत, संघर्ष, राजनीति, अपहरण, उच्च नीतिमूल्यों का आविष्कार, महाज्ञान प्रस्तुति के अवसर, युद्ध में वीरता प्रदर्शन, अपमान का प्रतिशोध आदि अनेक घटनाओं से सम्पृक्त ऐसा रावण का जीवन प्रवास है।

लेखिका इन्द्रायणी सावकार जी ने अपने उपन्यास की रचना सात काण्डों में की है। पहले काण्ड का शीर्षक है, बाल काण्ड। इसमें रावण का जन्म, उसका बाल्यकाल, माता-पिता से संस्कार तथा उसकी बलोपासना और ज्ञानार्जन की घटनाओं के वर्णन हैं।

दूसरा काण्ड है प्रेम काण्ड। रावण-मन्दोदरी के जीवन प्रवास का वर्णन इसमें है। रावण ऋषिपुत्र है और मन्दोदरी मायासुर की सुपुत्री है। पति-पत्नी भिन्न कुल के हैं, उनके संस्कार अलग हैं, परन्तु उनका सहजीवन सुखपूर्वक आरम्भ हुआ है।

तीसरे काण्ड का शीर्षक रामावतार काण्ड है। स्पष्ट है कि अयोध्या, रामजन्म, उसका परिवार, विवाह, राज्याभिषेकादि घटनाओं का ज़िक्र इसमें है।

उसके अनन्तर का काण्ड पराक्रम काण्ड है। रावण के साथ अन्य महापराक्रमी राजाओं, योद्धाओं तथा इन्द्रादि देवों से लड़े गये युद्धों के कथासूत्र युवा रावण के पराक्रमों का वर्णन लेखिका ने प्रस्तुत किया है। रावण की पराक्रमावृत्ति के साथ-साथ उनकी उत्तम राजनीति और कट्टर शिवभक्ति का भी वर्णन हुआ है। वह पारिवारिक जीवन के साथ-साथ लंकाधिपति बन राजनीति क्षेत्र में स्थिर हुआ है।

वृद्धावस्था में हुई माता कैकसी की मृत्यु से विह्वल रावण ने उसके मृत्युस्थल पर उष्णोदक के कुण्ड बनाये।

इसके बाद के काण्ड का शीर्षक है 'भगिनि काण्ड'। शूर्पणखा का पंचवटी में लक्ष्मण से हुआ अपमान रावण को असहनीय होता है। शूर्पणखा का दूसरा नाम यहाँ लेखिका ने दिया है चन्द्रमुखी जो अन्य रामायणों में दिखायी नहीं देता है। सन्तप्त रावण के युद्ध-प्रवृत्त होने के विविध कारण तथा तैयारी के संकेत इसमें वर्णित हैं।

'युद्ध काण्ड' में राम-लक्ष्मण के प्रत्यक्ष युद्ध के पूर्व की घटनाओं की विविधता और व्यक्तियों के साथ किये परामर्शों का वर्णन है। सीता का अनुनय, मन्दोदरी से सीताहरण के बारे में की गयी निर्भत्सना, हनुमान द्वारा लंकादहन, विभीषण की गद्दारी, वाली-सुग्रीव, अंगदादि से भेंटवार्ता, युद्ध का आवाहन तथा तैयारी का वर्णन है।

अन्तिम काण्ड 'उत्तर काण्ड' में रावण तथा उसकी वीरतापूर्ण ऐहिक जीवन की समाप्ति है।

ऐसा प्रतीत होता है कि इस उपन्यास लेखन हेतु लेखिका इन्द्रायणी सावकार जी ने काफ़ी परिश्रम किया है। उन्होंने रावण का कुल, माता-पिता, परिवार, शिक्षा, बलोपासना, राजनीति-कूटज्ञता आदि की जानकारी का उपयोग बहुत ही सुन्दर रीति से किया है। उपन्यास विशिष्ट संवाद योजना, वातावरण निर्मिति आदि से प्रभावात्मक बना है। उपन्यास के आवरण पृष्ठ पर उद्धरण तथा भूमिका दी गयी है जिसके कारण पुस्तक पढ़ने की उत्सुकता बढ़ती जाती है। उत्तर प्रदेश के गौतमबुद्ध नगर ज़िले में विश्रव ग्राम है और वहाँ एक विशाल मन्दिर है जिसमें रावण की मूर्ति है। ग्राम में रावण का दस दिनों तक शोकोत्सव मनाया जाता है। अन्त में बहुत बड़ी जनसंख्या की उपस्थिति में वर्षश्राद्ध किया जाता है। वहाँ के ही नहीं अपितु राजस्थान और गुजरात के कुछ जमातियों के लोग स्वयं को रावण के वंशज कहलाते हैं। वे राम की नहीं अपितु रावण की पूजा करते हैं। राजस्थान में अनेक स्थानों पर रावण के भव्य और विशाल मन्दिर स्थित हैं, जहाँ हर रोज मन्त्र-घोष में रावण की पूजा की जाती है। श्रीलंका में भी रावण के अनेक मन्दिर, मूर्तियाँ, उसके अस्तित्व दर्शक चिह्न, स्थल, प्रस्तर पाये जाते हैं।

एक उल्लेखनीय बात लेखिका पाठकों के निर्देशन में ले आयी है। वे लिखती हैं, 'स्वयं राम ने भी रावण का उल्लेख दो बार 'महाब्राह्मण' तथा 'महानायक' शब्दों में किया है। इस तरह 'रावण' पर मराठी में लिखा गया यह एकमात्र उपन्यास है। ललित रचना यानी उपन्यास होने से वह जनप्रिय हुआ है।'

सन्दर्भ

- सावकार इन्द्रायणी, रावणायन, रिया पब्लिकेशन्स, कोल्हापुर, 2016

जानकीहरण

सुश्री रोहिणी संकपाळ-देशमुख

संस्कृत मराठी लेखक आनन्द साधले जी तथा संस्कृत साहित्य के अध्येता एवं अनुवादक के रूप में अपनी पहचान रखते हैं। 'जानकीहरण और अन्य आलेख' शीर्षक के इस ग्रन्थ के आमुख में उन्होंने ग्रन्थ का स्वरूप और ग्रन्थ के उद्देश्यों का निर्देश करते हुए कहा है, "संस्कृत भाषा की ललित कृतियों के सौन्दर्य का परिचय करा देना इन लेखों का उद्देश्य है।" इस उद्देश्य से परिपूर्ण 'जानकी' की व्यक्तिरेखा और चरित्र पर आलेख लिखा है। साधले जी ने शीर्षक में ही 'जानकीहरण' की घटना को 'महाकाव्य का स्वप्न' कहा है। उन्होंने जानकी हरण प्रसंग पर अनेक प्रश्न उठाये हैं। राजा जनक की कन्या जानकी श्रीरामचन्द्र की पत्नी है। वह रामायण महाकाव्य की नायिका है। उसके अपहरण के बारे में अनेक उत्तर प्राप्त कराने, अपनी विचार और विश्लेषक क्षमता का पूरा-पूरा उपयोग होने की ज़रूरत पर लेखक ने ध्यान आकर्षित किया है। साथ ही लेखक ने जिज्ञासु अध्ययनकर्ताओं को अपनी प्रगल्भता का परिचय दिया है और कहा है कि इस प्रसंग पर चिन्तन करके प्रस्तुति करना आवश्यक है। अनेक जन वस्तुनिष्ठ पद्धति से रामायण का अध्ययन करते हैं। उनकी जिज्ञासा का शमन करने और रामायण भक्तों के भक्तिभाव के दृष्टिकोण से 'जानकीहरण' से बारे में साधले जी ने मत व्यक्त किये हैं। उन्होंने 'जानकीहरण' काव्य की पृष्ठभूमि, स्थल, काल स्वरूप, आशय, रचना विशेषताओं के बारे में समीक्षा (टीका) की है।

प्रख्यात कविकुलगुरु कालिदास 'रघुवंश' के रचयिता हैं। लंका के राजा कुमारदास ने भी रामायण को केन्द्र में रखकर रचना की है, उसी का नाम है, जानकीहरण! साधले जी ने कुमारदास की रचना की चर्चा की है। उन्हें कुमारसेन के कालिदास के समकालीन होने के संकेत मिलते हैं। लंकाधीश कुमार राजा हैं। उनकी पृष्ठभूमि, स्थल, काव्यरचना की प्रवृत्ति आदि बातों पर प्रकाश डालते हुए साधले जी ने श्रीलंका के इतिहास-लेखन का स्वरूप, काल आदि के बारे में भी अपने मत प्रस्तुत किये हैं। उनके सामने दो हज़ार पाँच सौ वर्षों का राजनीतिक इतिहास रहा। धातुसेन नाम के राजा लंका में 478 ई. में राज्य करते थे। धातुसेन के दासी पुत्र कश्यप ने उनकी ह्त्या की और राज्य हथिया लिया। तब धातुसेन का पुत्र मंगल भारत में आकर बस गया। उसने भारतीय समाज, सभ्यता, दर्शनशास्त्र आदि का निरीक्षण किया। 496 ई. में उसने कश्यप को पराजित किया और अपना राज्य पुनः प्राप्त किया। इस राजा मंगल के पुत्र कुमारसेन ने 513 ई. से लेकर 522 ई. तक राज्य किया। अपने प्रिय मित्र की मृत्यु पश्चात् व्यथित होकर कुमारसेन ने उसी की चिता में स्वयं को झोंकते हुए मृत्यु को स्वीकार किया। कुमारसेन ने भारतीयों की सभ्यता को समझते हुए अपना समय बिताया था। होश सँभलने की आयु में उसने जाने-अनजाने में भारतीय सभ्यता का

अध्ययन किया था। आश्चर्य होता है कि लंकाधीश होते हुए भी कुमारसेन ने रामायण महाकाव्य का प्रमुख प्रसंग 'जानकीहरण' पर महाकाव्य क्यों लिखा होगा।

'जानकीहरण' महाकाव्य के पहले चौदह सर्गों पर लिखी गयी समीक्षा है। मूल संस्कृत काव्य उसमें नहीं था। 'जानकीहरण' की समीक्षा का ग्रन्थ मिला था। श्रीलंका के पेलियगोड कॉलेज के प्राचार्य के. धर्माराम ने इस ग्रन्थ का अध्ययन किया और उसकी समीक्षा लिखी तथा मूल काव्य के शब्द अलग किये। छन्द में पुनःरचना की। पूर्ण महाकाव्य ही लिखा। धर्माराम ने बहुत महत्त्वपूर्ण काम किया! 1891 ई. में सिंहली लिपि में 'जानकीहरण' प्रकाशित हुआ। संस्कृत साहित्यविश्व में इस महान कार्य का पता चला। फिर उस ग्रन्थ पर जयपुर में काम शुरू हुआ। पण्डित हरिदास शास्त्री जी ने ग्रन्थ की सिंहली लिपि का देवनागरी लिपि में रूपान्तर कर 'जानकीहरण' महाकाव्य के चौदह सर्ग प्रस्तुत किये! यह ग्रन्थ 1893 ई. में कोलकता में प्रकाशित हुआ। यह महाकाव्य देवनागरी लिपि में टंकित किया गया था! लेकिन के. धर्माराम और हरिदास शास्त्री दोनों को इसकी जानकारी नहीं थी कि महाराष्ट्र के संस्कृत पण्डित श्री नन्दरगीकर द्वारा भी 'जानकीहरण' महाकाव्य का संस्करण प्रकाशित करने के प्रयास हुए थे। उनमें 'जानकीहरण' महाकाव्य की पाण्डुलिपि भी थी। टी. गोपाळराव जी को यह पता नहीं था। श्री नन्दरगीकर को प्राप्त हुई तीनों पाण्डुलिपियों का स्वरूप अलग था। इसकी लिपि तेलुगु थी। पहले चौदह सर्ग सम्पूर्ण थे। पन्द्रहवें सर्ग के छह श्लोक थे। यह पाण्डुलिपि भूर्जपत्र पर लिखी हुई उपलब्ध हुई थी और 1907 ई. में प्रकाशित की गयी। कुछ कालावधि के बाद लन्दन के पौर्वात्य विद्या भवन में एक मलयाळी लिपि में पाण्डुलिपि मिली। 'जानकीहरण' महाकाव्य का सोलहवाँ सर्ग प्राप्त हुआ! सम्पादन संस्कार पश्चात् 1916 ई. में यह सबके सामने आ गया। भारत के मलाबार किनारे पर 'मद्रास ओरिएंटल मॅन्युस्क्रिप्ट लाइब्रेरी' में वह रखा गया। पण्डितों विद्वानों का आक्षेप भी रहा कि इस प्रकाशन में अनेक त्रुटियाँ हैं। आनन्द साधले जी के 'जानकीहरण' महाकाव्य के बारे में लिखे आलेख से अनेक बातें स्पष्ट हुईं। उन्होंने लिखा कि जानकीहरण और कुमारसेन का समन्वय रघुवंश और कालिदास के साथ प्रस्तुत किया गया है और कवित्व की दृष्टि से 'रघुवंश' श्रेष्ठ है।

सन्दर्भ

- साधले आनन्द, जानकीहरण, आणि इतर लेख, प्रिया प्रकाशन, गिरगाँव, मुम्बई, प्रथमावृत्ति, 15 जनवरी 1976

मराठी स्त्रीरचित रामकथा

प्रा. डॉ. पद्मा पाटील

मराठी साहित्य में डॉ. ना. गो. नान्दापूरकर की अपनी एक अलग पहचान है। अपने विशेष कार्य के परिमाणस्वरूप मराठी साहित्य में वे विश्व विख्यात हैं। महाभारत, रामायण, वैचारिक आलेखों पर उनके चिन्तनशील आलेख अधिक विख्यात हैं। यद्यपि उनका कर्मक्षेत्र मराठवाडा रहा किन्तु अपने लेखन के केन्द्र में हैदराबाद और वहाँ का परिसर का चित्रण होने से उनके लेखन की अलग पहचान रही। उन्होंने 1959 ई. से हैदराबाद परिसर तथा मराठवाडा के ग्रामीण परिसर के स्त्री गीतों का परामर्श लेना आरम्भ किया। उन्होंने उन पर लक्ष्य केन्द्रित कर संकलन किया। जनता के सामने उससे सम्बन्धित अध्ययन भी रखा। परन्तु अनेक स्थितियों के परिणामस्वरूप बहुत बातें वे सभी के सामने न ला सके। उनका विशेष ध्यान बोलीभाषा में गाये गये परन्तु लिखित रूप में शब्दबद्ध न हुए ऐसे गीतों की ओर गया कि जिनमें रामकथा के उल्लेख रहे। ये रामकथा उनमें से एक है। रामकथा का अनेक दृष्टियों से तथा अनेक अर्थों से अनन्य साधारण महत्त्व है। डॉ. ना. गो. नान्दापूरकर को स्त्री-गीतों से 'रामकथा' मिली। उन्होंने मराठवाडा के समस्त ज़िलों से रामकथा की हज़ारों ओवियों का संकलन किया। स्त्रियों द्वारा रचित ये रामकथा 'ओवी' नामक मात्रावृत्त में थी। प्रयत्नोपरान्त उनके पास हज़ारों ओवियों, गीतों का संचयन हुआ। उन्होंने प्राप्त ओवियों को रामचरित्र के प्रसंगानुरूप वर्गीकृत किया। मूल अक्षर को कोई बाधा न पहुँचाते हुए पुनः-पुनः प्रतिलेखन किया। उसके पीछे उनकी साहित्यिक तथा सामाजिक भूमिका रही। स्त्रियों द्वारा रचित ये रामकथा खण्डित स्वरूप की थी। अलग-अलग स्त्रियाँ अलग-अलग जगहों पर अलग-अलग काल में ये रच रही थीं और गा भी रही थीं। एक ओवी दूसरी से अनजान थी। परिणामतः संकलन होने के बाद उनकी रचना के स्रोत, संगठन के सूत्र ध्यान में लेकर नवीन गठन करना भी ज़रूरी था। डॉ. ना. गो. नांदापूरकर जी ने अपने गिरते स्वास्थ्य के बावजूद जीवन के आख़िरी छह महीनों में इस कार्य की एक ठीक योजना बनायी। उन्होंने हज़ारों ओवियों से लगभग 200 प्रसंगों का चयन किया। मूल संहिता के सौन्दर्य को सुरक्षित रखते हुए सुधार किये। प्रस्तुत ग्रन्थ की प्रस्तावना में डॉ. उषा जोशी जी ने कहा है, "स्त्री गीतकार अपना परिवार, नाते-रिश्तेदार, देवी-देवताओं तक ही अपनी रचना मर्यादित न रखते हुए जाने-अनजाने किसी-न-किसी कारण से बृहत् प्रवाह में प्रवेश कर रही हों तो वह सामाजिक दृष्टि तथा साहित्यिक दृष्टि से एक बहुत बड़ी 'घटना' सिद्ध होती है।" (पृ. 7) स्त्रियों द्वारा लिखी 'रामकथा' भी एक बहुत बड़ी घटना है। यही उसका निरालापन है। इन स्त्रियों ने रामकथा जैसी महाकथा के छोटे-छोटे प्रसंग को जोड़ा है। रामकथा में यह शक्ति है। स्त्रियों द्वारा रची यह रामकथा सम्पूर्ण, स्वयंपूर्ण एवं नैरन्तर्य रखनेवाली नहीं है। रामकथा को सामने रख इसकी रचना नहीं की गयी है।

परन्तु इसका प्रभाव समाज पर पड़ता है। अलौकिक कथा लौकिक माध्यम द्वारा प्रकट की गयी है। रामकथा के जो-जो प्रसंग इन स्त्रियों द्वारा वक्त हुए हैं वे निश्चित ही स्त्री वर्ग की मानसिक, सांस्कृतिक दृष्टि प्रकट करनेवाले हैं। स्त्रियाँ सामान्यतः पोथी-पुराण-कीर्तन तथा लोकजीवन के पारम्परिक प्रवाहों द्वारा रामकथा से परिचित होती हैं। वैसे देखा जाये तो रामायण के बाल काण्ड से लेकर उत्तर काण्ड तक की कथा का दायरा व्यापक है। उसके रस, भाव चित्रण हेतु उपलब्ध होने पर भिन्न हैं पर स्त्री मन द्वारा उसे स्वीकार किया गया स्पष्ट होता है। नान्दापूरकर जी ने इस विविधता और बहुविध स्तर की सम्भावनाओं को मान लिया है। रामकथा गीतों से स्पष्ट होता है कि रचयिता स्त्रियाँ बाल काण्ड के गार्हस्थ्य जीवन का आनन्द लेती हैं। युद्ध काण्ड में एक अलग स्तर पर पहुँचती हैं तो उत्तर काण्ड में और अन्य स्तर पर। इन सबमें अतिशयोक्ति, पुनरुक्ति है तथा ये अद्‌भुत भी है। इस पुनरुक्ति को संकलनकर्ता ने स्वीकारा है। ईस ग्रन्थ की प्रस्तावना में बताया गया है कि नान्दापूरकर जी के लोकसाहित्य का संकलन, अनुसन्धान अन्य साहित्य की तुलना में बहुत अलग है। इन गीतों के एक प्रसंग का दूसरे प्रसंग से होनेवाला या न होनेवाला अन्वय तार्किक नहीं होता है। संकलनकर्ता ने यह महत्त्वपूर्ण कार्य सम्पन्न कराते समय इस बात का पूरा ख़याल रखा है कि एक ओवी के साथ उसी अर्थ की दूसरी स्थान पाये। डॉ. उषा जोशी जी ने नान्दापूरकर जी की प्रसंग गठित करने की पद्धति को ध्यान में रखते हुए स्त्रियों द्वारा प्रस्तुत रामकथा का अन्वेषण किया। मूल रामकथा सात क़ाण्डों में बद्ध है। नान्दापूरकर जी ने जिन ओवियों का चयन किया तथा उनके अनुसार ही रचना की। परन्तु इन दोनों अनुसन्धाताओं ने प्रारम्भ में 'मंगलाचरण' शीर्षक का एक प्रकरण अधिक रचा है। नान्दापूरकर जी ने इस संकल्पना के लिए उचित ऐसी कुछ ओवियों का चयन किया है। इनका वैचित्र्य, भाषा का निरालापन एवं रचना तत्त्व महत्त्वपूर्ण है। उनका संकलन तथा सुसूत्रबद्धता रखकर इसे अलग तथा प्रथम काण्ड के रूप में रख दिया है। इसका मूल कारण सांस्कृतिक माना जाता है। गाँवों में रहनेवाली स्त्रियों को प्रातःकाल का समय, अल्पना, तुलसी, राम, सीता आदि बातें बहुत पसन्द होती हैं। प्रातःकाल के समय स्त्रियाँ चक्की पर आटा पीसते हुए ये गीत रचती हैं। 70/80 वर्षों पूर्व के जीवन में इन बातों का काफ़ी महत्त्व रहा है। प्रकृति प्रदत्त विविध रूपों को वन्दन कर दिन का प्रारम्भ कर मंगलमय वातावरण की निर्मिति करना ही स्त्री के दिनक्रम का आरम्भ था। स्पष्ट है कि ऐसे मंगलमय वातावरण में सांस्कृतिक संचित सुरक्षित रखा जाता था। ऐसे समय में स्त्रियों द्वारा रची ओवियाँ अपनी अलग पहचान प्रस्तुत कर चुकी हैं। विशेष रूप में ये रामकथा को प्रस्तुत करती हैं।

मंगलाचरण का प्रथम प्रसंग 'पहली ओवी' प्रस्तुत करता है। परन्तु यह पारम्परिक नहीं है। इन्होंने विविध देवी-देवताओं के प्रति आदर व्यक्त किया है। साथ ही इन ओवियों का विशेष यह कि इसमें स्त्रियों ने श्रीराम को याद किया है। उन्हें पुकारा है। रामराजा, सीता माँ, मारोती तथा श्रीराम के चरित्र से सम्बन्धित पात्रों को वन्दन किया है। दूसरा प्रसंग प्रातः समय का है। इस समय रामराजा के आगमन की प्रतीक्षा कर ये स्त्रियाँ दिन का प्रारम्भ करती हैं। तीसरे प्रसंग में वन्दन किया है जिसमें अननुभूत एवं उत्कट क्षण होता है। चौथे प्रसंग में तुलसी गान करते समय ये राम का स्वागत करती हैं। पाँचवें प्रसंग में रचनाकर्त्रियों ने रचना के सबन्ध में अपनी भूमिका प्रस्तुत की है।

राम म्हणे राम। मला रामाची आवड।
माझ्या ह्रदयाचे कवाड। उघडले बाई ॥ (6.2.14)

मंगलाचरण के गीतों में स्त्रियाँ कहती हैं—

गीताला बाया गाता। शिवलं माझं व्हटं।
मुखी अमृताचा घोट। रामरायाचं नाव ॥ (9.11)

इतना ही नहीं इन रचनाकर्त्रियों ने इन गीतों की रचना के पीछे के आधार भी स्पष्ट किये हैं। वन्दन, स्मरण, गुणगान, प्रयोजन तथा लौकिक-अलौकिक भूमिका के साथ प्राप्त आधार का बखूबी उपयोग किया हुआ दृष्टिगत होता है।

रामाचं रामायण। रचीलं वाल्मिकीनं।
अनू ह्या वशिष्ट गुरुनं। ग्रन्थ केला गिन्यानं ॥ (16.9)
रामा आधी रामायण। जसं वाल्मिकीनं केलं।
तसं भोगणं माझं झालं। सावळ्या रामाला ॥ (16.10)

गीतों के संग्राहक डॉ. ना. गो. नान्दापूरकर जी ने इन गीतों का विश्लेषण करते समय मत रखा है, "रचनाकर्त्रियों को कथा प्रस्तुत करने के पूर्व स्वयं भी उसे भावात्मक रूप से भोगना अनिवार्य होता है। वाल्मीकि ने उसे भोगा, अब रामराय को भी भोगना पड़ेगा एवं इन दोनों की इस स्थिति के परिणामस्वरूप वह सम्पूर्ण महाकाव्य अन्तःस्तल से भोगना पड़ेगा। कटु या सुखद, सभी प्रसंगों के लिए भी उनकी तैयारी है। स्पष्ट है कि इसमें कितना काव्यशास्त्रीय तथा वाङमयीन सत्य का संचित है।" (प्रस्तावना, पृ. 12)

इन अनामिक स्त्रियों द्वारा यह रामकथा गाते समय या उसे रचते समय कोई भी प्रतिष्ठित ग्रन्थ अथवा रामकथा सामने नहीं रखी थी। ये सभी स्त्रियाँ ग्राम जीवन में जीनेवाली तथा विचरण करनेवाली हैं। शिक्षा उनसे काफ़ी दूर है। बस, केवल समय-समय पर श्रवण तथा पारम्परिक सांस्कृतिक संचित ही उनका प्रधान स्रोत रहा है। इसके आधार से वे अपनी मानसिकता, कल्पना-सामर्थ्य तथा काव्यत्व क्षमता के आधार पर रामकथा बुनती गयीं। वे गाती रही हैं, गुनगुनाती रही हैं, रचना करती रही हैं। उन्होंने इसका प्रचार करने का उद्देश्य कभी रखा ही नहीं। इनमें अभिव्यंजित अनुभव, विवरण एवं संकेत सभी बीसवीं शती के हैं। वे परम्परावादी, सामन्ती तथा पुरुषप्रधान संस्कृति से सम्बन्धित हैं। इन स्त्रियों को अपने आस-पास के साँचे में ढालकर श्रीरामकथा के प्रत्येक प्रसंग को देखने की आदत है। बाल काण्ड में इस बात का प्रकटीकरण देखा जा सकता है।

मातेच्या पोटी। राम जन्मला शहाणा।
सोदविला बन्दीखाना। छत्तीस कोटी देवांचा ॥ (1.9)

डॉ. नान्दापूरकर जी के मतानुसार ये रचनाकर्त्रियाँ श्रीराम के सयानेपन का उल्लेख करती हैं और साथ ही देवी-देवताओं के बन्दीखाने से मुक्ति का निर्देश भी देती हैं। बाल काण्ड में ही इन स्त्रियों ने बताया है कि रामकथा अवतार कथा है पर देवों की मुक्ति होनी चाहिए तथा अहंकार दूर होना चाहिए। रामकथा के प्रत्येक प्रसंग पर इन अनामिक स्त्रियों ने गीत रचे हैं। रामकथा में भविष्य तथा वर्तमान एक साथ विचरण करता है। प्रत्यक्ष रामकथा के आरम्भ में राजा दशरथ, उनका विवाह, श्रावण कथा आदि प्रसंग हैं। ओवीबद्ध गीतों की संख्या छह हज़ार है और काण्ड सात हैं तथा दो सौ प्रसंग हैं। इस रामकथा का युद्ध काण्ड सबसे बड़ा काण्ड है। मराठी स्त्री रचित रामायण में पारम्परिकता के अतिरिक्त ऐसा एक रचना तत्त्व प्रकट हुआ है। इन रचनाकर्त्रियों के सामने यह कथा गाते समय कोई प्रतिष्ठित ग्रन्थ अथवा रामकथा नहीं है। इन स्त्रियों ने गाँव में जीवन बिताया है

तथा वे अशिक्षित हैं। प्रस्तुत संकलन में डॉ. ना. गो. नान्दापूरकर ने स्थल, काल, रचनाकर्त्रियाँ आदि ने एकसूत्रता इसलिए नहीं रखी है कि ये सारे घटक एक-दूसरे से भिन्नत्व रखते हैं। सैकड़ों वर्षों से स्त्रियाँ रामकथा अपनी भाषा में गाती आ रही हैं। बोली भाषा में रामचरित्र गठित करने का ध्येय सामने रखते हुए इन्होंने संकलन किया। अतः इसमें रचनाकर्त्री स्त्री एक नहीं, रचना का विशिष्ट काल नहीं, केवल भाषा एक है, बोली भाषा और रचना का वृत्त है, ओवी। अपने सम्पादन कार्य के बारे में वे लिखते हैं, रचयिता स्त्रियाँ ने अपना परिवार, परिसर, समाज, परम्पराएँ आदि के परे जाकर अगर रचनाएँ रची हैं तो यह कहना ज़रूरी है कि उनकी गायी रामकथा बोली भाषा की एक बड़ी महत्त्वपूर्ण भाषिक धरोहर है और सांस्कृतिक निधान भी। इन गीतों में रचयिता स्त्रियों ने रामकथा के सूत्रों द्वारा अपना, अपने परिवार, नाते-रिश्तेदार, सामाजिक गतिविधियों का स्पष्ट प्रतिबिम्ब देखा है। अपनी भाषा में रामकथा का सन्दर्भ देते हुए व्यक्तिगत अनुभवों को गठित किया है। कुछ गीत इस प्रकार हैं–

प्रसंग :

स्वयंवरास आलेले राजे
पाचा वरसाची। सीताबाई ग नवरी।
तिचं सयंवर। राजा जनकाच्या घरी ॥ 1 ॥
गावोगावीचे लोक। सीताबाईनं केले गोळा।
सीताबाई घाली माला। आवेध्येच्या रामाला ॥ 2 ॥
सीता सैंवराला। राजे मिळाले कोन कोन।
राम आणि लक्षुमण। हाती धनुष्यबान ॥ 3 ॥ (पृ. 59)

* * * * * * *

राम-रावण युद्ध

बानामागं बान। बान धनुष्या जोडीले।
रावन धरनीला पाडीला। देवा माझ्या रामानं ॥ 1 ॥
बानामागं बान। बान धनुष्या जोडीले।
रामाच्या लढाईत। रावन धरनी पाडीले ॥ 2 ॥
मारीला रावन। रक्ता भरली पायरी।
सीताबाई मनीती। बरा मारीला वयरी ॥ 3 ॥

* * * * * *

बानावरी बान। बान सोडीले कडाकडा।
या गं रावनाची। लंका जळती धडाधडा ॥ 18 ॥
तेहतीस कोटी वान्नेराह्यचा। पडला लंकंला येढा।
लंकेच्या रावना। सीता लंकेतून काढा ॥ 19 ॥
हत्ती गं खेळे मस्ती। गगनी उडे राख।
रावनाच्या लंकेवरी। रामाचे बाण लाख ॥ 20 ॥

* * * * * *

सीतेचे अग्निदिव्य

अगनिकुण्डामंदी। सीता खिनभरी राहावं।
दुसरा आवतार घ्यावं ॥ 1 ॥
सीता पतीव्रता। लक्षुमनाला म्हनाली।
अग्निकुण्डामधे। नाही फुलतो जळाली ॥ 2 ॥

****

रामा तुझ्या सितेला। रावनानं चोरलं।
म्हनूनी तुम्ही तिला। दिव्य घेया लावलं ॥ 4 ॥

******

सीता गेली वनवासा। घेतीले अग्निकास्ट।
नाही जाळले तिचे केस। पतिव्रता मावलीचे ॥ 6 ॥ (पृ. 277)

डॉ. नान्दापूरकर जी द्वारा संग्रहित तथा डॉ. उषा जोशी द्वारा सम्पादित इस ग्रन्थ का महत्त्व अनन्यसाधारण है। स्त्रियों द्वारा मौखिक रूप से सृजित इन ओवियों के केन्द्र में है 'रामकथा'। प्रस्तावना से लेकर परिशिष्ट तक के कुल पृष्ठ हैं–477। इस ग्रन्थ द्वारा मंगलाचरण, बाल काण्ड, अयोध्या काण्ड, अरण्य काण्ड, किष्किन्धा काण्ड, सुन्दर काण्ड, युद्ध काण्ड, उत्तर काण्ड, परिशिष्ट एवं शब्दार्थ जैसे शीर्षकों में विभाजित 'रामकथा' को पहुँचाने के लिए इन्होंने काफ़ी श्रम किया है। ओवियाँ संगृहीत करने में काफ़ी समय देना पड़ा है तथा मेहनत करनी पड़ी है। इनके संग्रहित करने के प्रयासों से स्त्रियों की मानसिकता, जीवन प्रणाली, अभिव्यक्ति क्षमता आदि का परिचय होता है। स्त्रियों द्वारा रचित इन ओवियों के शीर्षक काफ़ी आकर्षित करते हैं। आश्चर्य होता है कि स्त्रियों के पास कितना बड़ा ख़ज़ाना रहता है। महाराष्ट्र प्रान्त के मराठवाडा क्षेत्र की स्त्रियों द्वारा सम्पूर्ण 'रामचरित्र' आसान भाषा में सामने उभरकर आता है। मंगलाचरण से उत्तर काण्ड तक की ओवियों के शीर्षक विषयानुकूल तथा उचित महसूस होते हैं।

कुछ उदाहरण–

मंगलाचरण	:	हृदयरूपी राम, तारक-उद्धारक राम
बाल काण्ड	:	रामजन्म, स्वयंवराचा पण
अयोध्या काण्ड	:	यौवराज्याभिषेक आरम्भ, भारताचा राज्यत्याग
अरण्य काण्ड	:	वनजीवन, कांचनमृग, राम शिकारीस जातात
किष्किन्धा काण्ड	:	राम मारुति भेट, सीतेचा शोध
सुन्दर काण्ड	:	अशोकवनात विध्वंस, अशोकवनात सीता हनुमान भेट, अंगद शिष्टाई
युद्ध काण्ड	:	रामसम्बन्धी राममारूती भवन, निंकुबला युद्ध, लक्ष्मण मूर्च्छा, इन्द्रजित वध 1-4, राम-रावण युद्ध 1-4, पुष्पक विमान आणि राज्याभिषेक
उत्तर काण्ड	:	सीतेवर आळ आणि त्यागाचा निश्चय, सीतात्याग, सीतेचे डोहाळे, सीतेचा
अरण्यवास	:	सीता वाल्मिकी संवाद, सीतेचे बाळंतपण 1-3, लव-कुश जन्म, सीता भूमीत जाते

मराठवाडा की स्त्रियों द्वारा रचे गीतों को डॉ. ना. गो. नान्दापूरकर जी ने संग्रहित किया। उन्हें उन गीतों में 'रामकथा' दृष्टिगत हुई। उसे उन्होंने निष्ठा से सँभाला। रामकथा से जुड़ी हज़ारों 'ओवियों' का मराठवाडा के सभी ज़िलों से संकलन किया। पुनः-पुनः उनका प्रतिलेखन और वर्गीकरण किया। स्त्री गीतों द्वारा प्रस्फुटित रामकथा अलग-अलग स्थानों से संग्रहित की गयीं। परन्तु उसे एकसूत्र में बाँधने का बहुमूल्य कार्य डॉ. नान्दापूरकर जी ने किया। यह ग्रन्थ इस दृष्टि से बहुत महत्त्वपूर्ण ठहरता है। डॉ. ना. गो. नान्दापूरकर का यह महान कार्य मराठी साहित्य में विश्व का अमूल्य दस्तावेज़ है। जीवन के अन्तिम पर्व में उन्होंने इस महान कार्य का आरम्भ तो किया परन्तु वे वह पूर्ण नहीं कर सके। मृत्यु ने उन्हें इतना अवसर नहीं दिया। ओवीबद्ध गीतों का संकलन करना, उनमें से रामचरित्र के विशिष्ट दो सौ प्रसंगों को संग्रहित करना इतना ही कार्य वे कर सके। शेष कार्य उनकी सहकारी विदुषी सुश्री उषा जोशी जी ने किया। ओवियों का घटनाक्रम, उनके अनुरूप वर्गीकरण, शीर्षक, सूची बनाना आदि कार्य करते समय जोशी जी को अनेक कठिनाइयों का सामना करना पड़ा। मूल पाण्डुलिपि के कुछ काग़ज़ बिखरे स्वरूप में थे। मराठी साहित्य परिषद् की ओर से उनका कार्य सफलता के निकट पहुँचा और अन्ततः यह ग्रन्थ छः सौ ओवियों में बद्ध हुआ। इसकी पृष्ठ संख्या लगभग 400 है। यह ग्रन्थ 1990 ई. में मराठी साहित्य परिषद्, हैदराबाद : आन्ध्र प्रदेश द्वारा प्रकाशित हुआ है।

सन्दर्भ

- मूल संग्राहक : डॉ. नान्दापूरकर ना.गो. (पूर्व अध्यक्ष, मराठी विभाग प्रमुख, उस्मानिया विश्वविद्यालय, आन्ध्र प्रदेश), मराठी स्त्रीरचित रामकथा, सम्पादन : डॉ. जोशी उषा, मराठी विभाग प्रमुख, उस्मानिया विश्वविद्यालय, आन्ध्र प्रदेश, प्रकाशक : जोशी द.पु., मराठवाडा साहित्य परिषद्, आन्ध्र प्रदेश, 1990।

रामायण : वनवास रहस्य

डॉ. गीता दोड्डमणि

भारत का सबसे आदर्श ग्रन्थ 'रामायण' माना जाता है। 'रामायण' पर आधारित अनेक ग्रन्थ मिलते हैं। प्रत्येक रचनाकार ने 'रामायण' के विविध प्रसंगों को लेकर अपनी भावनाओं, विचारों की अभिव्यक्ति की है। सृजनकर्ताओं ने 'रामायण' के साथ या उसमें निहित पात्रों के साथ अपने विचारों को बाँधने की कोशिश की है। विविध ग्रन्थों में राम की जन्मकथा से लेकर 'रामायण' के अन्त तक का विवरण अलग-अलग माध्यमों से देखने को मिलता है। कुछ साहित्यकारों ने 'रामायण' के पौराणिक पात्रों को आधुनिक युग से जोड़ते हुए उन पात्रों को मानवीय रूप में प्रस्तुत किया है, तो कुछ साहित्यकारों ने 'उर्मिला' जैसे पात्रों पर अपनी दृष्टि डाली है। तुलसीदास का 'श्रीरामचरितमानस' तो सर्वोपरि है। कुछ साहित्यकारों ने पौराणिक पात्रों के अन्तर्विरोध का चित्रण किया है। कुछ रचनाकारों ने सीता को न्याय देने हेतु उसकी मानसिकता को प्रस्तुत करने का प्रयास किया है।

राम एक स्वानुभव : 'रामायण वनवास रहस्य' नामक 'मराठी ग्रन्थ' 'सरश्री' ने लिखा है। श्रीराम के जीवन से जुड़े सैकड़ों प्रसंग, उनके पीछे का रहस्य तथा उन रहस्यों में छिपा सार्थक ज्ञान समाज को देने हेतु इस ग्रन्थ का सृजन किया गया है। प्रस्तुत ग्रन्थ में 'सरश्री' जी ने राम के जीवन से जुड़ी विविध घटनाओं को, प्रसंगों को विविध छोटी-छोटी कहानियों के साथ जोड़ा है जिससे स्वानुभव की अभिव्यक्ति होती है। सरश्री के अनुसार 'दशरथ' का अर्थ है 'मानवी शरीर।' उन्हीं के शब्दों में, "मानवी शरीर म्हणजे जणू दशरथ! ऐकून आश्चर्य वाटले ना? इन्द्रियरूपी दहा अश्वाचा रथ म्हणजे दशरथ कोणते आहेत ते दहा अश्व? दोन डोळे, दोन कान, नाक, जीभ, त्वचा, मन, बुद्धि आणि प्राण" इस उद्धरण से स्पष्ट होता है कि विविध अवयवों से बना मानवी शरीर जो व्यक्ति को कार्यरत रखता है। उन विविध अवयवों का ढाँचा ही दशरथ है जिसे चलाने का कार्य 'राम' करता है। इस ग्रन्थ में सरश्री ने राम को 'स्वानुभव' के रूप में प्रस्तुत किया है। उन्होंने यह स्पष्ट किया है कि मनुष्य के हृदय में बसा हुआ जीव, प्राण ही राम है। राम के तेज से ही इन्द्रिय कार्यान्वित होते हैं जिससे शरीररूपी रथ पर जब चेतनारूपी राम (स्वानुभव) आरूढ़ होकर इन्द्रियरूपी दस अश्वों का लगाम अपनी हाथों में लेकर रथ को चलाने लगता है तभी शरीर सचेत होकर अभिव्यक्ति के लिए सक्षम बनाता है। शरीर दशरथ है तो राम सारथी है। शरीर 'शव' है तो राम 'शिव' (चेतना) है। राम का वियोग होते ही शरीर (दशरथ) भी नष्ट हो जाता है जिसका ज़िक्र रामायण की हर कथा में देखने को मिलता है। राम वनवास को जाते ही राम का वियोग सह न पाने के कारण दशरथ का स्वर्गवास हो जाता है। यदि सारथी के रूप में राम (स्वानुभव) न हो तो दशरथ (शरीर) का दौड़ना निरुद्देश्य हो जाता है। यह स्पष्ट करते हुए सरश्री लिखते हैं–

दशरथ रथ असेल तर, त्याचा चालक आहे दशरथ पुत्र राम...
दशरथ शरीर असेल, तर त्याचा नियंत्रक आहे दशरथ पुत्र राम...
डोळे बघतात, पण पाहणारा आहे दशरथ पुत्र राम...
कान ऐकतात, पण ऐकणारा आहे दशरथ पुत्र राम...
नाक गन्धज्ञान देते, पण गन्ध जाणणारा आहे दशरथ पुत्र राम...
त्वचेमुळे स्पर्शाची जाणीव होते, पण स्पर्श अनुभवणारा आहे दशरथ पुत्र राम ...जीभ स्वाद देते, पण स्वाद जाणणारा आहे दशरथ पुत्र राम–विचार चालू असतात, पण त्या विचारांचा स्रोत आणि ज्ञाता आहे दशरथ पुत्र राम...हृदयातील शांती, मौन आणि आनन्द यांचे दुसरे नाव म्हणजे दशरथ पुत्र इन्द्रियसूर्य राम...

उपरोक्त उद्धरण से स्पष्ट होता है कि लेखक ने पाठकों को यह समझाने का प्रयास किया है कि चालक, नियन्त्रक, ऊर्जास्रोत ज्ञाता आदि के माध्यम से हमें राम (स्वानुभव) का अनुभव लेना आवश्यक है। राम ने ही सन्त तुकाराम, सन्त ज्ञानेश्वर, एकनाथ, कबीर, गुरु नानक आदि का उद्धार किया है। क्योंकि राम ही स्व, ईश्वर, साक्षी, परम चेतन आदि नामों से जाने जाते हैं। राम (स्वानुभव) ही अन्तिम सत्य है। वही हर सजीव के हृदय में स्थित होता है। राम निर्गुण, निराकार, अनन्त, असीम और सर्वव्यापी हैं। सरश्री ने यही जताने का प्रयास किया है कि स्वानुभव को पहचानो। तात्पर्य राम को अपने आप में ही पाओगे।

लेखक ने इस ग्रन्थ में 'रामायण' के पात्रों के साथ मानवी वृत्तियों को जोड़ा है। राम, लक्ष्मण, भरत, हनुमान, सीता, कैकेयी, रावण, कुम्भकर्ण आदि पात्र मनुष्य को विनष्टता की ओर ले जाते हैं। प्रस्तुत ग्रन्थ समाज को एक अलग दृष्टिकोण प्रदान करता है जिसमें अन्वेषण और आत्मान्वेषण प्रमुख रूप में दिखायी देता है। राम को 'स्व' के रूप में देखा है, सीता को 'सत्य' के रूप में प्रस्तुत किया है तथा लक्ष्मण को 'लक्ष्य' के रूप में प्रकट किया है। 'रामायण' से जुड़े इस ग्रन्थ की प्रत्येक घटना मनुष्य के अन्तर्मन का प्रतिबिम्ब है। वासना से भरा व्यक्ति क्रोध में आकर मर्यादाओं का उल्लंघन करता है तब मनुष्य रावण की भूमिका में काम करता है। जब व्यक्ति 'सत्य' के पक्ष में रहता है तब वह विभीषण की भूमिका करता है। जब व्यक्ति 'स्व' की खोज करता है तब वह राम की भूमिका में होता है। जब कोई व्यक्ति अपने लक्ष्य की ओर निःस्वार्थ होकर कार्यरत होता है तब वह लक्ष्मण बनता है। इस प्रकार मनुष्य के विविध गुणों को सरश्री ने 'रामायण' के पात्रों से जोड़ा है जो सबसे महत्त्वपूर्ण और विशेष बात है। इस ग्रन्थ में राम के जन्म के पीछे का रहस्य, सीता वियोग रहस्य, वनगमन रहस्य, युद्ध का रहस्य आदि बातें स्पष्ट होती हैं। साक्षात् भगवान 'विष्णु' ने विविध समय पर अलग-अलग रूपों में मनुष्यावतार लेकर सृष्टि का रक्षण किया है तथा लोगों को, सृष्टि की रक्षा करते हुए वास्तविकता को पहचानने के लिए मजबूर भी किया है। इसी घटना को लेखक सरश्री ने विविध कथाओं के माध्यम से प्रस्तुत किया है।

राम का पृथ्वी पर आगमन होने के पीछे का रहस्य विविध कथाओं द्वारा प्राप्त होता है। यहाँ सरश्री ने मनु को दशरथ के रूप में अवतरित करने के लिए मनु-शतरूपा को साधना हेतु तप करवाया है। मनु और शतरूपा पुत्र प्राप्ति के लिए साधना करते हैं तो विष्णु प्रसन्न होकर दर्शन देते हैं। लेखक सरश्री ने रावण के विषय में लिखा है कि रावण एक राक्षस का नाम है। वह एक महान शूरवीर योद्धा था। महाज्ञानी भी था किन्तु अहंकारी, महत्वाकांक्षी, निर्दयी, दुष्ट, हिंसक होने के कारण देवताओं का शत्रु बना। उसने भी भगवान विष्णु की आराधना की थी और विष्णु से वरदान के रूप में मनुष्य द्वारा मृत्यु माँगी थी। इस वरदान के पीछे रावण का स्वार्थ था। उसे अमर बनना था और

वह यह जानता था उसके शक्ति के आगे मनुष्य कुछ भी नहीं कर सकता। मानव, ऋषिगण जहाँ यज्ञ करते थे वहाँ ऊधम मचाने का काम रावण ने शुरू कर दिया। अतः इसका नाश करने हेतु ही विष्णु ने रामावतार ले लिया और रावण को नष्ट कर दिया। राम वनवास के प्रसंग को बताते हुए लेखक सरश्री कहते हैं कि मनुष्य के जीवन में घटित प्रत्येक घटना ही उसके भविष्य के घटनाक्रमों की पूर्व तैयारी होती है। उस घटना में भविष्य के संकेत रहते हैं। सरश्री ने भरत को 'भक्ति' का प्रतीक माना है। मन्थरा को 'तुलनात्मक मन' के रूप में प्रस्तुत किया है। यहाँ कैकेयी को बुद्धि का प्रतीक माना है। कैकेयी मन्थरा के बहकावे में आकर जब कुकर्म कर बैठती है तब अयोध्या में भक्ति (भरत) का अभाव था। यदि वहाँ भरत (भक्ति) मौजूद होता तो वह कैकेयी (बुद्धि) को यह सब कुछ करने नहीं देता। अतः यह अनर्थ टल जाता। यदि बुद्धि भक्ति को न समझते हुए तुलनात्मक मन को अपनाती है तो अनर्थ तो होना ही था। भक्ति न होने के कारण वह सत्य का श्रवण, मनन, पठन को रोककर माया जाल में फँसती है और स्वानुभव (राम) से दूर हो जाती है। लेकिन भरत के मन में राम के प्रति श्रद्धा, भक्ति, विश्वास होने के कारण ही वन में भरत और राम का मिलाप होता है।

एकनिष्ठ लक्ष्मण के गुणों का सरश्री ने गौरव किया है। लक्ष्मण हमेशा अपने भाई राम के साथ साए की तरह रहे हैं। जब राम को वनवास मिलता है तो लक्ष्मण अयोध्या सुख, सांसारिक सुख, पत्नी सुख आदि का बिल्कुल भी विचार न करते हुए राम (स्व) के साथ वन में चले जाते हैं। वह राम (स्वानुभव) तथा सीता (सत्य) को महत्त्व देकर अपने लक्ष्य के प्रति एकनिष्ठ तथा प्रामाणिक रहते हैं। सरश्री ने लक्ष्मण को माध्यम बनाकर लक्ष्य के प्रति लोगों को सजग किया है तथा 'एकनिष्ठता' का महत्त्व बताया है। वैसे तो लक्ष्मण राम के सगे भाई नहीं हैं वे सुमित्रा के पुत्र हैं किन्तु इन दोनों में सगे भाई से भी ज़्यादा प्रेम है। लक्ष्मण श्रीराम का अविभाज्य अंग हैं। लक्ष्मण को 'लक्ष्य जाननेवाला' के रूप में प्रस्तुत किया है। राम के साथ रहकर निःस्वार्थ सेवा करना ही लक्ष्मण के जीवन का लक्ष्य था जिसे वह किसी भी हाल में नहीं छोड़ता। राम (स्वानुभव) के लिए सभी सुखों तथा रिश्तों का त्याग करता है किन्तु हमेशा अपने 'लक्ष्य' के प्रति एकनिष्ठ रहता है। लक्ष्मण की राम के प्रति अटूट निष्ठा सारे भक्तों के लिए आदर्श है। यदि भक्त हमेशा ईश्वर (राम) के साथ रहता है तो उसका स्वानुभव भी प्रकाशित रहता है। उसे आत्मसाक्षात्कार हो ही जाता है जैसे—मीरा को कृष्ण प्राप्ति होती है तथा भक्त प्रहलाद को विष्णु प्राप्ति होती है। उसी प्रकार शंकराचार्य, कबीर, गुरु नानक और बुद्ध आदि को निराकार ब्रह्म (स्वानुभव) की प्राप्ति होती है। निष्ठा ईश्वर के किसी भी रूप पर क्यों न हो लक्ष्मण के समान भक्ति दृढ़ होना आवश्यक है।

सरश्री ने राम (स्वानुभव) के माध्यम से सीता (सत्य) की खोज को प्रस्तुत किया है। सरश्री ने 'रामायण' की कथा को विविध घटनाओं के साथ जोड़कर स्वानुभूति के अन्वेषण से लोगों को प्रेरित किया है। 'रामायण' के विविध पात्रों को मानवी शरीर के विविध अवयवों के साथ जोड़ा है। मन के विविध विकारों को उन्होंने पौराणिक पात्रों के साथ जोड़कर ईश्वर प्राप्ति का मार्ग दर्शाया है। उसी प्रकार ईश्वर प्राप्ति के लिए श्रवण, मनन, पठन, सत्य का साथ, लक्ष्य, भक्ति, एकनिष्ठता बुद्धि आदि का होना आवश्यक बताया है। 'रामायण' को पौराणिक कथा न मानते हुए मनुष्य के अन्तर्गत हमेशा कार्यरत विराजमान मनोभावों की गाथा कहा है जिसे इस ग्रन्थ की विशेषता भी कहना उचित होगा। एक बात सच है कि जब तक सृष्टि पर मानव है तब तक 'रामायण' का महत्त्व रहेगा।

सन्दर्भ

- सरश्री, रामायण : वनवास रहस्य, सकाळ पेपर्स प्रा. लि., पुणे, प्र.सं 2016, पृ. 7-9

उर्मिला

डॉ. शैलजा 'श्यामा'

युग बीत गये हैं पर रामायण का आकर्षण भारतीय व्यक्ति के मन में हमेशा ताज़ा ही रहा है। हर भारतीय व्यक्ति की अस्मिता का केन्द्र रामायण रहा है। भले ही विद्वानों ने कहा होगा कि रामायण काव्य भी है और इतिहास भी। पर साधारण जन तो इसे दोनों भी मानते हैं। काव्य इसलिए कि रामायण के अनेक भावोत्कट प्रसंग हृदय को अत्यन्त हर्ष प्रदान करते हैं, वैसे अनेक प्रसंग वेदनाएँ भी प्रकट करते हैं। क्रोध, विषाद, विस्मय, कटुता, अभिमान आदि अष्टभावों को जाग्रत करते हैं। आदर्श जीवन का उदाहरण प्रस्तुत करते हैं। अद्भुत रस का पुनःप्रत्यय करा देते हैं। परन्तु अगर कोई इतिहास समझकर रामायण पढ़े तो वह भी अनेक घटनाओं का ऐतिहासिक सत्य के प्रकाश में रामायण के व्यक्तियों का स्वभावदर्शन कर लेता है। विचार करने लगता है कि रामायण में ऐसा क्या है?

श्री सुधाकर शुक्ल जी का 'उर्मिला' उपन्यास 2006 ई. में प्रकाशित हुआ। लेखक सुधाकर शुक्ल की न्यायी बुद्धि को ऐसे ही एक प्रश्न ने झकझोर कर रख दिया। अपने 'उर्मिला' उपन्यास के बारे में वे कहते हैं, 'वाल्मीकि ने रामायण में घटनाक्रम रखते हुए एक-एक पात्र का परिचय पाठकों को दिया है। अनेक पात्र जैसे सुमन्त, निषाद, शबरी, अहल्या, राक्षसगण, जटायु, सुग्रीव, वाली, विभीषण आदि अनेक व्यक्ति रामायण में पाठक का मन, हृदय, बुद्धि आकर्षित करते हैं। वह भी अपने-अपने स्वभाव की विशेषताओं के साथ। उनके मन में राम के प्रति बड़ा आत्मीय भाव हैं। श्रीराम के प्रति श्रद्धाभाव बढ़ता ही रहता है। जैसे-जैसे अनेक पात्रों का परिचय होता रहता है, वैसे-वैसे उनके बारे में मन सोचने लगता है।'

रामायण का एक उपेक्षित पात्र उर्मिला। ये महत्त्वपूर्ण चरित्र है। लक्ष्मण की पत्नी। उपेक्षित रही। मिथिला नगरी में राम-लक्ष्मण के साथ-साथ शत्रुघ्न, भरत का विवाह सम्पन्न हो जाता है। सभी पुत्र अपनी-अपनी पत्नियों के साथ अयोध्या आते हैं। उपन्यास की शैली आकर्षक है। उर्मिला स्वयं ही अपना जीवन कथन कर रही है। प्रारम्भ में ही वह स्त्री जीवन की कथा वस्तुतः व्यथा की कथा होने पर बल देती है। लेखक की उर्मिला मानती है कि स्त्री के जन्म से उसके जीवन के अन्त तक उसकी साथी तो व्यथा ही होती है। स्त्री जब अपने जीवन की कथा व्यक्त करना चाहती है तो वह दुःख की परिसीमा लाँघ जाती है। दुःख दुःख ही होता है। प्रत्येक दुःख का कारण अलग-अलग होता है। प्रस्तुत उपन्यास में 'मैं' वाचक है। सुधाकर जी की उर्मिला स्वयं का परिचय देती है। यहीं से उपन्यास का मूल भाग शुरू होता है। पहला भाग केवल डेढ़ पृष्ठ में समेटा है और उसमें स्त्री, स्त्री जीवन, उसके संघर्ष की बात स्वयं उर्मिला ही प्रारम्भ करती है। दूसरे भाग में वह अपना परिचय

प्रस्तुत करती हुई सामने आती है। जनक राजा की एकमात्र कन्या होने का उल्लेख वह दो बार करती है। माण्डवी और श्रुतकीर्ति दोनों भी वृषभध्वज चाचा की कन्याएँ होने के साथ बहनें होने की बात स्पष्ट करती हैं एवं यह बताना नहीं भूलतीं कि उन बहनों के बीच बहुत गहरे प्यार का रिश्ता था। उर्मिला यह कहना भूलती नहीं कि इन तीनों के अतिरिक्त और इनके पहले उनके पिताजी के और एक कन्या की प्राप्ति हुई थी। पिताजी के साथ उर्मिला की माताजी ने भी सन्दूक में मिली कन्या अपनी कन्या के रूप में स्वीकार किया था। उर्मिला का कहना है कि स्वयं की माता से यह बालिका बिछड़ गयी है, ऐसा जानकर उसे सीने से लगाया था। उसका नामकरण भी बड़े धूमधाम से मनाने की बात दूसरों से जानने से इसका उल्लेख करना भी वह भूलती नहीं है। उसका मत है कि हल की नोक भूमि में धँसकर आगे निकलते समय जो रेखा उमटी थी उस रेखा ने ही इस कन्या को सीता नाम धारण करने को कहा था। इस कन्या का स्वागत मिथिला नगरी के समस्त जनों ने किया था। चारों बहनों के बीच के प्रेम भाव को भी वह दर्ज़ करती है। अर्थात् यह भी बताती है कि सीता के स्वागत जितना स्वागत इन तीनों बहनों का नहीं हुआ। उनके पिताजी द्वारा यह स्वीकारना कि सीता का राजमहल में आगमन, उर्मिला के जन्म का कारण होने का ज़िक्र वह करती है। अल्पावधि में राम, सीता के साथ लक्ष्मण वनवास चले जाते हैं। उर्मिला चौदह वर्ष पति की प्रतीक्षा करती रहती है। उसके साथ-साथ श्रुतकीर्ति और माण्डवी भी हैं। पर उनका उल्लेख रामायण में आगे कहीं पर नहीं मिलता। लेखक सुधाकर को इस प्रसंग ने अस्वस्थ कर दिया। उनके मन में विचार घूमने लगे। क्या उर्मिला इतनी क्षुद्र थी कि वह केवल प्रतीक्षा ही करती रहे? वह प्रश्न नहीं उठाती कि अगर राम की पत्नी बनवास जा सकती है तो वह क्यों नहीं? क्या उसे लक्ष्मण की अर्धांगिनी होने तथा कर्तव्य निभाने का अवसर नहीं मिलेगा? चौदह सालों का विरह उर्मिला ने कैसे सहा होगा? एक स्त्री के लिए ये चौदह साल कैसे व्यतीत हुए होंगे? वे इन्हीं प्रश्नों के उत्तर अपनी बुद्धि, तर्कशक्ति के अनुसार खोजते हैं। एक नवविवाहित, विरहग्रस्त युवती के मन का मौन उन्होंने समृद्ध शैली में प्रभावपूर्णता से मुखर किया है। प्राप्त परिस्थिति की शरण में उर्मिला ने जीवन व्यतीत किया है। घटनाएँ, परिवेश तथा अन्य व्यक्ति एवं मानसिक आन्दोलन का प्रभावपूर्ण चित्रण शुक्ल ने किया है। यह उपन्यास एक सजग पाठक के नाते रामायण के अन्य गौण तथा दुर्लक्षित पात्रों के बारे में विचार करने को बाध्य करता है। परिणामतः यह उपन्यास पठनीय है।

उपन्यासकार ने उर्मिला अत्यन्त संवेदनशील प्रकृति की चित्रित की है। चारों बहनों के बीच के प्रेमभाव को भी वह प्रकट करती हुई दृष्टिगत होती है। अर्थात् पिता-माता के साथ रहते हुए भी प्रायः वह भविष्य काल के प्रति सोचती रहती है। प्रस्तुत उपन्यास में लेखक ने 'मैं' वाचक शैली का प्रयोग करते हुए सम्पूर्ण उपन्यास को गतिशील रखा है। उर्मिला द्वारा हुए जनक नगरी, राजमाता तथा महल के परिवार का जीवनादि गतिविधियों का वर्णन पाठकों के सामने एक के बाद एक प्रस्तुत हुए हैं और पाठक अनायास उस समय का अनुभव करने लगता है।

सुधाकर शुक्ल जी ने उर्मिला द्वारा राजा दशरथ से संवाद योजना बनायी है। सीता तथा लक्ष्मण को राम के साथ वन न जाने की आज्ञा देने की वह विनति करती हुई दिखायी देती है। दशरथ भी अपना दुःख उसके सामने प्रकट करते हैं। परिवार के सभी इस प्रसंग को टाल सकने में असमर्थ होने के आसार भी बहुत सक्षमता से लेखक ने प्रकट किये हैं। उर्मिला को सीता और लक्ष्मण के साथ राम का वनगमनादि सभी प्रसंगों की जानकारी मिलती रही और वह पाने के साथ ही उन प्रसंगों सम्बन्धी बात करती हुए दिखायी देती है। उर्मिला के मन में प्रत्येक पात्र के साथ के आचरण सम्बन्धी अनेक

प्रश्न निर्मित हुए दिखायी देते हैं। लम्बी अवधि बाद लंका से मुक्त करायी सीता की अग्निपरीक्षा के बाद राम, सीता और लक्ष्मण के साथ अयोध्या लौट आते हैं तो उर्मिला लक्ष्मण से मिलती है। उनके स्वास्थ्य को लेकर चिन्तित होती है। दोनों में बातचीत होती है, ऐसी केवल कल्पना की है। उर्मिला को लक्ष्मण बताते हैं कि सीता के अपहरण के बाद राम कितने व्याकुल हुए थे तो उसके मन में प्रश्न उठते हैं कि लक्ष्मण के मन में ये बातें उर्मिला सम्बन्धी क्यों नहीं उमड़ पड़ीं? रामायण के अनेक प्रसंगों को स्रोत रूप में लेखन में ग्रहण किया है। परन्तु उर्मिला स्वयं का जीवन केवल संकटों से भरा हुआ मानती है। ऐसा मानना उपन्यास को एक अलग ऊँचाई प्रदान करता है। पति द्वारा उपेक्षित रहने का दुःख भी वह प्रकट करती है। वह प्रकट करती है कि अयोध्यानगरी का सुख उसके लिए मरीचिका ही रहा है। अपने पिता की मृत्यु, दशरथ की मृत्यु आदि सभी बातें उसे स्वीकारनी पड़ी थीं। मृत्यु की सुन्दरता को उसने स्वीकारा। इसलिए अन्तिम सोपान पर वह सभी का त्याग करने को भी तैयार होती है। उपन्यासकार सुधाकर शुक्ल जी ने रामायण के उर्मिला जैसे उपेक्षित चरित्र को न्याय देने का छोटा-सा प्रयास किया है। आत्मपरक शैली का प्रयोग कर इसे अधिक प्रभावशाली बनाया है। हिन्दी में मैथिलीशरण गुप्त ने 'साकेत' महाकाव्य और बालकृष्ण शर्मा 'नवीन' ने 'उर्मिला' खण्डकाव्य के माध्यम से इसे बखूबी अभिव्यंजित किया है।

सन्दर्भ

- शुक्ल सुधाकर, उर्मिला (उपन्यास), श्रीविद्या प्रकाशन, पुणे, 2006

रामायण : नवीन दृष्टिकोण से

प्रा. डॉ. पद्मा पाटील

महाराष्ट्र के साहित्यिक, सामाजिक तथा राजनीतिक क्षेत्र में जो प्रमुख और प्रभावपूर्ण मान्यवर व्यक्ति हैं उनमें एडवोकेट भास्करराव जाधव अग्रणी हैं। उन्नीसवीं शती के अन्तिम दशक तथा बीसवीं शती के पहले तीन-चार दशक उनका कार्यकाल है। कोल्हापुर रियासत के छत्रपति शाहु महाराजा के ज़माने में वे उनके द्वारा नियुक्त वकील रह चुके हैं। श्री भास्करराव जाधव कर्तव्यकठोर तथा स्पष्ट मतों के आग्रही एवं महात्मा फुले द्वारा स्थापित सत्यशोधक समाज के कट्टर समर्थक और अनुयायी रहे हैं। उनका मराठी भाषा में 'रामायणावर नवा प्रकाशःवाल्मीकि रामायणावरील संशोधनात्मक लेख' ग्रन्थ नवीनतम प्रसंग लेकर पाठकों के सामने आया है। यह ग्रन्थ 2003 ई. में प्रकाशित हुआ। मराठी में लिखे इस ग्रन्थ के माध्यम से उन्होंने 'रामायण पर नयी रोशनी' डालकर वाल्मीकि रामायण का एक नया तथा पाठकों को विचारप्रवृत्त करनेवाला अपना दृष्टिकोण प्रस्तुत किया है। 'रामायणावर नवा प्रकाश' ग्रन्थ में उनके अलग-अलग आलेख हैं। महाराष्ट्र के तत्कालीन प्रसिद्ध समाचारपत्रों में उनके जो आलेख प्रकाशित हुए उनका संकलन इस ग्रन्थ में किया गया है। उनमें एक प्रवाही विचारधारा है। इस ग्रन्थ की प्रस्तावना छोटी परन्तु मर्मग्राही है। यह विख्यात इतिहास अनुसन्धाता श्री य. दि. फडके ने लिखी है।

इस ग्रन्थ में रामकथा का नवीन दृष्टिकोण व्यक्त हुआ है। पारम्परिक तथा जनविलक्षण कथावस्तु में रुचि लेनेवाले भक्तिभाव में डूबे श्रद्धालुओं के मन में नवीन विचार जगाये हैं। भास्करराव जाधव स्वयं नवीन सोच रखनेवाले सत्यशोधक विचारप्रणाली के व्यक्ति रहे हैं। उन्होंने रामकथा को आदर्श माननेवालों की विचारशक्ति को पुनर्विचार करने के लिए बाध्य किया है। इस ग्रन्थ में कई नये विचार, उदाहरण, तर्ककठोर सिद्धान्त प्रस्तुत किये गये हैं। राजधर्म का पालन, पारिवारिक कर्तव्य, लोकानुनय आदि निकषों पर रामकथा पढ़ी जाती है। आदर्श मानी जाती है। राम दशरथ के ज्येष्ठ सुपुत्र होने से राज्य पर उनका ही अधिकार है। लक्ष्मण तथा शत्रुघ्न माता सुमित्रा का कुल हल्का होने की वजह से उन्हें राज्य मिल नहीं सकता और वे माँगते ही नहीं। भरत सबसे छोटा, वह राजनीति का ज्ञाता है,वह सत्ताभिलाषी नहीं है, परन्तु माता कैकेयी है। भरत की निःस्वार्थ राम सेवा और राज्य सेवा को लेखक भास्करराव जाधव जी ने अतुलनीय माना है।

उन्होंने रामायण की तीन बन्धुद्वयी का ख़ास उल्लेख किया है। उनमें से प्रमुख राम-लक्ष्मण, वाली-सुग्रीव और रावण-कुम्भकर्ण का उल्लेख किया है। पहली बन्धुद्वयी है, राम और लक्ष्मण की। लक्ष्मण सत्यार्थ में राम का अनुज है, अनुगामी है, परम आज्ञार्थी है। राम के बिना लक्ष्मण का जीवन व्यर्थ है। लेखक ने लक्ष्मण को राम के व्यक्तित्व का अभिन्न हिस्सा, एक महत्त्वपूर्ण अंश कहा है।

दूसरी द्वयी है वाली-सुग्रीव की। वाली का छोटा भाई सुग्रीव। वाली की राज्यसभा का एक मन्त्री परन्तु सत्ताकांक्षा ने उसे विवेकहीन बनाया है। अतः वाली उसे देश-निकाला दे देता है। प्रथा के अनुसार उसकी पत्नी को स्वयं स्वीकृत करता है। लेखक कहते हैं कि चाहता तो वाली सुग्रीव का प्राणहरण करता परन्तु वह ऐसा नहीं करता। सिर्फ़ उसे अधिकार पद से हटाकर देश-निकाला देता है। इसके विपरीत सुग्रीव की मनीषा है। वह शत्रु से यानी राम से मित्रता करता है, बन्धु की मृत्यु और पत्नी तारा की प्राप्ति होने की कामना रखता है। अपने दास, मन्त्रिवर, नील, जाम्बवन्त, हनुमान को राम के दास बनाता है। सीता की खोज में मदद करने का आश्वासन तथा प्रत्यक्ष कृति कर वह अपना उद्देश्य साध्य करता है।

तीसरे दो बन्धु हैं रावण एवं उसका अनुज कुम्भकर्ण। वास्तव में कुम्भकर्ण का व्यक्तित्व रावण की ओर से आयी आज्ञा के पालन में ही सक्रिय होता है। वह विभीषण की तरह सत्ताकांक्षी नहीं है, राम जैसे प्रबल शत्रु के साथ लड़ते समय अपनी मृत्यु हो सकने की पक्की भावना से भी वह अपने सताभिलाषी राजा तथा ज्येष्ठ बन्धु रावण के समर्थनार्थ रणांगण पर प्राण अर्पण करता है। एक भाई ने अपने भाई की खातिर किये त्याग के ये तीन उदाहरण भास्कर राव जाधव जी ने बख़ूबी विश्लेषित किये हैं। उनके मतानुसार निःस्वार्थी बन्धु लक्ष्मण, वाली और कुम्भकर्ण आदर्श व्यक्तित्व हैं। जनमानस में विभीषण का उदाहरण 'घर का भेदी' रहा है। लेखक जाधव जी ने भी उपहास से उसे 'धर्मात्मा' कहा है। उनके मत से विभीषण सत्तालालच से स्वार्थान्ध और देशद्रोही है। अपने राज्य, अपने लोग, अपने अधिकार आदि से द्रोह कर उसने शत्रु राम की मदद की है। वह राष्ट्रद्रोही है। सुग्रीव उसके मन्त्रिगण के सदस्य नील, जाम्बवन्त, हनुमानादि श्रेष्ठ और ज्येष्ठ सुहृद तथा सुग्रीव ये सिर्फ़ सत्ताकांक्षी तथा स्वार्थी हैं। वे राम जैसे विदेशी आक्रामक वीर की सीता की खोज में मदद इसलिए करते हैं कि उनके अपने-अपने उल्लू सीधे हो जायें।

लेखक जाधव जी ने अहल्योद्धार की कथा पर विशेष प्रकाश डालकर रामायणकालीन सामाजिक प्रथा-परम्पराओं तथा पूरी सामाजिक व्यवस्था की विशेषता का वर्णन किया है। किसी अपराधी को पुनश्च समाज में स्थान देना आज के समाज के लिए भी सरल बात नहीं होती। अहल्या शिलास्वरूप अचेतन थी, समाज ने उसे बहिष्कृत किया था, पत्नीकर्तव्य, स्त्रीकर्तव्य में वह अपराधिनी थी। परन्तु प्रत्यक्ष राजा राम ने उसके पश्चात्ताप भाव का आदर कर उसे समाज में पुनरपि स्थान प्रदान किया। वह तत्कालीन सामाजिक दस्तूर था कि आवश्यक सज़ा भुगतने के बाद सच्चे मन से, विदग्ध अन्तःकरण से क्षमा माँगता तो वह व्यक्ति क्षम्य हो जाता, उसका अपराध नगण्य माना जाता। अहल्या की उपकहानी का यह नया अर्थ आज की सामाजिक परम्पराओं में अग्रणी तथा सर्वश्रेष्ठ माना जाना चाहिए।

'रामायणावर नवा प्रकाश' शीर्षक का मराठी भाषा में लिखा प्रस्तुत ग्रन्थ वाल्मीकि रामायण से हटकर है। पुरानी दकियानूसी तथा केवल 'बाबा वाक्यं प्रमाणम्' न्यायानुसार मानी जानेवाली बातों का इसमें खण्डन किया गया है। नये ज़माने के प्रबोधन हेतु नये सिद्धान्त प्रस्तुत किये गये हैं।

सन्दर्भ

- श्री जाधव भास्करराव, 'रामायणावर नवा प्रकाश', प्रकाशक : महाराष्ट्र राज्य साहित्य संस्कृति मण्डल, मुम्बई, द्वितीय सं. 2003

अपरिचत रामायण

डॉ. शैलजा 'श्यामा'

दाजी पणशीकर मराठी साहित्य में अपने वैचारिक चिन्तन के कारण अलग पहचान रखते हैं। वे पुराण, आख्यान, महाकाव्य तथा इतिहास विषय का गहरा अध्ययन कर मताभिव्यक्ति में रुचि रखते हैं। उनका लिखा 'अपरिचित रामायण' एक ऐसा ग्रन्थ है जिसके द्वारा उनका रामायण का गहरा तथा सूक्ष्म अध्ययन सामने आ जाता है।

अतिपरिचयादवज्ञा
सन्तत गमनादनादरो भवति।
मलये भिल्लपुरंध्री
चन्दन तरुकाष्ठमिंधनम् कुरुते ॥

मलय पर्वत पर नित्य नज़र में चन्दनतरु होने की वजह से भिल्ल महिलाएँ उसकी उपेक्षा करती हैं और उसका उपयोग अग्नि में जलाने हेतु करती हैं। मान लेते हैं कि वे महिलाएँ अज्ञानी हैं और चन्दन का महत्त्व जानती नहीं—पर यह सुभाषित मिसाल के तौर पर सर्वमान्य है। रामायण हमारी साँस है, हमारे जीवन की मूल प्रेरणा है। एकदम साधारण-सा भारतीय भी जब से समझदारी की उम्र में पदन्यास करता है, तभी से रामकथा जानता है, उसका आदर्श सामने रखता है। रामायण के उच्च नैतिक मूल्यों की आराधना करने में प्रयत्नशील रहता है। लेखक दाजी पणशीकर ने रामकथा के परिचित पहलुओं के बारे में अल्प मात्रा में ही भासमय उल्लेख कर हमारे सामने जो रामायण अपरिचित है उसका परिचय तथ्यों के साथ विस्तृत रूप में किया है। उनके ग्रन्थ का शीर्षक इसी अर्थ का है।

ग्रन्थ के शीर्षक से ही पाठक की जिज्ञासा जाग्रत हो जाती है कि जो विश्व में प्रसिद्ध है, हर भारतवासीय के मन में दृढ़ हो चुका है, वह 'रामायण' भला अपरिचित कैसे हो सकता है? परन्तु जब प्रस्तावना पढ़ी जाती है तब जिज्ञासु को सन्तुष्टि मिल जाती है कि लेखक तो कुछ अलग ही विचार सामने रखनेवाला है। इस महान ग्रन्थ के बारे में लेखक ने क्या लिखा है, देखते हैं। उनके मतानुसार 'रामायण' का साधारण श्रोता इस रुचिकर कथावस्तु से अभिभूत हो, पढ़ता ही जाता है। भाव, भक्ति, श्रद्धा, आदर्शों की संकल्पनाएँ आदि के कारण वह उन सभी सम्भावनाओं में तन-मन से डूब जाता है। उसके मन में रामकथानक के बारे में कभी आशंकाएँ उत्पन्न नहीं होतीं। परन्तु जो पाठक अनुशीलन तथा गहरे अध्ययन में रुचि रखते हैं उनके मन में कई सन्देह या आशंकाएँ उत्पन्न होती हैं। उनका उत्तर ढूँढ़ने हेतु किये गये पठन का सूक्ष्मतर अध्ययन की जानकारी लेने हेतु कई अन्य रामायणों का पठन-पाठन, अनुसन्धान, गहरा अवलोकन किया जाना आवश्यक है। स्पष्ट है कि लेखक के मन

में जो प्रश्न उभरे उनके उत्तर अपने दृष्टिकोण द्वारा देकर लेखक ने इस 'अपरिचित रामायण' का परिचय हमें करा दिया है। राम सीता त्याग क्यों करते हैं, भरत द्वारा अयोध्या का अनायास प्राप्त हुआ सिंहासन क्यों नकारा जाता है। भरत राजधानी अयोध्यानगरी के सीमा क्षेत्रीय नन्दीग्राम में क्यों रहता है? राम के साथ सीता बनवास क्यों गयी? लक्ष्मण को माता सुमित्रा चौदह वर्षों तक बनवास जाने से क्यों रोकती नहीं? इस प्रकार की अनेक घटनाएँ या रहस्यमय प्रसंग सम्पूर्ण रामायण में बिखरे पड़े हैं। परन्तु इन सभी से सामान्य पाठक या व्यक्ति अपरिचित होते हैं। लेखक के मतानुसार इन सभी बातों से परिचित कराने के लिए 'अपरिचित रामायण' लिखा। उन्होंने 56 शीर्षकों में विभाजन कर 'अपरिचित रामायण' लिखा है। उन्होंने पुस्तक लेखन के उद्देश्य निर्धारित किये हैं। स्थूल रूप में सामान्यतः सभी को रामकथा मालूम होती है परन्तु उसके साथ-साथ प्रवाहित रहनेवाले अनेक मुद्दे, प्रसंग, व्यक्ति, चरित्र आदि की भूमिका पाठकों के सामने स्पष्ट नहीं होती जो बहुत महत्त्वपूर्ण होती हैं। ये मूल कथा को प्रवाहित रखने में काफ़ी सहायक होते हैं। डॉ. दाजी पणशीकर जी ने अपने 'अपरिचित रामायण' ग्रन्थ द्वारा उन सभी बातों को केन्द्र में रखकर लेखन प्रस्तुत किया है।

ज़ाहिर है कि साधारण व्यक्ति के लिए रामायण एक श्रद्धास्थान है, अस्मिता का विषय है। रामचरित्र के सन्दर्भ में ऐसी आशंकाएँ स्पष्ट रूप से उत्पन्न करना अच्छी बात नहीं हो सकती। लेखक पणशीकर ने उनकी दृष्टि से प्रश्न उत्पन्न कर उनका अच्छा समर्थन किया है। रामायण के बारे में यह बात एक ऐतिहासिक सत्य है कि वाल्मीकि ने रामायण लिखा पर उन्हें मार्गदर्शन त्रिभुवनसंचारी देवर्षि नारद ने किया था। उन्होंने वाल्मीकि को ऐसे व्यक्ति पर ग्रन्थ लिखने की सूचना की कि वह काव्य आचन्द्रसूर्य लोगों के हृदयसिहांसन पर विराजमान हो जायें। वाल्मीकि की पृच्छा पर देवर्षि ने आदर्श व्यक्ति के चौहत्तर गुणविशेष कह दिये। वाल्मीकि रामायण में ये सारे गुण हैं। लेखक ने इन्हीं गुणविशेषों का राम के सन्दर्भ में विवेचन कर अपने मन में आये प्रश्नों का स्पष्टीकरण किया है।

निःसन्तान दशरथ को पुत्रकामेष्टि यज्ञ हेतु जो सलाह मिलती है वह ऋषिवर विभाण्डक की ओर से। उनका पुत्र ऋष्यशृंग अयोध्या में आगमन कर राजा दशरथ के यज्ञ का पौरोहित्य करता है, पायसपान कराता है और फिर बाद में अयोध्या की धर्मश्रद्धा प्रजा रामजन्म का समारोह मनाती है। जैसा रामायण लिखा गया है वैसा ही रामायण साधारण लोगों को भाता है, अच्छा लगता है। साधारण लोगों को रामायणकर्ता वाल्मीकि का परिचय है, पर उससे ज़्यादा मालूम है रामायण की कथा। वे मानते हैं कि राम आदर्श पुत्र थे क्योंकि उन्होंने पिता की आज्ञा का पालन किया। वे आदर्श बन्धु थे, आदर्श पति थे। आदर्श राजा थे उन्होंने लोकरंजन, लोकानुनय सर्वोपरि माना। सीता त्याग के पीछे उनका राजा का कर्तव्य था, न कि क्षुद्र रंजक के कथित उद्गारों की दखल लेना। पणशीकर जी ने ऐसी कुछ हरकतों के मुद्दे उपस्थित तो किये हैं, परन्तु साधारण मनुष्य केवल रामायण का, विविध घटनाओं से समृद्ध रामकथा का भावोत्कट आनन्द प्राप्त करता है। रामचरित्र की त्रुटियों की तरफ़ वह देखता भी नहीं। भारतीय संस्कृति की रामायण की यह धरोहर हज़ारों साल पुरानी और उतनी ही आधुनिक है। हज़ारों साल बीत जाने पर भी वह चिरंजीव रहेगी।

रामायण में राम तथा उसके बन्धुओं की बाल्यकाल समाप्ति के पश्चात् अयोध्या में आगमन है विश्वामित्र मुनिजी का। वे यज्ञसुरक्षा हेतु राजा दशरथ के प्रति राम की याचना करते हैं। राम के साथ लक्ष्मण भी जाने को उद्यत हो जाते हैं। दोनों विश्वामित्र मुनिजी के साथ अयोध्या नगरी से चल पड़ते हैं। लेखक पणशीकर लिखते हैं, 'रामायण का यह प्रसंग सर्वपरिचित है—पर आगे जो होता है उसे मैं अपरिचित कहता हूँ।' उस अपरिचित घटना का परिचय हमें होता है

तब मन विस्मित होता है। बाल्यकाल लाँघकर कुमारकाल में प्रथम ही पैर रखनेवाले राजकुमार राम का इतना कुशल समायोजनकर्ता होने का प्रमाण दिखायी दिया। उदाहरणस्वरूप प्रसंग देखते हैं—सरयू के तीर पर उन सभी के पहुँचने का। ढलती सन्ध्या शनै-शनैः गहराती चली जा रही है। तरुतल में तृणशैया है। राम लक्ष्मण की यह राजभवन के बाहर सो जाने की पहली रात है। मुनि विश्वामित्र सोचने लगते हैं, 'राजपुत्र-ज्येष्ठ राजपुत्र, देवताओं के कृपाप्रसाद से, पुत्रकामेष्टि यज्ञ के बाद राजभवन में आँख खोलनेवाला, सांस लेनेवाला यह कुमार राम...कितनी सहजता से निद्राधीन हुआ है। उसका कोमल शरीर सूखे तृण पर इस तरह लेटा है, उसे यह चुभता ही नहीं, मानो यह मखमल ही है, खुली हवा का भी परिणाम नहीं। अगर इन दोनों ने इस शैया पर सोने में आनाकानी की होती तो मैं समझ जाता कि इतनी कम उम्र में परिस्थिति के सामने पराजित होना सामान्य बात रही होती। ये तो राजपुत्र! सुख, उत्तम मूलभूत सेवाएँ प्राप्त होते-होते उनका दैनन्दिन जीवन बीता जा रहा था! कैसे सहेंगे! और महत्त्वपूर्ण बात यह कि वे पित्राज्ञा स्वीकार कर मेरे साथ आये हैं, मेरी याचना को राजा दशरथ ने सहमति दी इसलिए। वरना...राम के जीवन में राजभवन की सुखशैया छोड़कर सरयू के तीर पर तरुतल में, खुले आकाश के नीचे सूखी-चुभती तृणशैया पर सोने की ज़रूरत नहीं थी। नाक-भौं चढ़ाकर अपनी नाराज़ी ज़ाहिर करने का अवसर उसे मिल जाता—अवसर था ज़रूर। पर राम ने ऐसा कुछ न किया। स्थिति से उत्तम समायोजन करने की कुशलता उसके पास है। इसका प्रथम परिचय होने से मैं कृतकृत्य हो गया हूँ।'

सोचते-सोचते रात बीत गयी है। भोर होती गयी। सरयू के पानी की सतह पर का कुहरा हटता जा रहा है। पक्षी चहचहा लगे हैं। पूर्व दिशा प्रकाशमान होने लगी है। ऐसे में राम के इस अपरिचित रूप से परिचित हो स्वयं को कृतकृत्य समझनेवाले विश्वामित्र मुनि मधुर स्वर में निद्रिस्त राम-लक्ष्मण को जाग्रत करने के प्रयत्न में लग जाते हैं। "हे राम जागो, सबेरा हो रहा है, पक्षी गाना गाकर तुम्हारा स्वागत कर रहे हैं। सूर्यनारायण के उगने पर लोगों ने अपने नित्यकर्म शुरू किये हैं। ...तृणशैया पर भी मीठी, निर्वेध नींद लेने का अभ्यास मेरे अनुभव में शामिल हुआ है। तुम्हारे माता-पिता धन्य हैं। उठो, अब दैनन्दिन देह धर्म आह्निक शुरू करो। तुम्हारा समायोजन चातुर्य स्वागतार्ह है। ...जागो, उठो... ।" बड़ी कुशलता से विश्वामित्र मुनि जी के मुख से राम के इस अपरिचित गुण का हमें परिचय हो जाता है। राम अपने बाद के पूरे आयुष्य में प्रतिकूल स्थितियों में भी मनस्वास्थ्य गँवा नहीं बैठे। इस बात का हमें बोध हो जाता है। हमें राम की समायोजन कुशलता, स्थितप्रज्ञता का परिचय उनके अयोध्या से बाहर आते ही हो जाता है।

लेखक दाजी पणशीकर ने बाल काण्ड के श्लोकों का आधार देकर राम के एक अनन्य साधारण दुर्लभ और अपरिचित गुणविशेष का परिचय करा दिया है। राम का वह गुण हमें ज्ञात है...राम एकपत्नी है, राम एकवचनी है और राम एकबानी है। 'रामबाण' का अर्थ ही है विश्वासार्ह होने की परिसीमा, परिभाषा, अमोघ, अचूक लक्ष्य करनेवाला बाण...किसी का वध करने के लिए राम ने केवल पहला और अन्तिम बाण छोड़ा है, उपयोग किया है, धनुष्य की प्रत्यंचा खींची है...एक ही बार...

लेखक पणशीकर ने बाल काण्ड के श्लोकों का आधार देकर राम के और एक अन्य गुणविशेष का परिचय करा दिया है। उनके लिखे इस आलेख की घटना है, नाटिका-वध की। राम ने उस राक्षसी का वध कर बन तथा वन्यों को सुरक्षा दी है, शान्ति स्थापित की है। अत्यन्त शान्ति, तटस्थता, सन्तुष्टि के साथ विश्वामित्र मुनि इस घटना के बारे में सोच रहे हैं। राम के पराक्रम की वार्ता सुन देव भी हर्षित हुए हैं। वे विश्वामित्र से कहते हैं, " 'नाटिका वध' कर राम ने महत्त्वपूर्ण कार्य किया है।

आगे चलकर उसे और भी कठिन कार्य करने हैं। हम अनेक अस्त्र देते हैं। वे सारे आप राम को दें!" राम का पराक्रम सुन इन्द्र के साथ सारा सुरसमूह प्रभावित हुआ है। वे विश्वामित्र मुनि जी से कहते हैं कि उनके दिये विविध अस्त्र राम को प्रदान करें, इसलिए कि राम उनका यथासमय, यथोचित उपयोग करें। विश्वामित्र मुनि राम को सम्बोधित कर अस्त्रों को स्वीकार करने को उद्युक्त करते हैं। उन्होंने जो अस्त्र राम को दिये हैं वे संख्या में 54 हैं। उनमें से अनेक ऐसे नाम के हैं जो मनुष्य की स्वाभाविक तथा जन्मजात प्रवृत्तियों के नामों जैसे हैं। कइयों के नाम ऐसे हैं–दण्डचक्र, वस्त्रास्त्र, शैवास्त्र, शूलवत, नारायणास्त्र, धर्मचक्र...आदि। विश्वामित्र मुनि से राम सारे अस्त्र ग्रहण करते हैं। राम स्वयं क्षत्रिय हैं, युद्धकला में निपुण भी। इसमें सत्यास्त्र आदि हैं। ऐसे अनेक अस्त्र विश्वामित्र मुनि ने राम को प्रदान किये। सुखूंद को विश्वास था कि आगे चलकर राक्षसों के विनाश हेतु राम इन अस्त्रों का उपयोग करेंगे। पर सम्पूर्ण रामायण में राम द्वारा केवल अपने कोदण्ड तथा बाणों के उपयोग करने के सन्दर्भ मिलते हैं। संक्षेप में राम ने अस्त्र प्राप्त किये परन्तु उनका उपयोग नहीं किया। इतने अस्त्र राम को प्रदान करने पर भी मुनि सन्तुष्ट नहीं थे। उन्होंने अपने पास के अस्त्र भी राम को दे दिये। उनमें से कइयों के नाम ऐसे थे–सत्यवान, रभस, सत्यकीर्ति, पराङ्मुख, लक्ष्य, वसुनाग, कामरूप, पद्मनाभ, महानाभ, विमल, दैत्यविनाशक आदि। प्रभु रामचन्द्र क्षत्रिय थे तथा योद्धा भी। अत्याचार के विरोध में उन्होंने संघर्ष किया। इतने महत्त्वपूर्ण अस्त्र उनके पास होकर भी उन्होंने उन अस्त्रों का उपयोग नहीं किया। वे न अहिंसा के समर्थक थे, न हिंसाचार उनका लक्ष्य था। पर उनकी महानता इसी बात में है कि उन्होंने केवल कोदण्ड और तरकश में से केवल एक ही बाण का उपयोग किया। सम्भवतः इसीलिए 'रामबाण' विशेषण प्रचलन में आया होगा। लेखक दाजी पणशीकर ने 'अस्त्रसमृद्ध' विशेषण से राम के क्षत्रियत्व तथा योद्धापन को अलंकृत किया है और उनका अलग से विशेष स्पष्ट किया है।

'रामायण' प्राचीन महाकाव्य होने से उसे 'आदिकाव्य' का बहुमान प्राप्त हुआ। इससे ही श्रीराम के चरित्र की जानकारी जनसाधारण को हो गयी। ये महाकाव्य समग्र विश्व की रामकथा का स्रोत बन गया। इसका महत्त्व असाधारण होने के बावजूद भी यह स्पष्ट है कि सामान्य जनता कभी भी रामायण की अध्ययनकर्ता न थी और न है। सामान्य जन के पास संयम, प्रतिभा जैसे सद्गुणों का अभाव ही होता है। दूसरी बात यह कि सामान्य जन रामभक्ति, जाप-ताप, श्रीराम मूर्ति का दर्शन कराने जैसी बातों में बहुत रम जाता है। अतः किसी भी महाकाव्य के अध्ययनकर्ता या अनुसन्धान अल्प होते हैं। सामान्य व्यक्ति को रामकथा की जानकारी होती है परन्तु कथा के तफसील तथा रहस्यों की जितनी होनी चाहिए उतनी जानकारी नहीं होती। मराठी भाषी विविध लेखकों ने पहलू नवीन रखे तथा अपनी-अपनी दृष्टि से 'रामायण' लिखा है। डॉ. दाजी पणशीकर जी भी इस बात के लिए अपवाद नहीं हैं।

सन्दर्भ

- डॉ. पणशीकर दाजी, 'अपरिचित रामायण', विराज प्रकाशन, पुणे, 2007

रामायण : भूतकाल, वर्तमानकाल और भविष्यकाल का भी!!!

डॉ. शैलजा 'श्यामा'

लेखक कृ. भा. परांजपे प्राचीन ग्रन्थों के अध्ययनकर्ता हैं। वे छन्द के रूप में प्रवचन भी देते हैं तथा इस लोकप्रिय जनसम्पर्क माध्यम द्वारा सामाजिक दायित्व, राष्ट्रीय हित का विचार समाज में प्रस्तुत करने का कार्य भी करते हैं। उनका लिखा 'रामायण : कालचे, आजचे आणि उद्याचेसुद्धा!' शीर्षक ग्रन्थ इस बात का साक्षी है कि रामायण उनके लिए न केवल अहम है, परन्तु अखिल भारतीय जनों के लिए भी होने की बात है। ग्रन्थ की प्रस्तावना में उन्होंने शीर्षक सम्बन्धी अभिमत प्रस्तुत किये हैं। हज़ारों साल पुरानी फिर भी आज के विज्ञान युग में भी नवीनतम, तरोताज़ा प्रतीत होनेवाली रामकथा मार्गदर्शक, एकदम चिरन्तन प्रतीत होती है। महर्षि वाल्मीकि आदि कवि हैं। लेखक परांजपे उनकी कवित्व शक्ति के प्रति आदर प्रकट करते हुए लिखते हैं, "रामायण साधारण मनुष्य की कथा है। राम जैसे साधारण मनुष्य का स्वभाव चित्रण, गुणकथन तथा जीवनकथा वाल्मीकि ने ऐसे अंकित की है कि जैसे-जैसे रामकथा का अनुशीलन पाठक, श्रोता, अध्ययनकर्ता करते जाते हैं, वैसे-वैसे वे गहराई से जान लेते हैं कि इन गुणों के कारण ही राम साधारण मनुष्य नहीं, वे तो देवत्व से परिपूर्ण आदर्श हैं।" वाल्मीकि की यह एक विशेषता है। लेखक परांजपे महर्षि वाल्मीकि का ऋण स्वीकारते हैं। वे मानते हैं कि वाल्मीकि ने साधारण मनुष्य में अभाव रूप में दृग्गोचर होनेवाले कई गुण राम में दिखाये हैं। बात सच है कि पितृवचनपूर्ति, भ्रातृभाव, स्नेहशीलता से मित्रों की मदद आदि गुणों की अभिव्यक्ति हेतु कठोर घटनाओं का सामना किया। यही राम की विशेषताएँ हैं। लेखक लिखते हैं, "इन्हीं दुर्लभ गुणों से परिपूर्ण राम का व्यक्तित्व महर्षि वाल्मीकि ने चित्रित किया है। तभी तो राम को देवत्व प्राप्त हुआ है।" आगे उन्होंने रिलिजन यानी धर्म शब्द का विश्लेषण करते हुए लिखा है, "धर्म शब्द का अर्थ व्यक्ति, परिवार, समाज, प्रान्त और राष्ट्र के बारे में व्यक्तित्व के कर्तव्य ऐसा अर्थ है। ऐसे धर्म, जाति, पन्थ आदि के परे रामायण है। धर्म का इतना विशाल अर्थ है।" वे इसे वैयक्तिक, सामाजिक, प्रान्तिक और राष्ट्रीय मानते हैं।

लेखक परांजपे ने प्रवचनकार की स्थिरबुद्धि से पाठकों के सामने रामायण किस तरह निकटवर्ती होता है, इसे विश्लेषित किया है। उन्होंने रामकथा को साधारण मनुष्य की उन्नति करा देनेवाला ग्रन्थ कहा है। निःस्वार्थ प्रवृत्ति, अन्यों को प्राधान्य, मित्र प्रेम की आवश्यक जितनी प्रतिक्रिया देना, क्रोध, मोह, मद, मत्सरादि षड्रिपुओं को लाँघकर या उन्हें जीतकर उन्नतावस्था तक पहुँचने की प्रेरणा तथा सीख साधारण मनुष्य को रामायण ही देता है। न केवल व्यक्तिगत अपितु प्रान्तभेद और राष्ट्रभेद को भी गौण स्थान देता है। रामायण का नायक राम महान मानवता सिखाता है। परिणामतः लेखक परांजपे रामायण को 'साधारण मनुष्य की कथा' कहते हैं। स्पष्ट है कि उन्होंने राम को साधारण मनुष्य माना है और उसकी कथा सुनकर ही हम साधारण मनुष्य उन्नतावस्था प्राप्त करने का दावा किया करते हैं। उन्होंने 'राक्षस और वानर' के बारे में जो परिभाषाएँ सोदाहरण प्रस्तुत की हैं, वह तर्कसंगत हैं। व्यक्ति की जन्मजात सहज प्रवृत्तियाँ, उत्तम गुणपरिपोष, आह्वानात्मक

परिस्थितियों से संघर्ष करने की सकारात्मक प्रवृत्ति आदि के बारे में चर्चा छेड़ते हुए 'राक्षस' शब्द की विवेचना की है। मनुष्य का व्यक्तित्व इन्हीं गुणों से युक्त रामकथाश्रवण से बनता है। स्वमत समर्थनार्थ उन्होंने राम, लक्ष्मण, सीता के पंचवटी के प्रसंग का प्रमाण दिया है। 'विराट' राम पर आरोप लगता है कि 'राम लक्ष्मण' विजनवास कर अगर यति धर्म का पालन कर रहे हैं तो सुन्दर स्त्री, चाहे वह पत्नी क्यों न हो उसे साथ रखकर वे यति धर्म कलंकित कर रहे हैं। सुन्दर स्त्री का उपभोग लेने की अपनी प्रवृत्ति वह बताता है। राम और सुग्रीव की वानरसेना में भी इसी तरह वृत्तियों की तादात्म्यता दिखाकर परांजपे ने राम द्वारा उनकी सहायता करना और उनसे युद्ध में मदद करने की बात को बखूबी अभिव्यंजित किया है। परांजपे जी ने रामकथा के राम को साधारण मनुष्य के रूप में देखा है। उनके राम मानवीय गुणों से परिपूर्ण हैं। परिणामस्वरूप साधारण मनुष्य भी राष्ट्रीय स्तर पर 'मनुष्य' बन सकता है। ये बात कहकर लेखक परांजपे ने रामायण को महान ग्रन्थ कहते हुए उसे साधारण मनुष्य सम्बोधित कर उसके 'देवत्व' के कारणों की मीमांसा की है।

"'रामायण' : कालचे, आजचे आणि उद्याचेसुद्धा!" शीर्षक का ग्रन्थ नवीन दृष्टिकोण से लिखा गया है। यह 2006 ई. में मनोरमा प्रकाशन, मुम्बई द्वारा प्रकाशित हुआ है। शीर्षक के अनुसार 'रामायण' पर लिखते समय लेखक ने अतीत के सन्दर्भों को आधारभूत ज़रूर माना परन्तु वर्तमानकालीन परिवेशानुसार उसका विश्लेषण प्रमाणों के आधार पर किया है। पुस्तक में कुल 9 प्रकरण हैं। वैयक्तिक आयुष्याचा उज्ज्वल मानदण्ड (निजी जीवन का उज्ज्वल मानदण्ड), अयोध्येच्या राजकारणातील उलथा-पालथी (अयोध्या की राजनीति की उथल-पुथल), राजकारणातील अढळ सत्वदर्शन (राजनीति का अढल सत्त्वदर्शन), कर्मयोगाचा चिरन्तन आदर्श (कर्मयोग का चिरन्तन आदर्श), राक्षसी प्रवृत्तींचे विश्लेषण (राक्षसी प्रवृत्तियों का विश्लेषण), मर्मावर घाला (मर्म पर प्रहार), वानर सेनेची मदत (वानर सेना की सहायता), सहज सुन्दर भीम दर्शन, संघर्ष आणि परिशिष्ट (सहज सुन्दर भीम दर्शन, संघर्ष तथा परिशिष्ट-I) रामायणाचे सर्वकालीन सर्वदेशीय औचित्य (रामायण का सर्वकालीन सर्वदेशीय औचित्य), श्रीरामाच्या परिभ्रमणाचा रामायणाच्या आधारे मागोवा (श्रीराम के परिभ्रमण का 'रामायण' के आधार पर सिहांवलोकन), रामाच्या परिभ्रमणाचा आलेख (परिभ्रमण का आलेख), वानरांचा जगभरच्या सीता शोधाचा आलेख (वानरों के विश्वभर के सीता शोध का आलेख)।

इन प्रकरणों के शीर्षकों से ही अवगत होता है कि लेखक ने किस दृष्टिकोण से 'रामायण' की ओर पुनः देखना, झाँकना तथा विश्लेषण करना सोचा है। प्रस्तुत पुस्तक की समीक्षा करते समय लेखक की युगबोध विषयक सजगता दिखायी देती है। 'रामायण' का साहित्यिक आविष्कार बहुत ही पृथक् तरह का है। सम्भवतः अनुभूति न होनेवाला। अनेक जनों को लगता है कि अपना जीवन सत्य तथा अच्छाई के साथ चलें। परन्तु परिस्थिति का दबाव, विचार, मर्यादित समय तथा अल्प शक्ति जैसी बातों के कारण अच्छे-बुरे की स्पष्टता मनुष्य में नहीं होती। मानवी संस्कृति का अविभाज्य भाग होता है—सत्-असत् के बीच का संघर्ष। यह आगे भी चलता रहेगा। जुल्म, अन्याय, कुचरित्र आदि का विरोध अच्छाई, सुचरित्र जैसी बातें प्रायः मानव जीवन में महत्त्व बनाये रखेंगी। बुराई पर अच्छाई की विजय निश्चित होती है। इन पर अमल करने हेतु जब कोई तैयार होता है तब सामान्य जन ही उनकी सहायता करते हैं। मानव समाज के लिए सुशासन की आवश्यकता होती है। सामान्य व्यक्ति रामराज्य का स्वप्न मन में रखकर जीता रहता है। अर्थात् संक्षिप्त में कहा जा सकता है कि राम पहले भी थे, आज भी हैं और भविष्य में निश्चित आयेंगे। अच्छे तत्त्वों का पुनरुत्थान तथा जुल्म तथा अन्याय का अन्त ही 'रामायण' का मूल तत्त्व है।

सन्दर्भ

- श्री परांजपे कृ. भा., 'रामायण' : कालचे, आजचे आणि उद्याचेसुद्धा, मनोरमा प्रकाशन, मुम्बई, 2006

श्रीराम चरित्र

प्रा. डॉ. पद्मा पाटील

श्री चिन्तामणि विनायक वैद्य मराठी साहित्य में पौराणिक और ऐतिहासिक काव्य ग्रन्थों पर ख़ास अनुसन्धान करनेवाले अनुसन्धाता के रूप में विख्यात रहे। आज अगर कोई 'महाभारत' या 'रामायण' के सन्दर्भ में लिखना चाहना है तो श्री वैद्य के लेखन का सन्दर्भ देने के लिए वह बाध्य हो जाता है। सन्दर्भो-प्रमाणों में उनका शब्द अन्तिम माना जाता है। चिं. वि. वैद्य लिखित 'श्रीराम चरित्र' ग्रन्थ की प्रस्तावना अत्यन्त संक्षिप्त है। स्वयं लेखक ने अपनी भूमिका स्पष्ट करते समय इस ग्रन्थ के पूर्व लिखे ग्रन्थ की लोकप्रियता का भी उल्लेख किया है। सम्पूर्ण भारतवासी नागरिकों के लिए पूजनीय और प्रिय ग्रन्थ होते हैं—'महाभारत' और 'रामायण'। 'भारतीय युद्ध' ग्रन्थ की विशेषता श्री वैद्य जी ने वर्णित की है। "संक्षेप में, रम्य और आसान, सहजगम्य भाषा में सुन्दर प्रसंगोचित चित्रों द्वारा यह ग्रन्थ पाठकों के सामने प्रस्तुत कर महाभारत का परिचय कराया जो ग्रन्थ 'चित्रशाला' प्रकाशन ने छापा और प्रकाशित किया।" पाठकों की प्रतिक्रिया तथा माँग से उत्साहित होकर श्री वैद्य जी ने 'रामायण' लिखने का संकल्प किया और 'भारतीय युद्ध' की पूर्वपीठिका बताते हुए 'रामायण' ग्रन्थ भी मराठी में लाने का निश्चय किया। 'चित्रशाळा' प्रकाशन के मैनेजर की भी इच्छा थी। परिणामस्वरूप श्री वैद्य लिखते हैं, "मैंने यह 'श्रीराम चरित्र' तैयार किया है। उपोद्घात में 'रामायण' ग्रन्थ और 'रामकथा' की महत्ता संक्षेप में कहकर आगे 'वाल्मीकि रामायण' में वर्णित रामकथा दी है।"

स्पष्ट है कि श्री चिं. वि. वैद्य लिखित 'श्रीराम चरित्र' ग्रन्थ 'वाल्मीकि रामायण' का मराठी अनुवाद है। स्वयं लेखक ने लिखा है कि उन्होंने दो-तीन स्थानों पर स्वतन्त्रता ली है। शेष सारी घटनाएँ आद्य कवि वाल्मीकि की हैं। लेखक कहते हैं, " 'श्रीराम चरित्र' में मूल ग्रन्थ के संस्कृत शब्द इसलिए रखे हैं कि पाठकों को यह पढ़ते समय 'मूल रामायण' पढ़ने का आनन्द मिल जायें। जो पाठक रामकथा से अपरिचित हैं उन्हें महाकवि की उदात्त कवित्वशक्ति का परिचय मिल जायें।"

लेखक ने अपनी रामकथा सुलभ, सुगम भाषा में लिखी है, जहाँ आवश्यक है वहाँ और जो घटनाएँ प्रमुख तथा महत्त्वपूर्ण हैं उनके बारे में चित्रों के साथ अधिक स्पष्टीकरण दिया है। लेखक का कहना है, "वे घटनाएँ चित्रों द्वारा पाठक के मन पर अधिक प्रभाव डाल देंगी!" आरम्भ में उपोद्घात है तथा ग्रन्थ के अन्त में 'उपसंहार' की योजना लेखक अमल में लाये हैं। उपसंहार में श्री वैद्य जी ने 'समकालीन स्थितियाँ और रामचरित का मर्म' दोनों के शब्दचित्र' प्रस्तुत किये हैं। श्री वैद्य जी ने इस ग्रन्थ में सर्वस्पर्शी विषयों का सन्निवेश इस हेतु से किया है, "वे सर्व विषय आबालवृद्धजनों को रंजनात्मक और बोधप्रद हो जायें।" संक्षेप में कहा जाये तो श्री चिं. वि. वैद्य का ग्रन्थ 'श्रीराम चरित्र' समाज के हर व्यक्ति के लिए उपयुक्त व अभिरुचिपूर्ण प्रतीत होनेवाला है।

लेखक श्री चिं. वि. वैद्य की बुद्धि के मेधावीपन की झलक उपोद्घात में ही अनुभव होती है। उन्होंने 'रामायण' ग्रन्थ को 'कोहिनूर' हीरे की उपमा देकर उसकी गणना विश्व के महान ग्रन्थों में की है। उनके मतानुसार से भारत के हर व्यक्ति को 'रामायण' नीति के उज्ज्वल मार्ग दिखाता है। 'रामायण' के समान दूसरा कोई भी उदात्त ग्रन्थ अन्य किसी देश में या अन्य किसी भाषा में नहीं ऐसा उनका दावा है। श्री चिं. वि. वैद्य कहते हैं, "काव्य के घटक दो होते हैं—एक कवि और दूसरा काव्य में वर्णित नायक!" इन दो घटकों को केन्द्र में रखकर परखा गया तो यह सर्वस्वीकृत होगा कि 'रामायण' के समतुल्य ग्रन्थ विश्व में नहीं है। श्री वैद्य आगे लिखते हैं, "रामचन्द्र जैसा अलौकिक सामर्थ्य का और उदात्त नीतिमत्ता का पुरुष इतिहास में नहीं हुआ है और वाल्मीकि जैसा प्रतिभासम्पन्न और उच्च कल्पनाओं का कवि भी आज तक दूसरा नहीं हुआ है।" काव्य-नाटक महान ग्रन्थ निर्मिति में प्राचीनतम सभ्यताओं का अहम सहयोग है। श्री वैद्य जी ने भी इन्हीं परम्पराओं का उल्लेख कर 'आर्योच्छिष्टं जगत्सर्वम्' का नारा लगाया है। वे यूनान और रोम (इताली) ऐसे पाश्चात्य देश के दो महान प्राचीन ग्रन्थों का उल्लेख कराते हैं। दो महान प्रतिभासम्पन्न कवियों का उल्लेख करते हुए वे आगे लिखते हैं, "होमर (यूनान) और वर्जिल (रोम) नामक दो विख्यात कवि हुए। उनके 'होमर' और 'इलियड' शीर्षक के दो महान काव्य पाश्चात्य राष्ट्रों में महान माने जाते हैं। इंग्लैंड के विख्यात कवि मिल्टन का 'पैराडाईज लॉस्ट' भी अत्युत्तम काव्य माना जाता है। परन्तु लेखक की दृष्टि से इनसे भी 'रामायण' श्रेष्ठ है।"

'रामायण' का नायक राम और उसकी पत्नी सीता हर भारतीय के मन में अपना दृढ़ स्थान बनाये हुए हैं। वैद्य जी रामचरित्र को 'जीवन की शोभा' कहते हैं। वे लिखते हैं, "उत्तम पुत्र, उत्तम पति, उत्तम बन्धु, उत्तम मित्र, उत्तम शत्रु, उत्तम राजा आदि एक ही स्थान पर देखने हैं तो रामचन्द्र का चरित्र देखा करें।" इतना ही नहीं तो अपने वक्तव्य के समर्थन में उन्होंने एक पौराणिक प्रसंग का प्रमाण दिया है। "वाल्मीकि ऋषि ने एक बार नारद मुनि से पूछा, "मुनिवर्य, सम्प्रति सबसे उत्तम राजा कौन है?" नारद मुनि ने रामचन्द्र का ही नाम बता दिया। नारद मुनि ने रामचन्द्र द्वारा किया वर्णन अत्यन्त मनोहर है। इक्ष्वाकु कुल के रामचन्द्र ने स्वयं को जीत लिया है और तो और अपने शत्रुओं को भी जीता है। वह नीतिमान, बुद्धिमान, धर्मज्ञ और सत्यप्रतिज्ञ है। उसका अन्तःकरण विशाल है। वह सज्जनों का आश्रयदाता है। उसकी समदृष्टि सभी पर हमेशा रहती है। वह सागर के समान गम्भीर, हिमालय की तरह धैर्य से निष्कम्प है, अग्निसमान क्रोध से तीव्रतर है, पृथ्वी की तरह क्षमाशील है, कुबेर की तरह उदार और धर्म के समान सत्यवादी है।" रघुकुल के वंशज राम लोकोत्तर पुरुष हैं। श्री वैद्य जी ने उपोद्घात में ही 'रामायण' महाकाव्य की निर्मिति कथा बतायी है जो साधारण मनुष्य जानता है। जैसे—वाल्मीकि ने रामायण कथा सुनना, क्रौंच पक्षी का शिकार... सहजोद्गार, काव्य का पहला चरण...फिर रामायण का लेखन...रामकथा सुनाने लव-कुश का चयन ...उनका रामायण गाना—और वहीं से रामायण के बाल काण्ड का आरम्भ।

बीसवीं शती के प्रारम्भ काल में श्री वैद्य जी ने वाल्मीकि रामायण का प्रस्तुत अनुवाद मराठी में किया। तत्कालीन पद्धति के अनुसार उपोद्घात से ही प्रथम काण्ड का आरम्भ किया गया है। मराठी वर्तनी के नियम तत्कालीन हैं। आज के पाठक को पढ़ने में सम्भवतः दिक्कत होगी। लेखक वैद्य जी ने जहाँ-जहाँ मूल श्लोक का सन्दर्भ दिया है, वहाँ-वहाँ सर्ग क्रमांक और श्लोक क्रमांक उधृत किये हैं। रामचन्द्र पूर्वकालीन सामाजिक स्थिति, अयोध्या नगरी के नागरिकों को दैनन्दिन जीवन, उनके श्रद्धा विषय, राज्यकारोबार में यज्ञयाग, होमहवन के नित्य प्रयोग, तप पूजा-अर्चा, आदर-सत्कार से प्रसन्न हो

वर देनेवाली देवी-देवताओं की बहुलता, चमत्कार आदि का वर्णन हू-ब-हू किया है। जहाँ-जहाँ नीतिमत्ता आदर्श आचरण के उल्लेख आये हैं, वहाँ अलग चौड़े प्रकार के अक्षरों का उपयोग किया गया है। ज़ाहिर है कि रामकथा के सहारे उच्चतम मानवी आचरण के मूल्य रामकथा द्वारा प्रस्तुत करने का लेखक का उद्देश्य झलकता है और यह सिलसिला इस ग्रन्थ के अन्तिम पृष्ठ तक चलाया गया है। बाल काण्ड में दशरथ कन्या शान्ता का विवाह, पायस भक्षण, पुत्रोद्भव, राम तथा उसके तीन भाइयों की बाललीलाएँ, विद्याध्ययन, कला-क्रीड़ाओं की शिक्षा, क्षत्रिय राजाओं का धर्म, दुर्बलों की रक्षा करने की कार्यपूर्ति, मिथिलागमन, विवाह पश्चात् अयोध्यानगरी की ओर पुनरागमन...आदि घटनाओं का वर्णन है।

अयोध्या काण्ड द्वितीय अध्याय है। इस प्रकरण में पहले दो परिच्छेद श्री वैद्य जी के मौलिक परिच्छेद हैं। राम और अन्य भाइयों के विवाह हो चुके हैं, वे अयोध्या में वापस आये हैं। सुख में कालक्रमणा कर रहे हैं। इस परिस्थिति पर उन्होंने भाष्य किया है, "सुख के पीछे दुःख आते रहने की स्थिति अनिवार्य होती है।" दो अनुच्छेदों में व्यक्तिगत और सामाजिक जीवन की दार्शनिक चर्चा तथा विमर्श करने के पश्चात् रामकथा का प्रारम्भ किया है। वाल्मीकि मुनि की कथा आगे चलाई है। दशरथ का राम को अभिषेक करने का विचार, ऋषि-मुनियों के साथ विचार-विमर्श, कैकेयी का मन्थरा ने किया बुद्धिभेद, राम की वचनबद्धता, लक्ष्मण-सीता का निश्चय, दशरथ का अनवरत शोक, प्रजाजनों का दुःख, भरत की अनुपस्थिति, राम-सीता-लक्ष्मण का वनगमन, नदी पार करना और महाअरण्य में प्रवेश करना आदि प्रसंगों तक का साद्यन्त वर्णन अयोध्या काण्ड सर्ग में है।

बाल काण्ड और अयोध्या काण्ड के दरमियान प्रसंगोचित दो-तीन चित्रों का समावेश है। तत्कालीन रीति के अनुसार वे चित्र कृष्णधवल—दो रंगों में हैं और शिळा प्रेस पर छप जाने से अस्पष्ट भी हैं। तीसरे अध्याय 'अरण्य काण्ड' के आरम्भ में दैत्य-वध का उचित चित्र है। अगस्त्य ऋषि के आश्रम में आश्रय, पंचवटी का वर्णन और पंचवटी में ही निवास, शूर्पणखा का विरोध, कांचनमृग, मारीच का वध आदि प्रसंगों का वर्णन है। रावण के त्रिदण्डी संन्यास के उल्लेख के सह रावण और सीता का सम्भाषण, रावण की दर्पोक्ति को सीता का उत्तर, रावण द्वारा हुआ सीता का अपहरण, सीता का विलाप, जटायु वध, शबरी घटना, किष्किन्धा नगरी में प्रवेश आदि कथा इसमें है। इस काण्ड में भी दो-तीन कृष्णधवल चित्र विद्यमान हैं। राक्षस वध, त्राटिका-शूर्पणखा वध और जटायु वध के चित्र हैं।

तीसरा काण्ड है किष्किन्धा काण्ड। इसमें कपिजनों की मदद, मित्रता के परिणामस्वरूप राम को हुए लाभ का वर्णन है। इसके बाद क्रमशः सुन्दर काण्ड विद्यमान है। विविध घटनाओं, प्रसंगों से भरपूर रामकथा इस अन्तिम काण्ड में है। रामकथा सर्वदूर विख्यात और प्रिय कथा है। प्रस्तुत ग्रन्थ में बीसवीं शती के तीसरे दशक की मराठी भाषा का प्रयोग किया है। यह 'वाल्मीकि रामायण' के स्वरूपानुसार आज के पाठक के लिए सहजगम्य नहीं है। व्याकरण के नियम नये पाठकों को नीरस प्रतीत होंगे। उपदेशात्मक शैली में विचार प्रस्तुति होने से रसभंग का भी अनुभव होता है। कहने में कोई आपत्ति नहीं लगती कि श्री वैद्य जी ने 'वाल्मीकि रामायण' का मराठी अनुवाद किया है जो वैज्ञानिक तौर पर सही लगता है। 'शब्द-रूप में रामकथा' विशेष है। भाषा प्राचीन हो, मध्ययुगीन हो या आधुनिक हो रामकथा तो नित्यनूतन है और रहेगी भी।

सन्दर्भ

- वैद्य चिन्तामणि विनायक, 'श्रीराम चरित्र', प्रकाशक : शंकर नरहर जोशी, चित्रशाळा छापाखाना, 1026, सदाशिव पेठ, पुणे, सं. ई. 1921

वेणाबाईरचित 'श्री रामायण'

डॉ. शैलजा 'श्यामा'

सत्रहवीं सदी की वेणाबाई रामभक्त थीं और उन्होंने रामचरित्र पर दो स्वतन्त्र ग्रन्थ काव्यरूप में लिखे हैं। उन दोनों में से 'सीता स्वयंवर' काव्य का केवल उल्लेख मिलता है, उसकी पाण्डुलिपि नहीं है। 'वाल्मीकि रामायण' पर आधारित उनका दूसरा ग्रन्थ है 'श्री रामायण'। महाराष्ट्र के बीड ज़िले के बीड शहर में संस्थित किसी गिरधर स्वामी के मठ से वेणाबाई के इस रामायण ग्रन्थ की पाण्डुलिपि प्राप्त हुई तथा उन्नीसवीं शती में छप गयी। इस ग्रन्थ में पाँच काण्ड हैं। तेरह शतकों में लिखित श्लोकों की संख्या कुल मिलाकर एक हज़ार पँ‌च सौ छत्तीस है। इस रामायण में कवयित्री ने युद्ध काण्ड और उत्तर काण्ड का समावेश नहीं किया है। कवयित्री ने जो काण्ड लिखे हैं उनके अन्त में उपसंहारस्वरूप स्वतन्त्र रचनाएँ नहीं हैं। परन्तु अन्तिम सुन्दर काण्ड के पश्चात् जो सात-आठ श्लोक रचे हैं वे इस ग्रन्थ के उपसंहारस्वरूप हैं, ऐसा मान सकते हैं। यहाँ पर स्वयं कवयित्री ने लिखा भी है कि उन्होंने यहीं पर रामायण समाप्त किया है। वेणाबाई ने अपने श्लोकों में अपनी रामभक्ति का यथायोग्य उपयोग किया है। प्रारम्भ में चौदह पंक्तियों की एक रचना है। वह 'ओवी' नामक मात्रावृत्त में है तथा शीर्षक 'मंगलाचरण' है। आगे श्लोकों में 'रामायण' रचना है। प्रसंग, घटनाएँ, व्यक्ति, स्थल आदि का वर्णन वाल्मीकि की तरह ही किया है। कवयित्री ने कहीं-कहीं पर स्वयं का स्पष्टीकरण देने का प्रयास किया है पर अपवादस्वरूप है। श्लोकबद्ध रचना की विशेष कुशलता कवयित्री के इस 'रामायण' में दृष्टिगत होती है। हर काण्ड के अन्त में समाप्ति का उल्लेख है।

महाराष्ट्र में सत्रहवीं-अठारहवीं सदी में जो भी काव्यरचनाएँ रची गयीं, उनमें पण्डित काव्य रचनाओं का आधिक्य था। इसके पूर्वकाल में अभंग, ओवी आदि मात्रावृत्तों का अवलम्ब विपुल मात्रा में था किन्तु धर्म, देवता, ऋषि स्तवन आदि जब विषय बन गये तब 'श्लोक' रचना प्रकार का अवलम्ब होता रहा। कवयित्री वेणाबाई ने भी इसी गेय रचना प्रकार का अवलम्ब इसीलिए किया होगा कि इनका गान, व्यक्तिगत रूप में या समूह रूप में प्रकट पठन सुलभ रीति से किया जायें।

इस रचना के हर श्लोक में भावरम्यता का अहसास होता है। घटना भी हो, उसका हू-ब-हू वर्णन इसकी विशेषता है। स्त्री स्वभाव के अनुरूप शब्दयोजना, रूपकों, उपमाओं, उत्प्रेक्षाओं का उपयोग किया है। हर घटना के वर्णन में स्त्री स्वभाव की कोमलता, ऋजुता, अभिमान झलकता है। किसी भी श्लोक में या वर्णन में किसी व्यक्ति पर दोषारोप नहीं। इस रचना से रसानुभूति होती है।

हर श्लोक में कवयित्री की रामभक्ति का प्रत्यय आता है। न उन्होंने किसी व्यक्ति का समर्थन किया है न किसी को दूषण दिया है। बस्स! वाल्मीकि के रामायण के आधार पर अल्प तथा छोटे काण्डों की रचना कर सहज सुन्दर, गेय और पठनीय 'श्री रामायण' रचना का सृजन किया है।

सन्दर्भ

- वेणाबाई कृत 'श्री रामायण', प्रकाशक : शंकर श्रीकृष्ण देव, चिटणीस, सत्कार्योतेजक सभा, धुळे, 1843 (सर चौथा, मणि दसवाँ, भाग 43)

आन्ध आदिवासी लोकगीत और सीता

सुश्री सन्ध्या कुलकर्णी

श्रीराम चरित भारतीय संस्कृति का अनमोल ख़ज़ाना है। यह केवल एक व्यक्ति चरित्र नहीं बल्कि नीतियों की एक महत्त्वपूर्ण प्रस्तुति है। सीता इस चरित्र का अभिन्न अंग है जो अपना हर दुःख, हर संकट केवल श्रीराम के प्रति विश्वास से पार कर लेती है। यही भाव हर भारतीय के मन में भी है। आन्ध आदिवासी स्त्री सीताहरण के प्रसंग से दुःखी है लेकिन श्रीराम के प्रति उनके मन में सम्पूर्ण विश्वास तथा आश्वस्तता है। 'श्रीराम' जी नाम गरिमा से लिया जाता है। इस युगपुरुष को उसकी असामान्यता से देवत्व प्राप्त हुआ।

मनुष्य जन्म से लेकर देवत्व प्राप्त करने तक का इन महापुरुषों का सफ़र सामान्य आदमी के हर दुःख से कई गुना अधिक कष्टप्रद दिखायी देता है। 'श्रीराम' सम्पूर्ण भारतवर्ष की संस्कृति का एक आदर्श चरित्र है। महाराष्ट्र के हर प्रदेश में, हर जमात में, हर संस्कृति में श्रीराम जी का विशेष स्थान है। चाहे पढ़ा-लिखा हो या अनपढ़, गँवार हो या शहरी, आदिवासी हर किसी के मन में श्रीराम जी का एक अलग स्थान है। हमें यही बात आन्ध आदिवासियों के लोकगीतों में भी नज़र आती है। आदिवासी और काव्य में एक गहरा सम्बन्ध है। अगर हम कहेंगे कि प्रत्येक आदिवासी काव्य में ही बोलता है तो यह अनुचित नहीं होगा।

ये आन्ध आदिवासी महाराष्ट्र के विदर्भ, मराठवाडा, आन्ध्रप्रदेश के सीमावर्ती प्रदेश में रहते हैं। ये समाज रोजी-रोटी के लिए यवतमाल, परभणी, नांदेड़, अकोला, वाशिम, बुलढाणा ज़िलों में पहाड़ियों और दरियों में फैला हुआ है। इन आदिवासियों का जीवन कष्टप्रद तथा हर तरह से अभावपूर्ण होता है। ऐसे में ये लोग अपनी हर भावना व्यक्त करते समय गीतों का सहारा लेते हैं। उनकी सीधी-सीधी बात भी गीत के रूप में सहज ही उमड़ती है। महाराष्ट्र के इन आन्ध आदिवासियों ने भी पीढ़ी-दर-पीढ़ी बहता हुआ यह गीतों का ख़ज़ाना कुशलता से सँभाला है। इनमें हर प्रकार के गीत होते हैं। आन्ध स्त्री देवी-देवताओं में बड़ी श्रद्धा रखती है। रामचरित का हर किरदार इनके लिए ख़ास है। सीता मैया को लेकर इनके मन में अलग अपनापन है। इस राजकुमारी ने जीवन में जो दुःख सहे इससे आन्ध स्त्री बड़ी व्यथित हो उठती है। वह इसी भावना को अपने गीतों में पिरोती है। ऐसा ही एक गीत सीताहरण को लेकर सहज प्रकट हुआ है।

गावा आली जानी जोगी,
उतरली नगरामंदी,
सर्व नगर मांगल,
गेला सीतेच्या वाड्याला,

गेली पचा उतरंडीला,
काढले सुपभर मोती
गेली गोसाया जवळ
तुमा मनतो गोसावी बाबा
आस्सं दान घेत नाही,
व्हईल सतवा लाहानी,
धन्य धन्य नारायण, कसं झाल भगवानं
आला कोठला जोगड़ी,
धरल महया मनगटाला,
जावून कळवा या रामाला।

रामचरित में रावण द्वारा सीता हरण की कथा सर्वश्रुत है। मायावी सुवर्णमृग की शिकार के लिए श्रीराम जाते हैं तो वह मायावी मृग राम की आवाज़ में लक्ष्मण को पुकारता है जिससे भयभीत होकर सीता लक्ष्मण को राम के पास जाने का आदेश देती हैं। सीता की सुरक्षा हेतु लक्ष्मण कुटिया के बाहर एक रेखा खींचते हैं और उसको बाहर पाँव न रखने की सूचना सीता को देते हैं। लक्ष्मण जाने के बाद वहाँ यतिवेश में रावण प्रकट होते हैं और सीता को उठाकर ले जाते हैं। रावण यतिवेश में भिक्षा माँगने आते हैं, इसी को आन्ध स्त्री ने कहा है कि गाँव में जोगी आया है। सारे नगर में भिक्षा माँगने के बाद वह सीता के महल में जाते हैं। वास्तव में सीता वन में स्थित एक कुटिया में है। लेकिन शायद आन्ध स्त्री का मन सीता की इस स्थिति को स्वीकार नहीं कर रहा है तो उसके गीत में महल (वाडा), मोती जैसे शब्द निकल आये हैं।

इस गीत में जब द्वार पर जोगी आता है तो सीता कुटिया में जाकर उतरन से थालीभर मोती लाती है। वन में सीता के पास न इस प्रकार की कोई उतरन होगी न कोई मोती होंगे। यह विचार भी शायद आन्ध स्त्री को स्वीकार नहीं है। सीताजी भिक्षा देने के लिए आती हैं तो यतिवेशधारी रावण कहता है कि हम ऐसे दूर से भिक्षा नहीं ले सकते। इससे तुम्हारा सत्व छोटा हो जायेगा। अतिथि का सम्मान करते हुए सीता लक्ष्मण रेखा लाँघकर बाहर आती है और रावण उसका हाथ पकड़कर उसका हरण करता है। उपरोध से आन्ध स्त्री कहती है, 'हे भगवान! ये ऐसा कैसे हो गया। अब कोई जाके राम को यह सूचना तो दीजिए। इस गीत में केवल श्रद्धा का भाव ही नज़र आता है। आन्ध स्त्री के भाव अलग हैं। उसके मन में सीता मैया के प्रति अपार स्नेह है। वह सीता जी के दुःखों से व्यथित है। इस प्रकार के लोकगीत भावों का सहज आविष्कार होते हैं। केवल भाव को अन्य कोई बन्धन नहीं। न इतिहास का, न वास्तव का, न व्याकरण का। इसी कारण अन्य साहित्य की अपेक्षा इसमें अधिक निर्मलता नज़र आती है जो मन को छू लेती है। जीवन के सुख-दुःख ही लोकगीतों के बीज हैं। लोकगीत लोकहृदयरूपी खेत में उगते हैं। जब मन में आनन्द और उल्लास भर आता है तब सुख के गीत जन्म लेते हैं और दुःख के गीत तो खौलते लहू से पनपते हैं तथा आँसुओं के स्वामी बनते हैं। यही भाव इस गीत में उमड़ता है। अपने आराध्य का दुःख आन्ध स्त्री के लिए कष्टप्रद है। शायद सीता जैसी देवी का दुःख गाकर वह अपना दुःख उसमें छिपा रही है। हर दुःख के बाद सुख आयेगा ही यह विश्वास भी उसे है। तभी तो वह जानती है कि राम सीताजी को ज़रूर छुड़ा लेंगे। यह राम के प्रति का विश्वास और श्रद्धा आदिवासियों के जीने का आधार है। इस गीत के शब्द आन्धवन बोली के हैं जिस पर मराठी का अधिक प्रभाव है। इस बोली की अपनी कोई लिपि नहीं है।

'आन्ध' आदिवासी जनजाति में शाम के समय में 'दण्डारण' नामक नाट्य खेला जाता है। राम के प्रति अपनी आराधना प्रकट करना 'आन्ध' का मूल उद्देश्य होता है। राम, लक्ष्मण और सीता की वेशभूषा धारण कर जमात के सामान्य लोग प्रकटीकरण कराते हैं। यह नाट्य, नृत्य, गीत, संगीत, हास्य-व्यंग्य आदि द्वारा होता है। प्रायः पुरुष पात्र ही स्त्री पात्र को निबाहते हैं। कुछ विशेष प्रसंगों—नागपंचमी, दशहरा, दीपावली, रंगपंचमी आदि त्यौहारों के समय 'दण्डारण' की प्रस्तुति की जाती है। अन्धों का 'दण्डारण' प्रकृति देवता की उपासना के रूप में प्रचलन में आया होगा। 'दण्डारण' का शुरू करते समय देवकुम्भ के वृक्ष की डाली ज़मीन में पिरोई जाती है। महादेव, मरिमाय, पोचामामाय, मेसकामाय, खोकलामाय जैसी देवताओं की स्थापना की जाती है और 'दण्डारण' शुरू किया जाता है। इस केन्द्र में रामकथा होती है। राम के बचपन का वर्णन इसमें नहीं होता। 'राम' का मर्यादा पुरुषोत्तम रूप सभी को आदर्श लगता है। 'आन्ध' समाज में राम के बनवास का प्रसंग विशेष प्रिय है। एक साधारण व्यक्ति के रूप में राम की प्रतिमा इस समाज में रूढ़ हुई है।

राम लक्ष्मण चालले सडकेन / रामाला आला घाम / सीता पुसते पदरान।

वन में चलते समय राम, लक्ष्मण के साथ सीता भी है। 'आन्ध' स्त्री के मन का दुःख उमड़ पड़ता है—

राम चालले वनाला / राम चालले वनाला।
सात सीता संगतीला / राम चालले वनाला।
सात लक्ष्मण संगतीला / राम चालले वनाला।
कई कई घेते वचन / दसरत राजा बाजवर
राम चालले वनाला। जाऊनी वनामंदी / सीता झाडा-झाडी करी
राम थकले बसले / लक्षीमणाला ना रहावले
राम चालले वनाला।

'आन्ध' स्त्री इस प्रकार व्यक्त करती है—

दसरत म्हणते आईक कई कई राणी / नको धाडू रामवनी,
दसरताच्या हातामंधी कई कई न देला हात।
गावीला वचनात माझा ग दसरत / राम-ग-लक्ष्मण निघाले वनाला।
या धनुष्ये बानाला, रेशमाचे गोंडे त्याला,
बया या वनात सोन्याची कमान / गुफा बांधली रामान,
गुफावरली पेटी उघड लक्ष्मीमना / गुफेमधी सीता नाही
राम ग लक्ष्मण दोघे पडले विचारी / कोठे गेली सीता राणी
जटाळू पाखरू लंकेच्या वातवरी।
सांगे रामाला खबरी शीता रावणाच्या घरी
राम लक्ष्मण भारोतीच्या दारी।
गरुडपक्षी झाडावरी सांगे रामाला खबरी शीता रावणाच्या घरी।

सीता को अपनी अग्नि परीक्षा देनी पड़ती है। राम के इस तरह के व्यवहार से 'आन्ध' स्त्री नाराज़ होती है वह कहती है—

राजा रावण मोठा ज्ञानी / निरमल मन तयाचे
सीता माता समजुनी / केले रामाच्या हवाली

संसय झाला मोठा / अगनी जावे लागे सीता
अगनी देव झाले सुखी / माता येई सुखरूप।

इस प्रकार सीता माता के प्रति 'आन्ध' स्त्री-पुरुष के मन में श्रद्धा है। 'आन्ध' स्त्री और पुरुष के मन में रावण के प्रति आदर भाव है। सीता की अग्निपरीक्षा का प्रसंग 'आन्ध' स्त्री को बुरा लगता है। राम के प्रति आदर है पर सीता की अग्नि परीक्षा पर वे नाराज़ हैं।

सन्दर्भ

- शास्त्री डॉ. शिवप्रसाद भारद्वाज (सम्पा.), अशोक मानक शब्दकोश, अशोक प्रकाशन, दिल्ली, सं. 2001, पृ 101
- डॉ. धनजकरराजेश, मराठवाड्यातील आन्ध जमातीचे लोकसाहित्य, अनुराधा पब्लिकेशन्स, सिड़को, नांदेड़, सं. 2013, पृ. 183
- डॉ. डोईफोडे विलास, मराठी विधीनाट्य, लोकविद्या प्रकाशन, परभणी, प्रथम संस्करण 2006 ई.
- डॉ. धनजकरराजेश, मराठवाडयातील आन्ध जमातीचे लोकसाहित्य, अनुराधा प्रकाशन, नांदेड़, प्रथम संस्करण 2013 ई.
- **संकलित लोकगीत :**
- मेंढे रामकिसन, दण्डारण गीत (ग्राम–डोंगरगाव, तहसील–किनवट, ज़िला–नांदेड़)
- काळे माधव, दण्डारण गीत (ग्राम–माळकोल्हारी, तहसील–किनवट, ज़िला–नांदेड़)
- लोखण्डे जळबाजी, दण्डारण गीत (ग्राम–माळकोल्हारी, तहसील–किनवट, ज़िला–नांदेड़)
- कोकाटे माधव, दण्डारण गीत (ग्राम–माळकोल्हारी, तहसील–किनवट, ज़िला–नांदेड़)

मनाचे श्लोक : सुखी जीवन का मन्त्र राम भक्ति

डॉ. शैलजा 'श्यामा'

मराठी भाषा में 'समर्थ रामदास' द्वारा लिखी 'मनाचे श्लोक' विख्यात रचना है। उनका मूल नाम नारायण ठोसर रहा है। उन्होंने बाल्यकाल में ही निश्चित किया था कि वे श्रीराम की आराधना आजन्म करेंगे। उनकी रचनाओं में 'मन के श्लोक' रचना भक्तिरसपूर्ण है। उन्होंने किंकर्तव्यविमूढ़ मन की अवस्थाओं का वर्णन इतनी प्रभावपूर्ण रीति तथा शब्दों से किया है कि पाठक भी उसी व्याकुल भाव का कायल हो जाता है। प्रारम्भ में तो उन्होंने मन को उपदेश कर सत्य के मार्ग पर चलने का आवाहन किया है। सत्य, सन्मार्ग पर चलने हेतु मन की आराधना की है। मराठी व्याकरण के वृत्तों में से भुजंगप्रयात वृत्त में उनकी यह रचना है। गेयताप्राप्त होने से मराठी साहित्य में तालसुरों में इन श्लोकों का कण्ठस्थीकरण कराया जाता है।

भारतीय जनजीवन में राम तथा राम भक्ति का असाधारण महत्त्व है। ऐसा व्यक्ति भारत में मिलना असम्भव ही होगा कि जो राम तथा उनकी कथा से अपरिचित रहा होगा। राम को आराध्य देवता मानकर जीवनभर उनकी भक्ति में डूबे रहने का कार्य करने में अनेक सन्तों ने योगदान दिया है। महाराष्ट्र के नारायण ठोसर जो आगे चल कर 'रामदास' नामाभिधान से विख्यात हुए। उसके पीछे उनकी उत्कट हार्दिक रामभक्ति ही रही है। उन्होंने बाल्यकाल से ही राम भक्ति से अभिभूत हो घर द्वार त्याग दिया था। राम को आराध्य देवता माना था। गोदावरी नदी के परिसर में ध्यानधारणा, भक्ति प्रसार हेतु पूरे महाराष्ट्र में भ्रमण किया। महाराष्ट्र में अनेक जगहों पर युवकों को बलोपासना करने हेतु प्रोत्साहनार्थ हनुमान के देवालयों की स्थापना की। दासबोध, मन के श्लोक तथा हनुमान स्तोत्र आदि रचनाएँ विख्यात हैं। सन्त रामदास की 'मन के श्लोक' रचना छह भागों में विभाजित है। इनका सम्पादन प्राचीन मराठी काव्य के अध्ययनकर्ता श्री ल. रा. पांगारकर जी ने किया है। इसके 3, 4 और 5 भागों में मन तथा राम की एकात्मता रामभक्ति की आवश्यकता का वर्णन है। उन्होंने किंकर्तव्यविमूढ़ मन की अवस्थाओं का वर्णन बहुत ही प्रभावपूर्ण ढंग से किया है। मनुष्य का मन चंचल होता है। ऐहिक सुखोपभोगों में तथा भौतिक सुखों में वह कभी-कभी आत्मनाश कर लेता है। उसका जीवन तब अर्थहीन हो जाता है। ऐसे अधीर मन को वश में रामदास ने प्रभु रामचन्द्र की मदद माँगी है। उन्होंने प्रार्थना की है कि मन का लालच, बुरी आदतें, वासनाएँ आदि से मुक्ति पाने में रामचन्द्र उनकी मदद करें। रामचन्द्र उन्हें सन्मार्ग दिखाएँ। पापाचरण करने से उन्हें परावृत्त करें। रामदास ने बलोपासना तथा प्रभु रामचन्द्र की आराधना, उपासना, भक्ति को अनन्य साधारण महत्त्व दिया है। नैष्ठिक आचरण, सत्यधर्म का पालन, जनकल्याण का भाव, राम के चरणों में समर्पण आदि की आवश्यकता बतायी है। न केवल इतना बल्कि व्यक्ति के रूप में जीवन बिताते समय समाज

के प्रति कौन-से कर्तव्य होते हैं, इसका भी विवेचन किया है। वे स्वयं घर-गृहस्थी सी विरक्त थे पर उन्होंने घर-गृहस्थी के सदाचरण तथा कर्तव्यों के पालन के बारे में भी उपदेश किया है। प्रभु रामचन्द्र के जीवन का आदर्श रखने का महत्त्व बताया है। प्रभु राम की मातृपितृभक्ति, उनकी कर्तव्यपरायणता, राजधर्म का पालन आदि का विवेचन मनुष्य जीवन के परिप्रेक्ष्य में किया है। उनके 'मन के श्लोक' रचना मराठी भाषा के वृत्त में बद्ध है। प्रभु रामचन्द्र के जीवन की विविध घटनाएँ, उनका संकटों से सामना, शत्रु का किया निरूपात तथा क्षत्रियत्व, राजधर्म का पालन आदि का किया वर्णन रामदास की रचना के विशेष हैं। जब मन चलायमान होता है, उस पर नियन्त्रण करना असम्भव सा हो जाता है तब रामदास ने श्रीराम के चरणों में शरण ली है। अपने उद्धार हेतु उन्होंने श्रीराम की प्रार्थना बार-बार की है। तब वे न केवल साधक बल्कि श्रीराम का विनीत, नम्र, आर्तता से कृपा की आकांक्षा करनेवाला साधारण मनुष्य बन जाता है। उनका आराध्यदेवता आदर्श राजा है, स्नेहशील भ्राता, दोनों का अभिभावक है। ऐसे श्रीराम की उन्होंने प्रार्थना की है कि राम ही एक शक्ति है जो उनका उद्धार कर सकती है। ऐहिक तथा भौतिक सुख में डुबकियाँ लगाने का लालच दूर करने की कृपा रामदास राम से माँगते हैं। स्वयं का नारायण नाम बदलकर उन्होंने 'रामदास' नाम धारण करने के पीछे उनकी निर्मल एवं हार्दिक रामभक्ति ही थी।

सन्दर्भ

- सं. पांगारकर ल. रा., रामदास, मनाचे श्लोक, प्रकाशक, श्रीसमर्थ सेवा मंडळ, सज्जनगड (रजिस्टर्ड संस्था), मु. पो. सज्जनगड, ता. जि. सातारा।

रामायण : शोध और बोध

प्रा. डॉ. पद्मा पाटील

रामायण के बारे में मराठी दार्शनिक प्रा. डॉ. एम. आर. देसाई जी द्वारा अंग्रेज़ी भाषा में लिखा ग्रन्थ मराठी में 'रामायण' शोध आणि बोध' शीर्षक से अनूदित हुआ है। लेखक डॉ. एम. आर. देसाई जी विगत पीढ़ी के अध्यात्मशास्त्र के बारे में लिखनेवालों के मूर्धन्य लेखक थे। उन्होंने ग्रन्थ की प्रस्तावना में अपनी विचारधारा द्वारा 'रामायण' को इतिहास न मानकर 'कथा' माना है। वे कहते हैं कि रामकथा एक रूपक कथा है। महर्षि वाल्मीकि ने नारद की एक आदर्श गुणसमुच्चययुक्त पुरुष की कल्पना को राम के व्यक्तित्व में शब्दांकित किया है। मनुष्य को उन्नत जीवन व्यतीत करने की प्रेरणा देनेवाले अनेक गुण राम में हैं, ऐसा विश्वासपूर्वक बताया है। चौहत्तर गुणों का परिपोष रामचरित्र में होने की आवश्यकता नारद ने वाल्मीकि से कही है। लेखक डॉ. एम.आर. देसाई जी ने पूर्ण रामायण काव्य का विश्लेषण इसी दृष्टिकोण से किया है। इस ग्रन्थ का प्रथम लेखन उन्होंने अंग्रेजी में किया। मातृभाषा मराठी में रामायणविषयक अपने विचार अधिक परिणामकारी व्यक्त हो जाने के विचार से इस ग्रन्थ का मराठी संस्करण अध्ययनकर्ता तथा श्रद्धावन्तों के लिए प्रस्तुत किया है।

रामायण वेदना का उद्‌गार है। आदि कवि वाल्मीकि महर्षि ने अनुष्टुप् छन्द में क्रौंच पक्षी की वेदना व्यक्त की। रामायण भी तो वेदना काव्य है, देसाई जी के मत से मनुष्य को उन्नतावस्था प्राप्त करने के रहस्य बतानेवाला रामायण एक हृदय और अर्थपूर्ण रूपक है। राम, दशरथ, अयोध्या, सरयू, किष्किन्धा, लंका, रावण ऐसे प्रमुख और अन्य गौण बातों, व्यक्तियों का आध्यात्मिक अर्थ बताया है। राम उच्चतम मानवीय नीति मूल्यों से परिपूर्ण हैं। 'दशरथ' मनुष्य की देह है जो षड्‌रिपुओं से ओतप्रोत है। उनके मतानुसार अयोध्या नगरी शहर, नदी, पहाड़, जंगल, प्रवाह, पौरजन आदि सब आभासमय है। प्रत्यक्ष में वाल्मीकि ने जिसका वर्णन किया है वह सब मनुष्य का भ्रमजाल, माया, मोहपाश को नष्ट कर अधिक उन्नत बनानेवाली बातें हैं। 'सरयू' वास्तव में है नहीं, वाल्मीकि की वह कल्पनानिर्मिति है। उन्होंने गंगा का रूपक भी अत्यन्त समर्पक रीति से स्पष्ट किया है। अयोध्या से कुछ दूरी पर सरयू का छोटा प्रवाह था। उसे वाल्मीकि ने बदल डाला है। देसाई जी के मत से सरयू साँस लेने में मददगार छोटा-सा प्रवाह था, उसी तरह गंगा का अर्थ भी उन्होंने स्पष्ट करते हुए लिखा है, वह गतिशीलता की प्रतीक है। वह मानवी जीवन की गतिशीलता और मानवी संस्कृति के विकासात्मकता का प्रतीक है। दण्डकारण्य में प्रवेश कर राम ने गोदावरी के तीर पर निवास किया। उस गोदावरी का भी वाल्मीकि निर्मित अर्थ देसाई जी ने लिखा है, गोद का अर्थ अंकशय्या। सन्त्रस्त मानव को आत्मशान्ति प्रदान करनेवाली नदी का तटीय प्रदेश राम को वनवास हेतु प्रिय लगने का कारण भी वही है। परपुष्टता, परदुःख में आत्मसन्तुष्टि फिर भी अनाहूतों के स्वागत के भाव से

भरी-पूरी किष्किन्धा नगरी को देसाई ने कहा है कि वाल्मीकि निर्मित यह नगरी अथाह, लम्बा-चौड़ा सुरंग है पर उसमें भी स्वार्थ हेतु लिए मित्र भाव का सुग्रीव जो नागरी संस्कारों से काफ़ी दूर है।

देसाई जी ने अध्यात्म विज्ञान के अधिष्ठान पर वाल्मीकि रामायण की मीमांसा की है। 'रावण की लंका' शब्दसमूह के विषय में उन्होंने जो आध्यात्मिक विश्लेषण दिया है और महर्षि वाल्मीकि द्वारा रचित मायाजालरूप रामायण का अर्थ स्पष्ट किया है, उसके बारे में साधारण पाठकगण ज़रूर आकृष्ट हो जाता है। वे लिखते हैं, 'ऐसे लोग हैं जो परपीड़न में सुख मानते हैं, षड्रिपुओं से लिप्त उनकी मनोकामनाएँ हैं और वे उन्हें छुपाते नहीं, अनागरी संस्कारों और अन्तर्बाह्य बुराई से लथपथ लोग ही वाल्मीकि की नज़र में आभासी राक्षस हैं जिन्हें राम ने वध्य माना है। रावण की लंका मानो सर्वाधिकारयुक्त स्वतन्त्र द्वीप है। रावण विशेष नाम है परन्तु हर नाम का जिस तरह से कोई अर्थ होता है उसी तरह 'रावण' का भी अर्थ दिया है। सारे अवगुणों से ओतप्रोत स्वभाव, मन की सारी चाहतें, इच्छाएँ, उच्च नीतिमूल्यों की तुलना में एकदम हीन स्तर की होती हैं, उग्र, तामसीपन जिसमें अन्तर्भूत होते हैं ऐसा आभासी व्यक्तित्व 'रावण' शब्द का अर्थ है।

यह सर्वश्रुत है कि वाल्मीकि आद्य कवि और द्रष्टा ऋषिवर थे। डॉ. एम. आर. देसाई जी के मतानुसार वाल्मीकि ने ऋग्वेद पर रूपकात्मक टीका लिखी और वही आगे चलकर रामायण काव्य कहलाया गया। इस रामायण रूपक द्वारा वाल्मीकि जी ने सम्पूर्ण ब्रह्मावर्त को (यानी अखण्ड भारत को) विशाल ब्रह्मलोक में परिवर्तित किया। वाल्मीकि द्वारा किया गया यह विवेचन इतना सहज सुन्दर, तेजोमय, प्रतिभा का आविष्कार है कि लेखक के शब्दों में 'बहुजन, मध्यजन और अतिजन रामकथा की ओर पर्यायतः रामायण की ओर मोहित होते हैं, मुग्ध होते हैं और अन्तिमतः मुक्त भी होते हैं। लेखक स्वयं अध्यात्मज्ञान क्षेत्र के अधिकारी व्यक्ति होने के कारण रामायणविषयक उनके विचारों को एक स्तर, गुणवत्ता, महत्त्व का अधिष्ठान तथा ठोसपन प्राप्त हुआ है। उन्होंने बार-बार उल्लेख किया है, 'रामायण एक रूपक है, वेदों पर लिखी गयी वह टीका है'। ऋग्वेद के सिद्धान्त और योग की टीका यानी सम्पूर्ण रामायण। सिद्धान्त ज्ञान हेतु और योग शक्ति हेतु विश्लेषित किये हैं। वाल्मीकि का उद्देश्य था कि इन दोनों का सुरेख, समुचित मिलाप बनाकर एक आदर्श व्यक्तित्व का निर्माण करना। रामायण और वाल्मीकि के बारे में एक प्रवाद सदियों से चलता आ रहा है कि प्रथमतः वाल्मीकि ने रामायण लिखा और अनन्तर वैसा-वैसा रामायण घटित हुआ। रामायण के बारे में यही प्रवाद एक चिरकालीन सत्य ही प्रकट करता है। संक्षेप में, वाल्मीकि ने रामायण द्वारा हर मुमुक्षु के लिए सिद्ध जीवन हेतु एक आदर्श निर्माण किया है। न केवल निर्माण कर प्रस्तुत किया है बल्कि अनुकरणीय लगने जितना सुन्दर, सुघड़ बनाया है। लेखक देसाई जी के मतानुसार महर्षि वाल्मीकि का यह महाकाव्य न केवल काव्य अपितु ब्रह्म और योग का विलक्षण समन्वय है। इस कार्य में उनके मार्गदर्शक देवर्षि नारद हैं। उन्होंने सर्वोपरि आदर्शभूत व्यक्तित्व के गुणविशेषों के बारे में विचार-विमर्श किया। उसी का अनुकरण कर वाल्मीकि ने राम के व्यक्तित्व का निर्माण किया। अप्रतिम युद्ध कौशल्य प्रकट करनेवाले महारथी वीर योद्धा के कौशल्य राम के व्यक्तित्व से प्रकट होते हैं। वाल्मीकि ने ये कौशल्य सभी सजीवों-निर्जीवों में चैतन्य उद्भूत करनेवाले आदर्श निर्माण किये हैं। इहलोक, मृत्युलोक का पर्यवसान कर अजरामर नन्दनवन का निर्माण महर्षि वाल्मीकि ने निश्चित किया। मानो ब्रह्मलोक का समन्वय इस धरती को संलग्न किया है। वाल्मीकि ने धैर्यधर मुमुक्षुओं को स्वर्ग की तरफ़ ले जाने का सफल प्रयत्न किया है। कई मुमुक्षु लोग तो अग्निबाण पर सवार होकर ब्रह्मसाम्राज्य में विलीन होते हैं। देहभान भूल जाते हैं। अच्छाई का सुन्दर आविष्कार जिस व्यक्तित्व में विहित है वह राम सत्यार्थ में लोकाभिराम है।

महर्षि वाल्मीकि का जीवन उद्देश्य था कि अहिंसा वृत्ति से जीवन व्यतीत करना। इसी से उन्होंने चराचर प्रकृति से स्नेह करते हुए जीवन व्यतीत किया। रामायण रूपकात्मक होने का एहसास इस बात से होता है। रामायण छह काण्डों में पाठकों के सामने प्रस्तुत होता है। 'काण्ड' शब्द का वेदों में प्रतिपादित किया गया अर्थ जो 'यजनक्रिया' से सम्बन्धित है, वह अर्थ यहाँ अभिप्रेत नहीं है। रामायणकथा के छह काण्ड, अध्याय हैं। कुल छह काण्ड यानी अध्याय, स्तबक यही अर्थ प्रकट करते हैं। लेखक डॉ. एम. आर. देसाई जी ने इन्हीं छह काण्डों के रूपकात्मक स्वरूप विश्लेषित किये हैं। प्रारम्भ से ही उन्होंने पूर्ण रामायण का कथाबीज आध्यात्मिक रूपक के नाते सुस्पष्ट किया है। रामायण का प्रथम अध्याय यानी बाल काण्ड का आध्यात्मिक अर्थ स्पष्ट करते हुए उन्होंने लिखा है, बाल काण्ड का रूपक है—मूलाधार चक्र। बाल काण्ड में स्पष्ट/जन्म से लेकर शैशव तक का राम का जीवनप्रवास है। देसाई जी लिखते हैं कि बाल काण्ड में चन्दक से लेकर पूर्ण चन्द्र तक पूर्ण कालावधि है और यही आध्यात्मिक क्षेत्र में मूलभूत आधार है।

राम के आदर्श व्यक्तित्व के संस्कारित रूप का दर्शन बाल काण्ड में होता है। इसका भी आध्यात्मिक रूपक देसाई जी ने स्पष्ट किया है। बाल काण्ड में राम के व्यक्तित्व का अच्छा और उच्चतम विकास हुआ है। सांस्कृतिक, सामाजिक, राजनीतिक, पारिवारिक तथा नीतिमत्ताविषयक उत्तम संस्कार हुए हैं। बाल काण्ड में वाल्मीकि ने अनेक उत्तमोत्तम प्रतीकों का परिचय करा दिया है ऐसा मत व्यक्त करते हुए देसाई जी ने अनेक विशेष व्यक्तिवाचक संज्ञाओं का शब्दशः अर्थ तथा उनमें से व्यक्त होनेवाले प्रतीकों के अर्थ स्पष्ट किये हैं। यह बात सर्वश्रुत है कि राजा दशरथ की तीन पत्नियाँ थीं। लेखक ने उनके नामों का अर्थ स्पष्ट करते उनकी प्रतीकात्मकता विशद की है। उदा. कौशल्या—वेदना, दुःख नष्ट करनेवाली स्त्री, सुमित्रा—अच्छी मित्रता निभानेवाली, हार्दिकता की प्रतीक। कैकेयी जिसके वर माँगने से दशरथ को पुत्रत्याग का दुःख सहना पड़ा उस कैकेयी संज्ञा का प्रतीकार्थ है, इन्द्रियसुख देनेवाली। देसाई जी ने प्रतीकात्मकता सुस्पष्ट करने हेतु और भी व्यक्तियों के प्रतीक बताये हैं। राजा दशरथ के यहाँ कल्याणकारी श्रीराम के शुभदर्शन की माँग करनेवाले विश्वामित्र मुनिवर आते हैं जो तत्त्व और विश्वबन्धुत्व के प्रतीक हैं। महर्षि वसिष्ठ विवेक तथा बुद्धि के प्रतीक हैं। राम की माँग मुनिवरों ने इसलिए की है कि राम-लक्ष्मण वीरता के साथ-साथ यज्ञों की भी सुरक्षा करें। कुविचारपूर्ण वृत्ति से परिपूर्ण राक्षस यज्ञ अर्थात् अग्निपूजा भ्रष्ट और उध्वस्त करते थे। मर्यादा पुरुषोत्तम वीर राम तथा लक्ष्मण इसका प्रतिबन्ध करते रहे। युद्धशास्त्र की प्रशिक्षा वे इस तरह लेते-लेते मुनिवरों के प्रत्यक्ष सहवास में रहे। एक दो उदाहरण देकर वाल्मीकि बाल काण्ड को समाप्त करते हैं। उन उदाहरणों की प्रतीकात्मकता देसाई जी ने इस तरह स्पष्ट की है। इस पर्यटन के बीच मुनिवरों की राम-लक्ष्मण से भेंट हो जाती है। देसाई जी ने राक्षसों की प्रतीकात्मकता भी बतायी है। मारीच मन से की जानेवाली हिंसा का प्रतीक है तो राक्षस सुबाहु उस हिंसा का प्रतीक है जो केवल हाथों से की जाती है। इसी दरमियान श्रीराम और लक्ष्मण ने त्राटिका वध किया है। त्राटिका तो अत्यन्त उन्मत्त हिंसा का प्रतीक है। इस तरह बाल काण्ड की प्रतीकात्मकता देसाई जी ने स्पष्ट की है। 'रामायण' का दूसरा सर्ग है अयोध्या काण्ड। इस सर्ग में आये रामकथा के विशेष प्रसंग क्रमशः घटित होते रहते हैं। हर भारतीय हर घटना, उसमें कार्यरत और कारणीभूत व्यक्ति को जानता है। मिथिला नगरी में राम-लक्ष्मण, भरत-शत्रुघ्न के विवाह अयोध्यानिवासी महाजनों की उपस्थिति में सम्पन्न होते हैं। विश्वामित्र का कार्य पूर्ण होता है। वे सारे अयोध्या वापस आते हैं। आनन्दोत्सव में राजधानी के लोग शामिल हैं। रामायण की हर घटना वाल्मीकि के लेखनानुकूल

घटती रहती है। यहाँ उल्लेख करना है तो देसाई जी द्वारा वर्णित रूपकों का। उन्होंने लिखा है, 'राजा दशरथ की नगरी का वर्णन वाल्मीकि ने अत्यन्त प्रभावपूर्ण शब्दों में किया है। राजा दशरथ की नगरी यानी एक ऐसी जगह जहाँ 'स्व' का पूर्ण निवास है और वहाँ आत्मा का अस्तित्व है। नश्वर शरीर और चिरन्तन आत्मा की अभेद्य एकता का दर्शन है। वह एकता एक परिपूर्ण एकता है। न केवल अभेद्यता उसकी विशेषता है बल्कि 'परिपूर्ण युति' भी विशेषता है।' यहाँ देसाई जी ने राजा दशरथ को 'परिपूर्ण शरीर' का रूपक माना है तो श्रीराम को आत्मा और शरीर की परिपूर्णता माना है। बीच में राज्यारोहण, कैकेयी द्वारा दो वर माँगना, पितृाज्ञा पालन हेतु राम, लक्ष्मण सीता का अरण्यवास जाना आदि घटनाएँ घटित हो जाती हैं। राजा दशरथ पुत्रवियोग से दुःख विह्वल हो जाता है। दुःखी प्रजाजन प्रधान सुमन्त के साथ राम को जाते समय शुभचिन्तन देने अयोध्यानगरी के बाहर तक आते हैं। यहाँ देसाई जी ने अमात्य सुमन्त को स्थिरबुद्धि का रूपक माना है। स्थितप्रज्ञता और समझदारी का सुरेख संगम सुमन्त में है। उसी तरह राम, लक्ष्मण, सीता गंगा तीर तक आते हैं। वहाँ निषादों का अधिपति गुहक नौका से राम को सीता-लक्ष्मण के साथ गंगापार कराता है। इस घटना का रूपक देसाई जी ने अत्यन्त समर्पक रीति से स्पष्ट किया है। वे कहते हैं कि यहाँ गंगा नदी आभासमय तो है ही बल्कि वैदिक संस्कृति का प्रतीक भी है। वैदिक संस्कृतिधारा त्याग कर राम दक्षिण की ओर पदार्पण करता है, अवैदिक प्रदेश में प्रवेश करता है। गुहक निषादों का राजा है, वह उपनिषदों का अध्येता और राजा दशरथ का अन्तरंग मित्र है। अत्यन्त शान्तिचित्त, प्रशान्त ऐसा 'गुहक' का अर्थ बताकर देसाई जी ने राम का दक्षिणागमन सुस्पष्ट किया है।

राम अब अयोध्या से दूर हैं। उनका रात्रि का पड़ाव एक वृक्षतले है, पर वह न घना,छायादार है न विस्तीर्ण पर्णसंभारवाला है। वृक्ष शुष्क है पर नाम है इंगुदि वृक्ष। डॉ. एम. आर. देसाई जी ने इसका रूपक तथा प्रतीक स्पष्ट करते हुए लिखा है, 'इंगुदी' का मतलब है,'ज्ञानप्राप्त करना, आकलन कर आत्मसात करना' और यह इंगुदी 'सांख्ययोग' का रूपक है। जिस तरह नदी गंगा को वैदिक संस्कृति का प्रतीक माना है, उसी तरह राम ने इंगुदी वृक्ष तल का आश्रय लेकर रात्रि व्यतीत करना भी आध्यात्मिक क्षेत्र में विशेष मायने रखनेवाली बात है। राम के अरण्यवास की बुनियाद में अयोध्या काण्ड की घटनाएँ हैं।

किष्किन्धा काण्ड प्रारम्भ होता है। राम-लक्ष्मण का पंचवटी के निवास का अन्त हो चुका है। सीता की खोज हेतु अब वे जटायु के दिखाये मार्ग पर चलते-चलते दक्षिण की ओर मार्गक्रमण कर रहे हैं। दक्षिण में पंपा सरोवर के निकट वे किष्किन्धा नगरी में आते हैं। वहाँ का राजा सुग्रीव तथा उसका भाई वाली की जानकारी उन्हें मिलती है। देसाई जी ने यहाँ के रूपक इस तरह स्पष्ट किये हैं—'किष्किन्धा' नगरी के नाम में किषक मूल धातु है जो अर्थ व्यक्त करता है—ज़ख़्मी करना, दुःख देना, वेदना देना ऐसी नगरी का स्वामी सुग्रीव इन्द्रपुत्र है तो वाली—वास्यक ऋषि की तरह, सुग्रीव सूर्यपुत्र है। किन्तु दोनों की माता एक ही है। सुग्रीव का राम से स्नेह होना सहज एक घटना है। इस काण्ड का रूपक है, अनाहत चक्र जो शरीर के सारे मज्जारज्जुओं का नियमन करते हैं। वाली का अर्थ है वैदिक शक्ति तथा सुग्रीव का अर्थ है वेदनी की शक्ति। राम ने वेदान्ती की शक्ति प्रज्वलित कर चैतन्यमय बनाया। अर्थात् स्पष्ट है कि सुग्रीव का राज्य और पत्नी उसे वापस देने का आश्वासन दिया। बदले में सुग्रीव ने राम की ससैन्य मदद की। चारों ओर अपने दूत भेजकर सीताहरण का मार्ग खोजा। हनुमान समुद्र पार कर सकने के विश्वास से राम उसे मुद्रिका देते हैं। सीता को ढूँढ़ने में जटायु भी राम की मदद करता है।

संक्षेप में कहा जाये तो पंपा सरोवर के नज़दीक बसी किष्किन्धा नगरी में राम-लक्ष्मण को सुग्रीव, उसका पुत्र अंगद, नील, जाम्बवन्त आदि वानरवीर तथा सुग्रीव का सैन्य तथा इन सब का स्नेह, सेवा, मदद भक्ति मिल जाती है। किष्किन्धा मानो लंका में होने जा रहे युद्ध की पूर्वतैयारी ही थी।

डॉ. एम. आर. देसाई जी के मत से सुन्दर काण्ड का एक विशिष्ट रूपक है। वह है विशुद्ध चक्र। इससे सुन्दरता-असुन्दरता की एकात्मता स्पष्ट की है। लंका नगरी उन्होंने सौन्दर्य से भरीपूरी नगरी प्रस्तुत की है। उस नगरी का वही रूप सुन्दरता से युक्त है परन्तु हिंसात्मक भावों से लिप्त ऐसे लोगों से वेष्टित नगरी कलंकित होने का मत वे व्यक्त करते हैं। सुन्दर काण्ड का घटनाक्रम सर्वज्ञात है। महाबली हनुमान का सागर उड़ान, लंका में रावण का अन्तःपुर, नन्दनवन, चैत्रवन और उसमें सीता की खोज। अशोकवन में उदास, उद्विग्न सीता का दर्शन, मुद्रिका दर्शन, वन का विध्वंस, लंकादहन तथा वापसी पर अंगदादि ज्येष्ठों को वृत्तान्तकथन। इसमें रूपकों का अर्थ डॉ. एम. आर. देसाई जी ने निम्नलिखित जैसा स्पष्ट किया है—

हनुमान शक्ति का प्रतीक हैं। इससे सागर उनकी मदद करना चाहता है कि इक्ष्वाकु कुल के सगर पुत्रों की जलसमाधि के कारण उनको पवित्रता मिल गयी है। हनुमान वैदिकों की रूपवेधिनी सौन्दर्यवती नगरी में प्रवेश करते हैं। रावण की लंका एक सुन्दर नगरी इन्द्र की नगरी है। सीता का रूपकार्थ है ज्ञान जो वैदिकों की सुन्दर परन्तु हिंसात्मक आचारविचारों से वेष्टित नगरी के साहचर्य के परिणामस्वरूप म्लान, उदास तथा विमनस्क हुआ है। सौन्दर्य और हिंसा की एकरूपता का ही नाम है, लंकानगरी। लंका पर विजय प्राप्त करने का रूपकात्मक अर्थ है, उस नगरी पर हावी हुआ हिंसा का प्रभुत्व नष्ट करना और लोककल्याण की भावना की पृष्ठभूमि पर होनेवाली नगरी की संस्थापना करना। देसाई जी के मत से लंका वैदिकों की नगरी है। वह बहुत सुन्दर है। परन्तु उसका अन्तरबाह्य रूप हिंसा रूप ही है। हनुमान द्वारा लंकादहन के पश्चात् उसका जाम्बवन्त, नील, सुग्रीव, अंगद, सुग्रीव सेना से वार्तालाप कर राम-लक्ष्मण से भी सुसंवाद स्थापित करना जैसी घटनाओं से सुन्दर काण्ड समाप्त होता है।

रामायण का अन्तिम काण्ड है—युद्ध काण्ड। शीर्षक से ही ज्ञात होता है कि इस अन्तिम काण्ड में रामकर्तृत्व का अन्त है और सफलता भी। इस काण्ड का घटनाक्रम कुछ इस प्रकार है। हनुमान वापस आकर सारा वृत्तान्त राम को बताते हैं। सीता की स्थिति, लंका का वर्णन, रावण की उद्दाम वृत्ति, राम सीताविरह से व्याकुल है पर सर्वतोपरि मदद का आश्वासन दे सुग्रीव रणनीति बनाता है। पहले युद्धबन्दी के विचार से दूत भेजे जाते हैं, शुक, सारण, बाद में वालीपुत्र अंगदसेना की रचना—नील सेनापति—समुद्र पार करने वानर सेना सेतुबन्धन की पूर्ति कराती है। राम-रावण युद्ध के प्रारम्भ में ही इन्द्रजीत से लक्ष्मण फिर हनुमान से संजीवनी बूटी लाने, द्रोण पर्वत लाना, पहले तो रावण के सर राम के बाण से दूर जा गिरते हैं, पर वह उसकी माया है। रावण के पुत्र तथा भाई कुम्भकर्ण दोनों ही मर चुके हैं। रावण वध पश्चात् सीता का आगमन होता है पर राम उसकी अग्नि परीक्षा लेते हैं। भरत, लक्ष्मण, अंगद और विभीषण चारों में से किसी एक को स्वीकृत करने का स्वातन्त्र्य राम सीता को देते हैं। लंका की प्रज्ञा, सेना, राम के मित्र, विशेषज्ञों के बीच ऊहापोह हो जाने के पश्चात् सीता की अग्नि परीक्षा ली जाती है। रावण से लक्ष्मण ज्ञान प्राप्त कर लेता है और यह काण्ड समाप्त हो जाता है।

डॉ. एम. आर. देसाई जी ने इस अन्तिम युद्ध काण्ड में भी आध्यात्मिक रूपकों तथा प्रतीकों का अर्थ विश्लेषित किया है। इस अन्तिम काण्ड का रूपक है 'चक्र'। इस काण्ड के घटना क्रम का विचार किया जाने से एक लक्षणीय बात सामने आती है वह यह कि नियमों के अनुसार आचरण रखकर ही राम ने युद्ध का निर्णय लिया है। पहले दूत, फिर विशेष आग्रही तथा सत्ताकारी व्यक्ति से विषमतापूर्ण विचार रखनेवाले व्यक्तियों की ज़रूरतें जानने के बाद उन्हें आश्वस्त करना तथा अन्त में युद्ध का निर्णय लेना। इन सब के रूपक डॉ. एम. आर. देसाई जी ने स्पष्ट किये हैं। युद्ध काण्ड में 'हिंसाशक्ति पर अहिंसा किस तरह विजय प्राप्त करती है, इसका वर्णन है'। यह अन्तिम काण्ड 'पूर्ण मुक्ति' अर्थात् 'सायुज्यता' का है। लंका जो देसाई जी के अनुसार इन्द्रनगरी का प्रतीक है, उस पर 'आत्मनगरी' ने प्रभुत्व सम्पादन किया है। इस 'आत्मनगरी' के प्रभुत्व में 'ज्योतिर्मयता' अर्थात् 'प्रकाशमयता', 'तेज', 'आभा' अभिप्रेत है। वाल्मीकि का 'रामायण' युद्ध काण्ड पश्चात् समाप्त होता है। इस ग्रन्थ के लेखक डॉ. एम. आर. देसाई जो शिक्षण महर्षि, दार्शनिक, विश्लेषक एवं लेखक रह चुके हैं के मतानुसार 'रामायण' रूपकात्मक काव्य है।

सन्दर्भ

- डॉ. देसाई एम. आर., (मूल अंग्रेजी) अनुवाद : प्रा. पवार मोहन, प्रकाशक, डॉ. देसाई एम. आर., कोल्हापुर, 1984

सुश्लोक मानस

डॉ. रवीन्द्र भोरे

'सुश्लोक मानस' रचना के रचयिता कैप्टन डॉ. रा. चिं. श्रीखण्डे हैं जो रूढ़ कल्पना के अनुसार साहित्यिक नहीं हैं। वे सेना में डॉक्टर के नाते कार्यरत थे। बचपन से ही वे रामायण के प्रेमी तथा अध्ययनकर्ता थे। इसी कारण और उनके स्वभाव में कवित्वशक्ति होने के परिणामस्वरूप वे काव्य सेवा करने की ओर प्रवृत्त हो गये। उन्होंने संस्कृत का गहरा अध्ययन किया था एवं उनका चिन्तन, मनन प्रभावकारी होने के परिणामवश उन्होंने नौकरी सम्हालते हुए अपने अध्ययन की अभिरुचि भी विकसित की। उनके द्वारा संस्कृत से मराठी में अनूदित ग्रन्थ निम्नलिखित हैं। अपनी अनूदित कृतियों को उन्होंने 'श्लोकानुवाद' कहा है। वे इस तरह हैं–

(i) वाङ्मयीन खण्ड
(ii) सुश्लोक गोविन्द
(iii) कुन्दमाला
(iv) सुश्लोक कुमार
(v) सुश्लोक मेघ
(vi) सुश्लोक मानस

इन सभी ग्रन्थों के रचयिता, सम्पादक और प्रकाशक भी स्वयं डॉ. रा. चिं श्रीखण्डे जी हैं। इन रचनाओं में से 'सुश्लोक मानस' ग्रन्थ महाकवि श्री तुलसीदास के विख्यात ग्रन्थ 'श्रीरामचरितमानस' का श्लोकानुवाद है। उन्होंने 'रामचरितमानस' के 'काण्ड' के स्थान पर 'सोपान' और 'सर्गों' को 'तरंग' संज्ञा दी है।

पहले खण्ड में 'बाल काण्ड' का अनुवाद है। कुल मिलाकर इसमें 2140 श्लोक हैं। इन श्लोकों द्वारा डॉ. रा. चिं. श्रीखण्डे ने आरम्भ से लेकर राम-सीता विवाह तक का कथा भाग श्लोकों में बद्ध किया है। उन्होंने वाल्मीकि द्वारा देखे क्रौंचवध के दृश्य से ही आरम्भ कर सारी रामकथा बड़ी श्रद्धा से काव्यबद्ध की है।

दूसरे खण्ड में कुल तीन काण्डों का अनुवाद है। अयोध्या काण्ड, अरण्य काण्ड और किष्किन्धा काण्ड। इसमें तीन सोपान मिलाकर 2440 श्लोक हैं। तरंग 5151 हैं। दो खण्डों में विभाजित चार काण्डों का श्लोकानुवाद 4540 में विभाजित है।

मराठी में श्लोक गेय होते हैं और इसी कारण कण्ठस्थीकरण हेतु सुलभ होते हैं। डॉ. रा. चिं. श्रीखण्डे ने शायद इसीलिए श्लोक रचना विशेष का अवलम्ब किया होगा। तुलसीदास रचित 'रामचरितमानस' काव्य का अनुवाद करना उनके लिए बहुत गौरव तथा पसन्दीदा बात रही

हुई दृष्टिगत होती है। इसमें क्रौंचवध की घटना तक ही वाल्मीकि का उल्लेख है। उन्होंने अपनी पृष्ठभूमि में तुलसीदास द्वारा चयनित तथा वर्णित प्रसंगों का उल्लेख किया है। साथ ही उसकी विशेषताएँ बताकर रामकथा के मानसिक प्रभाव का वर्णन किया है। वे लिखते हैं, 'रामायण की हर घटना, उससे सम्बन्धित पात्र, उनके संवाद, परिणाम, उनका वर्णन पढ़ते समय 'रामचरितमानस' ग्रन्थ के रचयिता तुलसीदास की विवेचक और कवि–ऐसी दोनों भूमिकाएँ महत्त्वपूर्ण प्रतीत होती हैं। उनके लोकशिक्षण, उच्च नीतिमूल्य नागरी तथा पारिवारिक सम्बन्ध, राजनीति के विशेष आदि वर्णनों से पाठक रसभीना हो जाता है। तुलसीदास द्वारा उपयोग में लाये–शब्द तथा अर्थालंकार के विविध रूप, रसपरिपोष, समासादि का उचित प्रयोग आदि द्वारा मन मोह लिया जाता है। तुलसीदास जैसा रामभक्त रचनाकार...फिर क्या, मैंने इसका श्लोकानुवाद करने का निश्चय किया था। 1035 ई. में जब क्वेट्टा में कार्यरत था तब प्रारम्भ भी किया था....पर किसी अपरिहार्य घटनाओं के कारण यह अनुवाद तूल पकड़ता गया ...आगे चलकर वह 1948 ई. में पूरा हुआ और प्रकाशित भी। डॉ. रा. चिं. श्रीखण्डे श्लोकानुवाद में सिद्धहस्त हैं। उनके अनुवाद में प्रासादिकता तथा ओज, माधुर्य आदि भाषा के सभी व्याकरण विशेषों का भी उत्तम परिपोष हुआ है। अनुवाद करके भी उन्होंने तुलसीदास के 'रामचरितमानस' की गुणवत्ता को कम नहीं होने दिया है। ऐसा प्रतीत होता है कि यह उनकी स्वतन्त्र काव्य रचना है।

सन्दर्भ

- कैप्टन डॉ. श्रीखण्डे रा. चिं. 'सुश्लोक मानस', मराठी अनूदित रचना, महाराष्ट्र ग्रन्थ भाण्डार, कोल्हापुर।

वास्तव रामायण

डॉ. शैलजा 'श्यामा'

'वास्तव रामायण' के लेखक हैं श्री पद्माकर विष्णु वर्तक। वे रामायण के अनुसन्धाता हैं। उन्होंने रामायण के अनेक संस्करणों का सूक्ष्मतम अध्ययन कर अनेक पहलुओं के माध्यम से अपना रामायणविषयक अध्ययन रामभक्तों तथा श्रद्धालु पाठकों के सामने रखा है। उनके अनुसन्धान की बुनियाद केवल श्रद्धा नहीं, सत्यान्वेषण है। सत्यान्वेषण कर उन्होंने रामकथा के अनेक सत्य सामने रखे हैं। उन्होंने बीसवीं शती के वैज्ञानिक की बुद्धि, तर्कशक्ति, वास्तव और प्राचीन युग की सामाजिक, राजनीतिक स्थितियों का आमूल परामर्श लेनेवाले अनेक व्याख्यान श्रोताओं को विचारप्रवृत्त करने हेतु प्रस्तुत किये हैं। उन्होंने इन व्याख्यानों को आलेखों में परिवर्तित कर उपरिनिर्दिष्ट शीर्षक का ग्रन्थ प्रकाशित कर अपने मूलगामी सत्यान्वेषण को स्थायी स्वरूप दे दिया है।

प्रथमतः उन्होंने जनमानस के मतानुसार युगों का परिचय, उनमें विख्यात व्यक्ति, घटना, परम्परा आदि का उल्लेख कर कालसापेक्षता विशद की है। त्रेतायुग, सतुयुग आदि संकल्पनाएँ स्पष्ट की हैं। अयोध्या नृपति दशरथ के परिवार का परिचय देते हुए दशरथ की रानियों के बारे में उल्लेख करते हुए उन्होंने श्रोताओं तथा पाठकों की राम भक्ति का उपहास न करने की अपनी वृत्ति का प्रमाण देते हुए कहा है कि उनका अनुसन्धान सप्रमाण है। राजा दशरथ की एक पत्नी वैश्य जाति की और एक शूद्र थी। वे लिखते हैं कि इस बात से यह कहना तर्कप्रधान होगा कि उस ज़माने में जातिप्रथा तीव्र नहीं थी। समाज में शूद्रों को समान अधिकार तथा स्थान मिलता था। उस समय परम्परा यही थी।

विवाह पश्चात् दीर्घ समय तक राजा दशरथ जिस तरह पुत्र सन्तान के न होने से दुःखी थे, उसी तरह उनकी पत्नियाँ भी दुःखी थीं। कौशल देश की राजकन्या कौशल्या ज्येष्ठ पत्नी होने से तो और भी दुःखी थी। रामजन्म का वर्णन करते हुए लेखक श्री वर्तक लिखते हैं, 'प्रजाजनों ने राम के इस अर्थ में पुत्रजन्म का उत्सव मनाया कि अब वह पुत्र मन को रमायेगा, आनन्द देगा। मन को रममाण करनेवाले राम प्रजाजनों के लिए स्वागतार्ह व्यक्ति थे।'

वर्तक जी का यह ग्रन्थ उनके अनेक तर्ककठोर तथा सत्याधिष्ठित अनुसन्धान का प्रमाण है। हर व्याख्यान तथा ग्रन्थ में संकलित हर व्याख्यान का लिखित आलेख उनके सूक्ष्म अध्ययन का प्रमाण है, साक्षी है। किष्किन्धा काण्ड में राक्षस वानर आदि के उल्लेख आते हैं। उन्होंने सुग्रीव, वाली, नील, जाम्बवन्त, हनुमान आदि तथा सुग्रीव के वानरसेना दल का विश्लेषण किया है। वे अपने अनुसन्धान के बल पर तथा उसके प्रमाण देकर लिखते हैं कि वानर जाति कोई पिछड़ी अविकसित जाति नहीं थी। सभी वानर अपने सेना प्रमुख के आदेशों का पालन करनेवाले थे। वे बड़ी हार्दिकता के साथ मित्रता निभाने में माहिर थे। राम-लक्ष्मण की मित्रता निभाने में सभी वानरों ने जो श्रम किये,

कष्ट सहे, संकटों से संघर्ष किया वे केवल अतुलनीय हैं। सच्ची मित्रता क्या होती है, इसकी वह सेना एक मिसाल ही है। रावण जैसे बलवान राजा के साथ का युद्ध हो, चाहे समुद्र पर जाने हेतु अपनी अभियन्ता बुद्धि का उपयोग कर पुल का निर्माण हो, वानर सेना पीछे नहीं हटी है, यही उसकी महानता है। लंकानगरी का सर्वेक्षण हो, विध्वंस हो या रावण के सामने राम की युद्ध घोषणा का प्रस्ताव रखना हो, लक्ष्मण के लिए संजीवनी बूटी लाना हो, न केवल वानर सेना बल्कि उनके नेता नील, जाम्बवन्त, हनुमान, अंगद आदि ने भी राम की मित्रता निभाने में सत्यप्रमाण प्रस्तुत किये हैं। दूसरा उल्लेख उन्होंने किया है, राक्षसों का। राम के बनवास चले जाने के बाद ही उनका सामना राक्षसों से होता है। वैसे बाल्यकाल में ही यज्ञों की सुरक्षा करते समय कई राक्षसों का पराभव या नाश राम-लक्ष्मण ने किया है। पर वह कार्य उनके गुरु के लिए का रहा था। बनवास उनकी अपनी स्वयं से ही स्वीकृत स्थिति है। अरण्य काण्ड का आरम्भ होते ही राम-लक्ष्मण की राक्षसों के साथ कई घटनाएँ होती हैं। 'विराट' तो नारद के साथ पहले ही राजधानी में आ चुके थे। पर उनका सम्बन्ध कबन्ध, मारीच, शूर्पणखा आदि से आता है। लेखक वर्तक जी ने सभी राक्षसों की दलील करते हुए लिखा है कि राक्षस क्रूर ज़रूर थे परन्तु वे अपने अधिकार जताने में क्रूरता का प्रयोग करते आये थे। उनकी अपनी राजनीति, समाजनीति, मित्रनीति थी। उसका अनुसरण अगर उन्होंने अपने हित के लिए किया तो उसमें दोष क्या है? वे वैज्ञानिक थे, विमान विद्या जानते थे। आक्रमण का विरोध करने का उनका विचार युद्ध का नहीं अपितु स्वरक्षण का था, क्या यह मत समर्थनीय नहीं है? मनभायी स्त्री चाहे वह किसी की पत्नी हो, उसका अपहरण एक सामाजिक परम्परा रही है। परन्तु इसमें भी उच्चतम सांस्कृतिक नीति मूल्य दिखायी देता है कि परस्त्री को उसकी सम्मति बगैर स्पर्श न करना। विश्वभर में रावण इसी के लिए मशहूर और वन्दनीय है। राक्षस इसी तरह रामायण के मुख्य पात्र हैं। उनकी और वानरों की वजह से राम-लक्ष्मण के पराक्रम की पृष्ठभूमि आलोकित हो उठती है।

डॉ. पद्माकर विष्णु वर्तक की 'वास्तव रामायण' रामायणविषयक एक अलग दृष्टिकोण प्रस्तुत करती है। वर्तक जी ने इस ग्रन्थ में राम पूर्व के साढ़े सात हज़ार वर्षों का इतिहास भी दिया है। साथ ही अनेक पीढ़ियों की विस्तृत जानकारी दी है। उनकी दृष्टि से इतनी पीढ़ियों के इतिहास का भारत के पास होना अभिमानास्पद बात रही है। प्रस्तुत ग्रन्थ में उन्होंने राक्षसों का इतिहास भी दिया है। मराठी तथा दक्षिण भारत लोग राक्षसों के अधिक निकट हैं। उनका मत है कि राक्षसों का रक्त भारतीयों में है। ये काफ़ी विकसित थे। उनके पास हवाई जहाज़ थे। उनकी सहायता से वे भारत से दक्षिण अमेरिका तक प्रायः आते-जाते रहते थे। उन्होंने यह बात सप्रमाण सिद्ध की है। यह बात भी उन्होंने बतायी है कि वानर भी मानव से अधिक विकसित थे। इन्होंने अपने इस ग्रन्थ में सत्य की सुरक्षा करते हुए राम के दोषों को भी उद्घाटित किया है। उनका कथन है, 'मेरे द्वारा वर्णित वास्तव राम, अपने मन में स्थित देव जो राम, उससे भी अधिक भायेगा।' (पृ. 10) उन्होंने राम की क्रूरता भी चित्रित की है। उनके मतानुसार यही क्रूरता राम की अतिप्राचीनत्व का द्योतक है। उन्होंने राम का इतिहास लिखा है, पुराण नहीं। प्रकरणों के शीर्षक भी थोड़ा पृथक् हैं। —सत्यगुण, त्रेतायुग, दैत्य-दानव, रावण पहिला, अयोध्या काण्ड, अरण्य काण्ड, किष्किन्धा काण्ड, लंका काण्ड, उत्तर काण्ड, राम की योग्यता, वाल्मीकि, पाताल यानी अमेरिका, लंका स्थल निर्णय, रामायण कालनिर्णय, काही शंका, काही अपेक्षाएँ, वंशरेखा।

प्रस्तुत पुस्तक में लेखक द्वारा रामायण सम्बन्धी सभी प्रश्नों का परामर्श लिया गया है। इस पुस्तक का प्र.सं. 1978, द्वितीय 1982 ई. तथा तीसरा संस्करण 1985 ई. में प्रकाशित हुआ।

बीसवीं शती के द्वितीय शतक में प्रकाशित रामायणसम्बन्धी अनेक ग्रन्थों का वर्तक जी ने खण्डन कर रामायण के स्थल-काल निश्चित किये हैं। प्रस्तुत ग्रन्थ द्वारा सत्यान्वेषण विषयक के प्रयास, साहस एवं स्वतन्त्र चिन्तन स्पष्ट होता है। कल्पित तथा सत्य के बीच का भेद स्पष्ट करते हुए पारम्परिक भूमिका का विरोध किया है। उन्होंने कैकेयी के स्वभाव का विश्लेषण सोदाहरण किया है। उनके द्वारा स्थापित सत्य, विचार एवं प्रमाणों के साथ है। उन्होंने रामायण का स्वतन्त्र वैचारिक भूमिका के अन्तर्गत अध्ययन किया है एवं पाठकों के सामने मार्मिक रामायण रखा है। उन्होंने राम का असामान्य पुरुषार्थ 'रामायण' के आधार पर समझाया है। राम ने समय-समय पर व्यक्ति के रूप में दोषों को भी स्वीकारा था। उनके दोष राष्ट्रीय सद्‌गुण होने की बात डॉ. वर्तक जी ने बतायी है। इन्होंने वाली वध, सीतात्याग जैसे प्रसंग राष्ट्रीय सद्‌गुणों के अन्तर्गत रखे हैं। डॉ. वर्तक जी के 'वास्तव रामायण' सम्बन्धी बताया जा सकता है कि अवास्तवता की तरफ़ झुकते रहनेवाले रामायण को प्रतिबन्धित करनेवाला 'वास्तव रामायण' है। डॉ. वर्तक जी ने अत्यन्त साहसी विधान किया है कि पाताल यानी अमेरिका। पूर्वजों की वैज्ञानिक प्रगति के सन्दर्भ में उनका विश्वास ठोस रहा है। उन्होंने सतयुग से सम्बद्ध इतिहास प्रस्तुत कराते समय 15000 ई. सं. पूर्व से 75000 वर्ष की कालावधि को बहुत आश्चर्यजनक धक्के दिये हैं। गलत धारणाओं का पूरा-पूरा विरोध किया है। वे वैद्यक व्यवसाय से जुड़े रहने से उनका विश्वास वैज्ञानिक प्रमाणों, सत्यादि पर रहने से इस प्रकार का विश्लेषण कर सके। मराठी भाषी इस लेखक ने प्रस्तुत अनुसन्धान के लिए अनेक वर्ष मेहनत की है। नवीन उद्‌भावनाओं को प्रस्तुत करते समय अत्यन्त प्रखर परन्तु प्रमाणों के आधार पर विचार प्रस्तुत किये हैं तथा विश्लेषण किया है। श्री वर्तक जी ने रामायण के हर श्लोक का सूक्ष्म अध्ययन कर, सप्रमाण अपना अनुसन्धान व्याख्यान के रूप में पाठकों तथा विद्वानों के सामने प्रस्तुत किया तथा फिर लिखित स्वरूप में ग्रन्थ प्रकाशित किया। उनका ग्रन्थ एक उत्तम अनुसन्धान का अतुलनीय उदाहरण है।

सन्दर्भ

- डॉ. वर्तक प. वि., वास्तव रामायण, प्रकाशक : श्रीमती शोभना पद्माकर वर्तक, पुणे, प्र.सं. 1985

गीत रामायण : एक अस्मिता

डॉ. शैलजा 'श्यामा'

ग. दि. माडगुळकर लिखित तथा सुधीर फड़के से संगीतबद्ध 'गीत रामायण' महाराष्ट्र के न केवल रामभक्तों का प्रिय ग्रन्थ है बल्कि हर साधारण व्यक्ति के लिए भी अस्मिता का क्रेन्द्र है। इस ग्रन्थ का पाँचवाँ संस्करण प्रकाशित करते समय महाराष्ट्र के विख्यात इतिहासविद् महामहोपाध्याय दत्तो वामन पोतदार जी ने प्रस्तावना लिखी है। कवि ग. दि. माडगुळकर की कवित्व शक्ति के परिणामस्वरूप एक सुन्दर रचना एक विशिष्ट पहचान बना पायी है। महामहोपाध्याय के लिए भी 'रामायण' पूजनीय ग्रन्थ है। उनकी प्रस्तावना के आधार पर ही कोई व्यक्ति 'गीत रामायण' को समझ सकता है। वे लिखते हैं, 'आज ही नहीं, हज़ारों वर्षों से न केवल भारत में अपितु पूर्ण विश्व में यह विख्यात है तथा पूजनीय भी है। मैं स्वयं को भाग्यवान मानता हूँ। महाराष्ट्र वाल्मीकि ग. दि. माडगुळकर लिखित 'गीत रामायण' के बारे में मनोगत लिखने का अवसर प्राप्त हुआ।'

स्वयं को भाग्यवान माननेवाले महामहोपाध्याय पोतदार जी ने 'गीत रामायण' के प्रत्येक गाने का आनन्द प्राप्त किया है। वे न केवल शब्दों का गौरव करते हैं, परन्तु सुधीर फडके जी के संगीत की भी प्रशंसा करते हैं। कई गीतों के शीर्षक तथा लिखे गये शब्द और अभिव्यक्त हुए आशय के बारे में स्वयं पर हुए प्रभाव का वर्णन करते हैं। आरम्भ में ही उन्होंने पहले राम के बारे में लिखा है, 'रामायण का नायक मर्यादा पुरुषोत्तम राम है, लक्ष्मण भ्राताओं में सर्वश्रेष्ठ है तो हनुमान दासोत्तम है।' इनके बारे में ही नहीं अपितु रामायण के अन्य पात्रों के बारे में माडगुळकर जी की प्रतिभा ने मुक्त संचार किया है। भक्ति रस का आविष्कार उत्तम रीति से और उत्कटता से किया है। प्रतीत होता है कि हम प्रभु रामचन्द्र की अयोध्या में ही संचार कर रहे हैं।

'रामजन्म हो गया, सखी रामजन्म हो गया' गीत सुनते समय अनुभव होता है कि अयोध्या के प्रासादों, दीर्घिकाओं, चौकों में अयोध्यावासिनी स्त्रियों के मेले में शामिल हो हम भी रामरस से कण्ठ भिगो रहे हैं। ग. दि. माडगुळकर का शब्द-संयोजन बड़ा ही प्रभावशाली है। जब गुह निषाद राम, सीता, लक्ष्मण को नौका में बिठाकर उन्हें गंगा पर करने लगता है और कहता है—

जय गंगे, जय भागीरथी
जय जय राम दाशरथी
चल हम प्रभु को पार करें

इस गाने के गीत की पहली पंक्ति के शब्द और स्वर मिलकर कानों में घुल जाते हैं तब मन में तीव्र इच्छा होती है कि चलें हम भी एक पतवार लेकर नौकानयन करें और श्रीराम, लक्ष्मण, सीता का दर्शन करें। जब राम लक्ष्मण को आदेश देते हैं, 'लक्ष्मण, मार दो, मार दो इस त्राटिका को...'

तब कवि का हर शब्द तथा गायक का प्रत्येक सुर इतना प्रभावशाली है कि दृश्य नज़र के सामने घूमने लगता है। ऐसा लगता है कि उठाएँ शस्त्र और बोल दें धावा त्राटिका पर...अपनी कुछ तो मदद लक्ष्मण की होगी...उसी तरह अभिभूत होकर जब हम उस विख्यात गीत तक पहुँच जाते हैं–

पराधीन आहे जगती पुत्र मानवाचा/...
दोन ओंडक्यांची होते सागरात भेट/...नाही पुन्हा भेट

यह गाना सुनते समय मानव जीवन की नश्वरता का बोध हृदय में चुभ जाता है। माडगुळकर जी की क़लम की नोक पर साक्षात् सरस्वती का अधिष्ठान है। जब तक प्राणतत्त्व शरीर में मौजूद है, मनुष्य अपने को स्वामी मानता है...उसकी पराधीनता ही उसके अहंकार को नष्ट करनेवाली है, इस प्रकार सत्य की दाहक संवेदना मन में उत्पन्न हो जाती है, सब कुछ अर्थहीन लगने लगता है। यह मन पर हुए परिणाम रामनाम के हैं ही जिसने कवि को लिखने की प्रेरणा दी, संगीतकार को संगीतबद्ध करने को प्रोत्साहित किया और स्वयं तथा अनेक अन्य गायक-गायिकाओं से रामायण का गान करवाया। धन्य कवि, संगीतकार, गायक, गायिकाएँ, तकनीशियन्स, सारे कर्मचारी। ये 'रामायण' के, राम के भक्तिरस में प्रत्यक्ष सहभागी होकर रामरस में डूबते रहे।

महामहोपाध्याय दत्तो वामन पोतदार जी महान इतिहास अनुसन्धाता रह चुके हैं। उन्होंने कभी अपना लेखन, भाषण असत्य के समर्थन में कलंकित नहीं किया। उनकी ख्याति थी कि वे बहुत ही चिकित्सक प्रवृत्ति के थे, बिना परखे, जाँचे किसी बात को न स्वीकारते थे, न खुले आम किसी के कार्य की प्रशंसा के पुल बाँधते थे। परन्तु 'गीत रामायण' की उन्होंने प्रशंसा की है। वे लिखते हैं, 'रामायण अमृतकुम्भ है, जो कभी नष्ट नहीं होता। माडगुळकर ने 'रामायण' लिखकर, सुधीर फड़के ने संगीतबद्ध कर और गाकर मराठी साहित्य विश्व और भक्ति क्षेत्र में चार चाँद लगा दिये हैं।'

सन्दर्भ

- माड़गुळकर ग. दि., गीत रामायण, 1955, आकाशवाणी, पुणे से प्रसारित।

पूर्णरूपेण स्त्रीत्वस्वरूपा मैथिली

प्रा. डॉ. पद्मा पाटील

मराठी साहित्य जगत् में डॉ. सुमति क्षेत्रमाड़े का एक अलग स्थान है। वे स्त्री के प्रति संवेदनशील लेखिका के रूप में अधिक विख्यात रही हैं। वे वैद्यक व्यवसाय से जुड़ी रही हैं। उन्होंने भारत तथा विदेशों की अनेक यात्राएँ कीं। उनकी अभिव्यक्तिक्षमता बहुविध तथा प्रगल्भ होने के प्रमाण उनकी रचनाओं द्वारा देखने को मिलते हैं। उन्होंने अनेक उपन्यास तथा कहानियों का सृजन किया है। इनका साहित्य सामाजिक दृष्टिकोण से परिपूर्ण है। सामान्यतः स्त्री जीवन, उसके अधिकार, उसका अस्तित्व, पारिवारिक सम्बन्ध, स्त्री की आत्मनिर्भरता आदि मुद्दे उनके साहित्य के केन्द्र में प्रमुखता से पाये जाते हैं।

उन्होंने 'मैथिली' शीर्षक का बहुत ही जिज्ञासावर्धक, पठनीय, रंजक तथा नवीन वैचारिक उद्भावना प्रस्तुत करनेवाला उपन्यास लिखा। उनके इस उपन्यास के केन्द्र में पौराणिक आख्यान है। सीता के जीवन पर लिखे गये इस उपन्यास में पुराण कथाआधार रूप रही है। परन्तु लेखिका ने आधुनिक स्त्री और उसका जीवन जैसे मुद्दों को प्रमुखता दी है। उनका प्रस्तुत उपन्यास मराठी साहित्य का एक महत्त्वपूर्ण और लोकप्रिय उपन्यास है। डॉ. सुमति क्षेत्रमाड़े के अनेक उपन्यास हैं। उनमें से रामायण की सीता और महाभारत की गांधारी पर लिखे गये उपन्यास ज़्यादा लोकप्रिय हैं। डॉ. सुमति क्षेत्रमाड़े वैद्यकीय क्षेत्र में कार्यरत थीं परन्तु उनकी निरीक्षण शक्ति तीक्ष्ण और तीव्र थी। उनके अपने पास आये स्त्री रोगियों से भावनिक सम्बन्ध रहा करते थे। उनके उपन्यासों के प्राक्कथन से इन बातों का पता चलता है और उसका प्रमाण पाठकों को उनके अनेक उपन्यासों और कहानी संग्रहों द्वारा हो जाता है।

'मिथिला' उपन्यास की पृष्ठभूमि में डॉ. सुमति क्षेत्रमाड़े ने लिखा है, 'हर भारतीय स्त्री के मन में सीता के बारे में आदर भाव है। भारतीय स्त्रियों ने हमेशा व्यक्तिगत, पारिवारिक तथा सामाजिक नीति मूल्यों की सुरक्षा तथा संवर्धन किया है। पुत्री, पत्नी, माता तथा गृहिणी के अनेक रूपों का उत्तम निर्वाह किया है। परिस्थितियाँ कैसी भी हों उन्होंने अपने स्त्रीत्व की अच्छी सुरक्षा की है।'

लेखिका डॉ. सुमति क्षेत्रमाड़े का बचपन महाराष्ट्र के एक पुण्यप्रभावी तथा धार्मिक क्षेत्र 'नासिक' शहर में बीता। वहाँ का उत्कृष्ट काले पाषाणों से बना राम मन्दिर तथा पंचवटी परिवेश उन्हें बचपन में बहुत आकर्षक लगता था। बाल्यकाल से ही वह सीता के व्यक्तित्व की ओर आकृष्ट रही थीं। आगे चलकर जब वे लिखने लगीं तब से उनका मन चाहता था कि वह 'सीता' पर कुछ लिखें। दीर्घकाल तक ख़ास अध्ययन, चिन्तन, मनन के पश्चात् उन्होंने 'मैथिली' उपन्यास लिखा। वे कहती हैं, 'सीता राजा जनक की सुपुत्री हैं। राजा जनक के राज्य की राजधानी है मिथिला नगरी।

उस नगरी की राजकन्या है, सीता। मेरे दृष्टिकोण से पूर्णरूपेण स्त्रीत्व का रूप मिथिला नगरी की राजकन्या सीता है। अतः मुझे उपन्यास का नाम मिथिला रखना उचित लगा। रामायण के सत्य प्रसंग, घटनाओं को कायम रख मैंने अन्य कई प्रसंग, घटना, संवाद कल्पना की बुनियाद पर लिखे हैं।'

'रामायण' काल में सामाजिक तथा राजनीतिक क्षेत्र में स्त्री को समान अधिकार थे। इसके अनेक प्रमाण लेखिका ने दिये हैं। वे लिखती हैं, 'सीता की सबसे बड़ी सास माता के दायित्व के साथ-साथ राजरानी का राजधर्म निभाने में सफल थी। उन्होंने 'अयोध्या काण्ड' की एक घटना का सन्दर्भ दिया है। कैकेयी को स्पष्ट रूप में वसिष्ठ मुनिवर सुनाते हैं, 'कैकेयी तुमने गलत समय पर राजा दशरथ से वर माँगा है। अगर इस बात पर ध्यान न देते हुए भी स्पष्ट है कि तुम्हारी यह बात प्रत्यक्ष आयेगी, राम वनवास जायेगा। परन्तु दूसरी बात भरत के राज्याभिषेक की भी है। वह कभी पूर्ण नहीं हो सकती क्योंकि राम के वनवास जाने के बाद राजा दशरथ के राज्य की सम्राज्ञी तो सीता ही होगी, क्योंकि वह राम की पत्नी है।' अर्थात् 'उस ज़माने में पुरुष और स्त्री को समान अधिकार थे।'

लेखिका डॉ. सुमति क्षेत्रमाड़े ने 'सीता चरित्र सागर' में गहराई से अवगाहन किया है। केवल उपन्यास में नहीं अपितु उन्होंने उसके कई प्रमाण अपने उपन्यास की पृष्ठभूमि में दिये हैं। वे लिखती हैं, 'सारी स्त्रियाँ अपने स्त्रीत्व की रक्षा करने हेतु हमेशा सतर्क रहती हैं। हर स्त्री अपने सभी धर्म यानी कर्तव्य बड़ी ही हार्दिकता से निभाती है। सीता ने भी अपने कन्याधर्म, पत्नीधर्म और मातृधर्म ऐसे निभाएँ हैं कि समाज में उनका आदर्श कायम रहे।' मिथिला नगरी के परिवेश में अपनी बहनों के साथ उसका बाल्यकाल व्यतीत हुआ है। उपवर होते ही पिता राजा जनक द्वारा आयोजित किये स्वयंवर में उसने श्रीराम को पति रूप में स्वीकार किया है। अयोध्या में आकर स्थैर्य प्राप्त होने से पहले ही उसके सामने राज्यस्वामिनी या पत्नीधर्म का प्रश्न उत्पन्न हुआ, तब उसने पत्नीधर्म का स्वीकार किया। श्रीराम के त्याग को स्वीकृत कर वह वाल्मीकि के आश्रम में आयी। मातृत्वधर्म निबाहते हुए अपने दो पुत्रों का लालन-पालन उसने बारह सालों तक किया।

उपन्यास की पृष्ठभूमि में लेखिका ने सीता की उम्र की चर्चा की है और उसके उपवर यानी विवाहयोग्य होने का प्रमाण दिया है। कई लोग मानते हैं कि स्वयंवर के समय सीता की उम्र दस साल की थी। परन्तु स्वयं सीता के मुख से महर्षि वाल्मीकि ने विवाह के समय सीता युवती होने का उल्लेख किया है। उन्होंने सीता को राम द्वारा त्याग देने के प्रसंग का भी बड़ा मर्मस्पर्शी चित्रण किया है। डॉ. सुमति क्षेत्रमाड़े ने उपन्यास की नायिका सीता के पक्ष में ऐसे अनेक ठोस प्रमाण दिये हैं। सीता का मैथिली नाम, राजा जनक से सीता की विवाहोचित उम्र का ज़िक्र, सीता द्वारा भारी शिव चाप के साथ बचपन से ही खेलकूद, भगिनी उर्मिला, श्रुतकीर्ति तथा माण्डवी के स्नेहबन्धन, राजा जनक और जनकभ्राता कुशध्वज के आदेशों का पालन कर सम्पन्न हुए ये चार स्वयंवर, अयोध्या में स्वागत, अरण्यवास हेतु अरण्यगमन आदि हर घटना का वर्णन तथा समर्थन किया है। लेखिका डॉ. सुमति क्षेत्रमाड़े का उपन्यास मैथिली की मृत्यु की घटना से समाप्त होता है। सीता का उद्देश्य था कि पुत्रों को पिता के हाथों सुपुर्द करना। वह पूर्ण हो जाता है। लेखिका डॉ. सुमति क्षेत्रमाड़े के मतानुसार सीता की कथा तब समाप्त नहीं हुई है, वह आज भी हो रही है, सीता का बलिदान हज़ारों सालों तक प्रेरणादायी बना रहेगा।

सुमति क्षेत्रमाड़े जी ने मराठी भाषी पाठकों के अनुकूल भाषा का प्रयोग, संवाद, शैली, पौराणिक वातावरण निर्मिति, मैथिली की चारित्रिक विशेषताओं का अंकन आदि अत्यन्त प्रभावपूर्ण किया है।

मैथिली ने राम की मानसिकता को गहराई से महसूस किया है। वह एक गहरा मौन रख धरती में समा जाती है। उनकी दृष्टि से वर्तमान में यह गलतफ़हमी रूढ़ हुई कि रामायण-महाभारत जैसे दो ग्रन्थ चमत्कारों तथा धार्मिक बातों से भरे-पूरे ग्रन्थ हैं। उन्हें लग रहा था कि यह गलतफ़हमी दूर करनी चाहिए। साथ ही एक बात और भी रही कि 'रामायण' उनका पसन्दीदा ग्रन्थ रहा। बचपन से रामचरित्र प्रिय रहा। नाशिक की रामभूमि पर बचपन बीता। परिणामतः 'रामकथा' जीवन से जुड़ती गयी। डॉ. सुमति क्षेत्रमाड़े की दृष्टि से 'रामायण' के स्त्री पात्र भारतीय स्त्रियाँ हैं। मिथिला में जनक राजा की यज्ञभूमि पर बालक के रूप में प्रकट होने से लेकर जीवन के आख़िर तक जानकी का सम्पूर्ण जीवनपट अनोखा है। सीता ने स्त्रीधर्म को अपना सर्वश्रेष्ठ धर्म माना था तथा स्त्रीत्व को अधिक प्रिय। लेखिका उसे तीन रूपों में देखती है। कन्या सीता, रघुकुलस्वामिनी सीता, तपस्विनी माता सीता। डॉ. सुमति जी ने 'मैथिली' लिखते समय वाल्मीकि के रामचरित्र की मूल कथा को सुरक्षित रखा। बुद्धि की कसौटी पर जो सही महसूस हुआ उसे उन्होंने स्वीकारा तथा 'मैथिली' उपन्यास का सृजन किया।

डॉ. सुमति क्षेत्रमाड़े की दृष्टि से 'रामायण' के स्त्री पात्र भारतीय स्त्रियाँ हैं। मिथिला में जनक राजा की यज्ञभूमि पर एक बालिका के रूप में प्रकट होने से लेकर जीवन के आख़िर तक जानकी का सम्पूर्ण जीवनपट अनोखा है। सीता ने स्त्रीधर्म को अपना सर्वश्रेष्ठ धर्म माना था तथा स्त्रीत्व को अधिक प्रिय। लेखिका उसे तीन रूपों में देखती है। कन्या सीता, रघुकुलस्वामिनी सीता, तपस्विनी माता सीता। डॉ. सुमति जी ने 'मैथिली' लिखते समय वाल्मीकि के रामचरित्र की मूल कथा को सुरक्षित रखा। बुद्धि की कसौटी पर जो सही महसूस हुआ उसे उन्होंने स्वीकारा तथा 'मैथिली' उपन्यास का सृजन किया।

सन्दर्भ

- डॉ. क्षेत्रमाड़े सुमति, मैथिली, रिया पब्लिकेशन्स, कोल्हापुर, प्र.सं. 1963

श्री हनुमान स्तोत्र

डॉ. रवीन्द्र भोरे

मराठी सन्त समर्थ रामदास का सत्रहवीं शती में आविर्भाव था। गोदावरी जो दक्षिणगंगा नाम से जानी जाती है, इसके तीर पर स्थित जांब गाँव में इनका जन्म हुआ। इनके पिता सूर्याजी ठोसर ने इनका यानी नारायण का उनकी कुमारावस्था में विवाह निश्चित किया था। नारायण ने विवाहवेदी से पलायन किया और वे यहाँ वहाँ जाकर लोगों से रामभक्ति का उपदेश देने लगे। सालों बाद छत्रपति शिवाजी ने महाराष्ट्र के सतारा ज़िले के एक किलेदार/गडकरी को पत्र लिखा। उसमें उन्होंने लिखा था, 'इस गुसाईं को किले या गड पर रहने दिया जाये।' रामभक्त नारायण ने 'रामदास' नाम धारण कर पूरे महाराष्ट्र राज्य में पैदल मुसाफ़िरी की थी। समाज का सूक्ष्म निरीक्षण किया था। यवनसत्ता पनप गयी थी। लोगों को न धर्मकृत्यों का पूर्ण स्वातन्त्र्य था न राजनीतिक अधिकार थे। समाज बलहीन था। उस समय रामदास ने लोगों को तनमन से बलवान बनने को प्रोत्साहित किया। जहाँ-जहाँ अवसर तथा बस्ती पाड़े तथा रिक्त ज़मीन प्राप्त हुई वहाँ-वहाँ उन्होंने हनुमान मन्दिर स्थापित किये। पूजा-अर्चना का प्रबन्ध कर मठ भी स्थापित किये। सतारा ज़िले के पाटण तहसील की गुफा जिसका नाम 'रामघळ' था, वहाँ ध्यानधारणा करते-करते रामदास ने, मारुति (हनुमान) स्तोत्र, 'दासबोध', 'मन के श्लोक' आदि ग्रन्थ लिखे हैं। 'दासबोध' ग्रन्थ में रामदास ने व्यक्ति और समाज, व्यक्ति और व्यवहारनीति के बारे में बड़ी मार्मिक सीख दी है। 'मनाचे श्लोक' उनके ऐसे श्लोक हैं जिनके द्वारा रामभक्ति का मार्ग समाज के सामने प्रशस्त हुआ।

'मारुति (हनुमान) स्तोत्र' उनकी लघुरूप की रचना है। दैनन्दिन पूजाअर्चना में आज भी लोग यह रचना गाते हैं। इसमें हनुमान के जन्म से लेकर उसके पूर्ण पराक्रम का वर्णन है। हनुमान की तुलना मन की गति से की है। भक्त हनुमान ने हवा की गति से भी बढ़कर सारा आकाशमण्डल किस तरह व्याप्त किया, उसकी बलदण्ड देह, रंग, बाहु, गदा धारण करना, हाथ में द्रोण पर्वत उठाना आदि का वर्णन तत्कालीन बोलीभाषा का उपयोग कर किया है। यह वर्णन आज भी मन को आकर्षित करता है। रामदास द्वारा महाराष्ट्र में स्थापित ग्यारह हनुमान मन्दिर बल के प्रतीक हैं। हनुमान समर्थ रामदास के आराध्य देवता हैं। उन्होंने लिखा है, 'अणु' जितना हनुमान बढ़ते-बढ़ते पूर्णरूपेण सारा ब्रह्माण्ड आच्छादित करता है।' रामदास ने उसकी विराट और विशाल व्यापकता प्रस्तुत की है। उसके लिए अनेक विशेषणों का प्रयोग किया है। जैसे महारुद्र, वज्रहनुमान, अंजनीसुत, रामदूत, प्रभंजन, महाबली, प्राणदाता, दीननाथ, जगदंतर, पातालदेवताहन्ता, लोकनाथ, जगन्नाथ आदि विशेषणों से समर्थ रामदास का 'मारुति स्तोत्र' यानी हनुमान स्तोत्र परिपूर्ण है। पूरे महाराष्ट्र में जहाँ-जहाँ उनके द्वारा मन्दिर स्थापित किये गये हैं वहाँ चैत्र पूनम के दिन हनुमान का जन्मोत्सव मनाया जाता है तथा

अखाड़ों में मल्लों के लिए हनुमान की तस्वीर या मूर्ति स्थापित की जाती है। मराठी में इस स्तोत्र के साथ-साथ सिनेमा में उपयोग में लाये गये अनेक गीत भी प्रचलित हैं। प्रसिद्ध गायक महेन्द्र कपूर ने हनुमानभक्ति गीत गाया है जो महाराष्ट्र के लोग बड़ी ही तन्मयता से सुनते हैं।

सन्दर्भ

- श्री रामदास, मारुति स्तोत्र (हनुमान स्तोत्र), समर्थ प्रकाशन, सतारा।

वाल्मीकि रामायण : माधवराव चितळे के प्रवचन

प्रा. डॉ. पद्मा पाटील

महाराष्ट्र के विख्यात जल विशेषज्ञ डॉ. माधवराव चितळे का विख्यात ग्रन्थ है–'वाल्मीकि रामायण : माधवराव चितळे यांची प्रवचने'। मराठी भाषा में रामकथा पर प्रस्तुत प्रवचनों का प्रस्तुत सम्पादित ग्रन्थ साकेत प्रकाशन, औरंगाबाद द्वारा प्रकाशित हुआ है। वास्तव में इस ग्रन्थ में उन प्रवचनों का सुसंगत संकलन है जो स्वयं चितळे जी ने अपनी विवरण शैली में श्रोतागणों तथा अनेक राम भक्तों के सामने प्रस्तुत किया है। रामायण एक ऐसा ग्रन्थ है जिसके पठन-पाठन, अध्ययन-कथन में हर भारतीय रममाण होता है।

श्री माधवराव चितळे रामायण के केवल अध्ययन में डूबे नहीं तो उन्होंने प्रवचनों के माध्यम से उसे सभी जनों के सामने रखा। उन्होंने 'वाल्मीकि रामायण' पर बड़ी ही तन्मयता से अध्ययनपूर्ण प्रवचन दिये। प्रस्तुत ग्रन्थ उन्हीं प्रवचनों का संकलन है। इस रूप में वे प्रवचन संकलित कर प्रकाशित होने से उन्हें बहुत खुशी हुई। श्री चितळे ने अपने प्रवचनों का हेतु स्पष्ट करते समय रामायण के अध्ययन की संक्षिप्त पूर्वपीठिका का निवेदन किया है। वे लिखते हैं, "रामायण में तत्कालीन इतिहास, भूगोल का वर्णन है। रामायणकालीन समाज व्यवस्था, सामाजिक परिवेश, रस्मो-रिवाज, शासन प्रणाली, सामाजिक गुटों के आपसी सम्बन्ध आदि का ज्ञान मिलता है।" (प्रस्तावना, पृ. 9) चितळे जी ने कहा है कि साने गुरुजी की पुस्तक 'भारतीय संस्कृति' में वर्णित सीता के व्यक्तित्व ने उन्हें बहुत प्रभावित किया था। बहुत वर्षों से रामायण के सभी चरित्र उनके मन में विन्यास करते रहे। साथ ही उनके मन में यह कौतूहल भी रहा कि उन सभी चरित्रों की सामाजिक, आर्थिक, राजनीतिक पृष्ठभूमि वस्तुतः कैसी थी एवं तत्कालीन भारत का भौगोलिक, ऐहिक, प्रशासकीय रूप कैसा रहा होगा।

स्पष्ट है कि रामायण के उनके अध्ययन में श्रद्धा के साथ चिकित्सक भाव भी अनुस्यूत है। उनकी पृष्ठभूमि में एक और काण्ड का उल्लेख मिलता है। यह उल्लेख अन्य रामायण अध्ययनकर्ताओं के लेखन में नहीं मिलता। (पृ. 15) उनके ग्रन्थ में अन्तर्भूत प्रवचनों में अनेक जगहों पर मूल संस्कृत रामायण के अनेक सन्दर्भ तथा श्लोकों का यथोचित विश्लेषण मिलता है। इसका कारण यह है कि ये श्रोताओं के सामने दिये गये प्रवचन हैं। उन्होंने कैकय देश का निश्चित स्थान दिखाया है, उसका अर्थ लिखा है और रामायणकालीन भूगोल स्पष्ट किया है। उत्तर तथा वायव्य दिशा में झेलम है। उसके परे सिन्धु नदी की घाटी है। वहाँ कैकय प्रदेश था और राजा दशरथ की रानी कैकेयी वहाँ की राजकुमारी रह चुकी थी। आगे चलकर चितळे जी ने रामराज्य की भौगोलिक सीमाएँ स्पष्ट की हैं। राज्य का त्याग कर राम दक्षिण की ओर चलने को उद्धत हुए हैं। वे पिता को दिया वचन निबाह रहे हैं। श्री चितळे ने कहा है कि अवतार कल्पना से अभिभूत हो हम राम को विष्णु का अवतार मानते तो हैं परन्तु प्रत्यक्ष रामायण में राम एक मातृपितृभक्त आज्ञाकारी पुत्र, उत्तम बन्धु, सतर्क तथा प्रजाहितदक्ष राजा आदि अनेक उत्तम पहलुओं से युक्त एक कर्तृत्वसम्पन्न 'मनुष्य' के रूप में दिखायी देता है।

कितना सत्य है उनका कहना। अपने छोटे बन्धु के लिए एक क्षण भर ही चिन्ता न करते राम राज्याभिषेक अस्वीकृत करते हैं। राजवस्त्र उतारकर वल्कल धारण कर वे वनगमन करते हैं। सीताहरण पश्चात् शोक करते हैं। यह स्वाभाविक लगता है। तभी तो वे साधारण मनुष्य हैं। विष्णु के अवतार नहीं। श्री चितळे जी का यह मन्तव्य अतार्किक नहीं है। वे रामायणकालीन समाज व्यवस्था तथा सामाजिक रीति-रिवाजों के बारे में भी संयुक्तिक मत दर्ज़ करते हैं, 'निषाद जाति का बड़ा ही महत्त्व रामराज्य में था। राम ने जब राजसूय यज्ञ किया तब अतिथियों का स्वागत, अभ्यागतों की पूरी व्यवस्था वानरों पर ही सौंपी गयी थी।' स्पष्ट है कि वानर समाज भी नागर संस्कृति से परिचित था, न केवल परिचित परन्तु वे संस्कार आचरण में लानेवाला समाज था।' श्री चितळे ने बताया है कि राम-लक्ष्मण, सीता को सरयू पार करा देनेवाले गुह निषाद जिस जाति समूह निषाद के प्रमुख थे उस जनसमूह के राजा तथा लोगों के अयोध्या अर्थात् पूर्ण रामराज्य के साथ अच्छे सम्बन्ध थे। निषाद राजा गुह ने राम-सीता लक्ष्मण को सरयू पार कराया परन्तु जब भरत सेना के साथ सरयू पार कर राम से भेंट करने चित्रकूट जाना चाहते थे तब गुह ने अनुमति नहीं जताई थी। बाद में उन्हें सरयू पर पहुँचाया था।

घटना है राम-लक्ष्मण, सीता शोध हेतु दक्षिण दिशा की ओर जाने की। मार्ग में उन दोनों को गृध्रराज जटायू मिलता है। वह आहत है, फिर भी सीता हरण का साद्यन्त वृत्तान्त वह राम को बता देता है। सीता के आभूषण राम को दिखाता है। श्री चितळे बताते हैं, 'जटायू, सम्पाति आदि के नेतृत्व में उनके जाति समूह ने राम की मदद ही की है। राम-लक्ष्मण दक्षिण की ओर बढ़े हैं। अब वे पंपा झील नज़दीक किष्किन्धा नगरी आ गये हैं। वहाँ तो सारा वानर समाज, अपने राजा, सेना प्रमुख साधारण सेना के साथ मौजूद है। राम की मदद करने हेतु वे सारे सज्ज हैं। सुग्रीव, नील, हनुमान, जाम्बवन्त, अंगद आदि प्रमुख अपनी हवाई विद्या के साथ-साथ रामसेवा में तत्पर हैं। इसीलिए श्री चितळे ने कहा है कि वानर सेना को राजसूय यज्ञ के समय की सारी व्यवस्था सौंपी गयी थी। लंका राज्य की पूर्ण जानकारी राम-लक्ष्मण को मिली है। सीता का स्थान, अशोकवन, लंका नगरी का भूगोल, राजा रावण की पूर्ण जानकारी से राम-लक्ष्मण परिचित हो गये हैं। सागर लाँघकर हनुमान, अंगद हवाई विद्या का उपयोग कर लंका जाकर वापस आये हैं। अब तो राम से मिलने रावण बन्धु विभीषण आये हैं। सत्य, न्याय, मित्रता की अर्थपूर्णता निबाहने हेतु राम विभीषण की सहायता करना स्वीकृत करते हैं। वानर सेना की तरह राक्षस भी विविध शस्त्रों-अस्त्रों से सज्ज हैं। हवाई विद्या में प्रगत हैं। श्री चितळे जी ये सारी बातें विशेष रूप में बतायी हैं।

'वाल्मीकि रामायण' का गहन अध्ययन कर श्री चितळे ने ये सारे निष्कर्ष प्रस्तुत किये हैं। उन्होंने लिखा है, 'सागर तट पर राम-लक्ष्मण आये हैं और उनकी सहायता हेतु एवं सेवार्थ विद्याधर और चारण भी उत्सुक थे। इन्होंने राम की बहुत मदद की।' इस तरह श्री चितळे जी ने क्षत्रिय राजा राम के प्रति अन्य जाति, जनजातिसमूह किस तरह कर्तव्य और भक्तिभाव से सहायता हेतु कार्यप्रवण होना विशद किया है। उन्होंने शस्त्रास्त्रविद्या तथा हवाई विद्या में प्रगत राक्षस जाति तथा वानर जाति की घटना का उदाहरण प्रस्तुत कर अपनी बात स्पष्ट की है। उनकी दृष्टि से राम-सीता, लक्ष्मण पुष्पक विमान में बैठ अयोध्या के लिए जाने को तत्पर होते हैं तब सीता आग्रह कर पुष्पक किष्किन्धा नगरी में रुकवाती हैं। वहाँ से वह अपने साथ अयोध्या ले आती हैं। (पृ. 9)

श्री चितळे ने जिस उत्तर काण्ड का उल्लेख किया है, उस पर ग्रन्थ के अन्त में भी लिखा है। वे लिखते हैं कि वाल्मीकि ने इसमें रामायण का अगला कथाभाग लिखा है। चौथे सर्ग के प्रारम्भ में सूचित किया है कि रामायण राम के राज्याभिषेक के समय तक छह काण्डों के पाँच सौ सर्गों में पूर्ण करने का मनोदय रखा था। उत्तर काण्ड में सर्गों की संख्या स्वयं वाल्मीकि ने नहीं दी है क्योंकि उनके

सामने रामकथा का अगला भाग स्पष्ट रीति से दृश्यमान नहीं था। ऐसा प्रतीत होता है कि उत्तर काण्ड मूल ग्रन्थ रामायण की एक सहयोगी पुष्टि है। वाल्मीकि इसे महत्त्व नहीं देते। एक विशेष बात यह कि इस उत्तर काण्ड में वाल्मीकि ने राक्षसकुलवृत्तान्त तथा रावण का उदय, प्रस्थापित व्यवस्था का वर्णन किया है। बाल काण्ड के चौथे सर्ग में इनका हल्का-सा उल्लेख है।

औरंगाबाद के बालाजी मन्दिर में डॉ. माधवराव चितळे ने रामकथा पर पाँच वर्ष निरन्तर रूप में लगभग 88 प्रवचन प्रस्तुत किये। रामायण या रामकथा अपरिचित नहीं है। रामावतार का जीवनकाल वस्तुतः ध्यान में न आने से उन्होंने उसके बारे में समाज में स्थित गलतफ़हमियों का समाधान प्रवचन द्वारा किया। उन्होंने ये बताया कि रामकथा के बारे में अनेकविध कथाएँ प्रचलित हैं। परिणामतः उनकी दृष्टि से रामायण के बारे में तत्कालीन समाज व्यवस्था या जीवन को केन्द्र में रख आज के सन्दर्भ में सोच रखनी ज़रूरत है। उन्होंने रामायणकालीन शासन व्यवस्था, अर्थव्यवस्था, परिवार व्यवस्था, शिक्षा व्यवस्था, समाज तथा सामाजिक परिस्थिति के सन्दर्भ में विवेचन किया। वर्तमान के साथ उसे जोड़ने का प्रयास किया एवं तुलनात्मक विवेचन प्रस्तुत किया। डॉ. माधवराव चितळे ने अपने प्रवचनों के माध्यम से रामकथा प्रस्तुत की। श्रोताओं के समक्ष रामकथा रखते समय मानवी स्वभाव का दर्शन, उसके स्थायी भाव का आधार लेते हुए राम, रावण, सीता, हनुमान आदि अनेक चरित्रों के गुण-दोष बताये। सुगीव की मित्रता, भरत का बन्धु प्रेम, हनुमन्त की भक्ति विभीषण की धर्मनिष्ठा, रावण की वीरता आदि गुण एवं उसके द्वारा किया गया शक्ति का विघातक उपयोग आदि भी बताया है। उन्होंने प्रवचन रोचक बनाने हेतु अनेक संकेतों के सन्दर्भ दिये। वस्तुतः रामकथा से जुड़ी विविध कथाओं पर उन्होंने भाष्य किया। साथ ही वाल्मीकि की रामकथा का समय, विषय, हेतु तथा लेखन का अलौकिकत्व रखा। वाल्मीकि ने नैतिक आदर से परिपूर्ण व्यक्ति के चरित्र का चिन्ता सम्बन्धी दर्शन कराया है। अपने प्रवचनों द्वारा रामकथा की विविध संज्ञाओं, सम्बोधनों का अर्थ स्पष्ट किया। वाल्मीकि का लोकोत्तर कार्य, रामायण का आदर्श, सामाजिक मूल्यों का व्यवहार में उपयोग आदि के सन्दर्भ दिये हैं। बाल काण्ड, अरण्य काण्ड, सुन्दर काण्ड, युद्ध काण्ड आदि का प्रारम्भ वे उस काण्ड की पृष्ठभूमि के साथ बताते थे। उन्होंने नक्शे के माध्यम से दिखाया है कि राम की लंका-यात्रा कौन-से मार्ग से हुई। उन्होंने अपने प्रवचनों द्वारा प्रमाणों के साथ रामायणकालीन मानचित्र, राम तथा रावण के कुलाचार, कुलवृत्तान्त प्रस्तुत किये। साथ ही लंका तथा उसके स्थान सम्बन्धी कुछ विवादों को सन्दर्भों एवं प्रमाणों के साथ रखा। इतना ही नहीं वानर, आदिवासी जमात तथा उनका रहन-सहन, अधिराज्य आदि का स्पष्टीकरण करते हुए सुग्रीव, हनुमान के परस्पर सम्बन्ध आदि का बख़ूबी वर्णन किया है। रामकथा से परिचित होने के बाद भी श्रोताओं के मन में बड़ी उत्सुकता रहती थी कि उस दिन के प्रवचन में कौन-सा भाग आनेवाला है। डॉ. माधवराव चितळे के प्रवचन सुनने का एक अलग ही अनुभव होता था। श्रोताओं के मन में रामकथा सम्बन्धी एक पूर्वप्रचलित धारणा थी। डॉ. चितळे के प्रवचन को बहुत बार विरोधी स्वर भी मिला। परन्तु डॉ. माधवराव चितळे द्वारा दिये गये वास्तववादी दृष्टिकोण से सभी को निरुत्तर होना पड़ता। उन सभी प्रवचनों का ग्रन्थ रूप में आना बहुत बड़ी बात है। रामकथा की ओर नवीन दृष्टि से देखने की प्रगतिशील प्रवृत्ति में वृद्धि हो रही है। यही एक चिन्तनशील व्यक्ति के प्रयासों का फल है। प्रवचन में आये कुछ महत्त्वपूर्ण मुद्दे श्रीराम की राजनीतिक व्यवहार की पद्धति को स्पष्ट करते हैं।

डॉ. माधवराव चितळे के अनुसार राम ने संघ राज्य की कल्पना की थी। राम द्वारा जिन-जिन ठिकानों पर जो व्यक्ति भेजे गये उन्हें राजा के नाते अभिषेक कराके भेजा गया। विभीषण को भी पहले अभिषेक करवाया गया और राजा के नाते ही लंका युद्ध में उतारा गया था। उसी प्रकार भरत के दोनों

पुत्रों तक्ष और पुष्कर को पहले ही राज्याभिषेक करके ही केकय देश भेजा गया था। तय हुआ था कि भरत अपने मामा युधाजित की सहायता करने दोनों युवा राजपुत्रों को लेकर केकय देश जायेगा तथा वहाँ सुव्यवस्था स्थापित कराने पर दोनों राजकुमार वहाँ पर स्थायी स्वरूप में रहेंगे। उनके साथ भारी सैन्य दिया गया था। केवल जीतना नहीं था तो वहाँ कि सारी ज़िम्मेदारी उन दोनों को निबाहनी थी। कार्य बहुत कठिन था। अतः श्रीराम स्वयं उन्हें प्रोत्साहन देने हेतु बहुत दूर तक उनके साथ गये थे। स्पष्ट है कि राम के लिए इस मुहिम का महत्त्व अनन्यसाधारण रहा था। तक्ष तथा पुष्कर को अपनी प्रचण्ड सेना के साथ ननिहाल पहुँचने में पैंतालीस दिन लगे। भरत, तक्ष तथा पुष्कर के सैन्य से युधाजित अपने सैन्य के साथ मिला और अत्यन्त उत्साह से उन्होंने गन्धर्व की राजधानी पर हमला किया। यह युद्ध बहुत संहारक रहा। मनुष्य हानि इतनी हुई कि लक्ष्मण को युद्ध समाप्त करने हेतु एक भयंकर शस्त्र 'संवर्तक अस्त्र' का प्रयोग करना पड़ा। इसके प्रयोग से एक क्षण में कोटि जन मारे गये। रामायण के मूल वर्णन में 'कोट्यारू' कहा है। 'निमेषान्तरमात्रेण' उल्लेख मिलता है। फिर गन्धर्व लोगों ने हार स्वीकार की। लक्ष्मण ने विरोध को अत्यन्त कठोरता से तोड़ते हुए वहाँ सुव्यवस्था स्थापित की। समाज जीवन उन्नत पद्धति से गतिशील रखने में ही धर्मसंस्थापना मानी जाती है। इस प्रकार के स्पष्ट आदेश श्रीराम द्वारा प्रथम मुहिम में शत्रुघ्न को और अभी भरत को दिये गये थे। तत्पश्चात् तक्ष ने तक्षशिला नामक नवीन नगरी का निर्माण किया। यह झेलम और सिन्धु नदियों के बीच के क्षेत्र में स्थित है। पुष्कर ने भी सिन्धु नदी के आगे के क्षेत्र में पुष्कलावती नामक नवीन नगरी निर्मिति की। फिर वही नगरी पुरुषपुर और बहुत बाद पेशावर नाम से परिचित हुई। प्रवचनकार आज के सन्दर्भ में कहना चाहता है कि भरत के पुत्रों ने अफ़ग़ानिस्तान की सरहद तक जाकर नगर निर्माण किया। इनके आधार से ही श्रीराम की धर्मसंस्थापना की संकल्पना समझ में आ जाती है। डॉ. माधवराव चितळे ने 'वाल्मीकि रामायण' मूल संस्कृत 1000 पृष्ठों का ग्रन्थ लगभग पैंतालीस वर्ष सेवारत रहते हुए अपने साथ रखकर पढ़ा। मूल कथा, उपकथा, विविध चरित्र आदि की जानकारी के अतिरिक्त उन पर वाल्मीकि रामायण के सर्गों की घटनाओं का विवरण बहुत ही भिन्न अर्थबोध करानेवाला होने की बात समझ में आयी। उनका मत बन गया कि रामायण की संरचना में श्रीराम के इर्दगिर्द घूमनेवाली पारिवारिक कथा के साथ इसमें तत्कालीन सामाजिक जानकारी, राज्यव्यवहार की पद्धति, ऐहिक समृद्धि तथा तात्त्विक विश्लेषण के अनेक पहलुओं को पिरोया गया है। इन कथाओं का मूल ग्रन्थ में किया गया निरूपण प्रवचनकार को अधिक उद्‌बोधक लगा। प्रारम्भिक सर्ग से ही मूल ग्रन्थ की तफ़सील प्रखर विचारधारा में गुँथी हुई नज़र आयी। सीता अबला न होकर सीधा राम तथा लक्ष्मण के साथ निडरता से विवाद करनेवाली है। लोक में प्रचलित रामकथा की सीता से उसके बहुत अलग होने के संकेत मिले। रामकथा के प्रस्तुतकर्ता प्रायः श्रीराम के राज्याभिषेक तक के राम के जीवन का वर्णन करते हैं पर राम अयोध्या के राजा बनने के बाद रामराज्य कैसे बना तथा उसका भौगोलिक विकास कैसे हुआ इसका विवेचन इसमें नहीं आता। उत्तर रामायण भी परखना ज़रूरी लगा। फिर इस दृष्टि से प्रवचनों की प्रस्तुति हुई। प्रवचनकार को लगा कि श्रीराम के जीवन के पारिवारिक भाव-भावनाओं, सम्बन्धों से आगे के सामाजिक उद्देश्यों से आधुनिक पीढ़ी को परिचित करना ज़रूरी है। इसी उद्देश्य से प्रवचनों की प्रस्तुति हुई और ग्रन्थ का निर्माण भी हुआ।

सन्दर्भ

- डॉ. माधवराव चितळे, वाल्मीकि रामायण : डॉ. माधवराव चितळे यांची प्रवचने, साकेत प्रकाशन प्रा.लि., औरंगाबाद, प्र.सं. 2016

जत्ती गीतों में रामकथा

अक्षय भोसले

'महाराष्ट्र' के 'कोल्हापुर' ज़िले के 'चन्दगड़' तहसील के 'झांबरे' देहात में 'होली' जिसे मराठी में 'होळी / शिमगा' कहा जाता है। उस अवसर पर पहले 15 दिनों में कोई शुभकार्य नहीं होता और न ही किसी शुभकार्य की चर्चा होती है। किन्तु इन 15 दिनों के अन्तिम 7 दिनों में 'जत्ती गीत' गाये जाते हैं। ये गीत गाँव के पुरुष गाते हैं। 'जत्ती गीत' गाँव के प्रमुख चौराहे पर जिसे चन्दगड़ी बोली में 'चव्हाटा' कहा जाता है, वहाँ के 'रंगमहल' में ये गीत गाये जाते हैं। रात के समय 4 घण्टे गीत गाने में पारम्परिक नियम भी चलते रहते हैं। जैसे—गाने का आरोह-अवरोह वही रहे और गीतों में न अपनी ओर से कुछ जोड़ें और न ही अपनी ओर से कुछ छोड़ें।

'राम' वाल्मीकि रामायण के नायक हैं जिन्हें भगवान विष्णु का सातवाँ अवतार माना जाता है। दुष्ट रावण का वध करनेवाला 'राम' माँ-पिता का आज्ञाधारक, आदर्श पुत्र है। आदर्श बन्धु, आदर्श पति, आदर्श राजा ऐसे अनेक विशेष 'राम' चरित्र में पाये जाते हैं। रामकथा 'झांबरे' गाँव के 'जत्ती' गीतों में इस प्रकार मिलती है—

चाँद उगावला पुनवेशी
दसरताचे ओवशी रामजलामला राम
राम जलामला नवसाने
हज़ारो वरसाने रामजलामला राम

प्रस्तुत पंक्तियों से स्पष्ट होता है कि पूर्णिमा के समय चन्द्रमा के निकलते ही दशरथ के वंश में राम का जन्म अनेक मन्नतों के बाद होता है। वे गाते हैं—

राम जलामला रुक्षेसी
कौशल्याचे कुशी राम जलामला राम

राजा दशरथ की रानी कौशल्या की कोख से राम का जन्म हुआ है। राम का नामकरण किया जाता है तथा राम के लिए झूला जिसे मराठी में पालना कहते हैं, बाँध दिया जाता है। इस गीत में उसका वर्णन इस प्रकार है—

पाळणा बांधीला अंगणी
मिळोणी पाणजणी पाळणा बांधिला
पाळणा बांधिला पाट्याचा
वर चेंडू मोत्याचा, पाळणा बांधीला ॥

राम के लिए आँगन में झूला बाँधा गया है। इस झूले के लिए चन्दन की लकड़ी का उपयोग किया जाता है और उसके ऊपर राम को खेलने के लिए एक गेंद बाँधी जाती है जो वह गेंद मोतियों से जड़ी है।

पाळणा बांधीला आकाशी
रामा लाक्षूमनाशी पाळणा बांधीला
आत बाळ निजविला
आयेचा कौशल्या मातेचा आत बाळ निजविला

झूला आकाश में बाँधा है और वह सिर्फ़ राम के लिए ही नहीं बल्कि लक्ष्मण के लिए भी बाँधा गया है। झूले के अन्दर कौशल्या का पुत्र बालक (राम) को सुलाया गया है।

चार चाक हो रथाला
बावन खिडक्या त्याला चार चाक हो
वारु जुंपविले रथाला
रथ चाले आकाशी, वारु जुंपविले ॥

गीत से स्पष्ट है कि राम के रथ के चार चक्र हैं। बावन खिड़कियाँ हैं और उस रथ को अश्व बाँधे गये। माना गया है कि राम का रथ आकाश में भी चल सकता है। इस तरह राम के रथ का अद्भुत वर्णन गीत में मिलता है। स्पष्ट है कि राम को भगवान का अवतार माना गया है।

वानर किरोळ्या कैरवसे
हुरणावती नांदती वानर किरोळ्या
जाऊन उतारीले सागरी
यमुनेच्या तिरी जाऊन उतारिले ॥

वानर बड़ी ज़ोर-ज़ोर से चीत्कारते रहे। वे राम के साथ रहना चाहते हैं। एक परिवार की भाँति वे राम के साथ बड़े आनन्द से रहे हैं। राम के साथ वे सागर किनारे गये हैं, किन्तु समस्या आयी है कि अब समन्दर को किस तरह पार किया जाये और प्रभु 'श्रीराम' लंका तक पहुँच सकें।

सेतु बांधीला मारुतीने
राम नाम धेनाने सेतु बांधीला
जाऊन उतरीले लंकेत
राजा रघुनाथ जाऊन उतारिले ॥

रामसहित सारी वानर सेना समुद्र तट पर उपस्थित है। राम के लिए मारुति / हनुमान ने प्रभु के रूप में राम का ध्यान कर पत्थरों का सेतु समुन्दर पर बाँध दिया है। उसी सेतु के कारण ही राम/ रघुनाथ लंका जा सके हैं। लंका जाने पश्चात्—

लंका वेढिले रामने
अनेक त्या सैन्याने लंका वेढिले
रावण बोलतसे पुशारत
मारुनिया सैन्यास रावण बोलतसे ॥

रावण की लंका को राम की सेना ने घेर लिया है। राम का सैन्य देखकर रावण ने आक्रमण किया और वानर सेना वीर गति प्राप्त कर चुकी है। कई बुरी तरह घायल हो गये हैं। रावण मन ही मन खुश हो रहा है और घमण्ड के कारण वह राम को अलग-अलग धमकियाँ दे रहा है।

आगे राम और रावण आमने-सामने आते हैं और दोनों का घनघोर युद्ध शुरू हो जाता है। रावण की पत्नी राम को कुछ कहना भी चाहती है–

मंडोदरी बोलतसे रामाला
चुडेदान द्या मला मंडोदरी बोलतसे
वेडे-वेडे ग मंडोदरी
बिभिक्षिण राज्य करी वेडे-वेडे ग ॥

रावण पत्नी मन्दोदरी राम से सुहाग का दान (चूड़ियों का दान) माँगती हैं।

युद्ध लागले दोघांचे
रावण रामचन्द्राचे युद्ध लागले
रावण मारीला रामा ने
बाणांच्या यवगाने रावण मारीला
रावण मारुनिया टाकीला
हनुमंत सारे चला रावण मारुनिया ॥

उक्त पंक्तियों से स्पष्ट है, राम और रावण के घनघोर युद्ध में राम ने रावण का वध किया है। राम ने रावण पर वायुरूपी बाणों को छोड़ दिया है जिसके परिणामस्वरूप रावण की मृत्यु हो जाती है। रावण की मृत्यु पश्चात् राम हनुमान तथा अपनी सेना को कहते हैं, हम सभी को अब चलना चाहिए। इस तरह रावण का संहार कर तुरन्त ही राम वापस अयोध्या लौटना चाहते हैं। लंकापति रावण के पश्चात् इस राज्य का आधिपत्य कौन लेगा, इस लंका का स्वामी कौन? राम बताते हैं अब इस राज्य के पालनकर्ता विभीषण होंगे। वे ही राज्य करेंगे। इस तरह रामकथा के अंश लेकर यह गीत झांबरे गाँव में गाया जाता है। जत्ती गीतों में सीता की व्यथा का मार्मिक गीत भी गाँव में गाया जाता है–

रामा ने भारतारा लक्ष्मण दिरा
चल जाऊ माझे माहेरा
माहेरीचे वाटे डूले फोफळीची बन
वाढली रान मोडली बन ॥
रामा ने भारतारा लक्ष्मण दिरा
चल जाऊ माझे माहेरा
माहेरीचे वाटे डुले आंब्याची बन
मोडली रान वाढली बन॥

इन पंक्तियों से स्पष्ट होता है कि सीता अपने पति राम तथा देवर लक्ष्मण को अपने मायके चलने के लिए कहती है। सीता मायके जाने का कारण बताती है कि मायके के रास्ते पर सुपारी के बगीचे (बन) हैं और उनमें घास उग आयी है तो वह बगीचे के हित में न होने के कारण बगीचा नष्ट हो रहा है जिसे हमें जाकर देखना चाहिए। आगे वह बताती है कि मायके में आम के भी बगीचे हैं जिनमें घास न होने के कारण वे आम्रवृक्ष बहुत सुन्दर हैं जिन्हें देखने के लिए मुझे अपने मायके जाना चाहिए। वह कहती है, हे पतिदेव! हे देवर जी आप दोनों मेरे साथ मेरे मायके चलिए वहाँ का प्राकृतिक सौन्दर्य बहुत ही सुन्दर है, मन मोहित करनेवाला है। प्रतीत होता है कि सीता को सामान्य स्त्रियों की तरह मायका बहुत प्यारा है।

मराठी भाषी चन्दगड़ी बोली के 'राम जलामला राम' इस 'जत्ती गीत' के माध्यम से गाँव में हर साल होली के समय 'रामकथा' को गीत के माध्यम से गाया जाता है। यह रामकथा अन्य रामकथा से अलग प्रतीत होती है। इस रामकथा में राम जन्म प्रसंग, राम का बचपन, राम का लंका जाना तथा रावण वध करना इतनी ही प्रमुख घटनाएँ परम्परा से चली आयी घटनाओं से थोड़ी अलग रूप में दृष्टिगत होती हैं। राम विवाह, राम का वनवास गमन, भरत का बन्धुप्रेम, सीताहरण, शबरी की भक्ति, सीता अग्नि परीक्षा, राम राज्याभिषेक, राम का सरयू समर्पण आदि प्रसंगों का गान उक्त गीत में नहीं हुआ है। किन्तु रावण की पत्नी की कर्तव्यदक्षता का गान किया जाता है। अलग विशेषता यह कि यह गीत पुरुषों द्वारा गाया जाता है। इसी कारण उक्त गीत में राम की वीरता का विशेष उल्लेख हुआ है। जत्ती गीत में और एक गीत गाया जाता है 'रामा ने भारतारा'। इस गीत में सीता अपनी व्यथा प्रकट करती है। इस तरह 'महाराष्ट्र' राज्य के 'कोल्हापुर' ज़िले के 'चन्दगड़' तहसील में 'झांबरे' गाँव में गाये जानेवाले 'जत्ती गीतों' में रामकथा की अनूठी झलक मिलती है।

सन्दर्भ

- भोसले अक्षय संकलनकर्ता–जत्ती गीत-1 से 11 तक *(गावड़े सुधाकर से गीत प्राप्त),* (ग्राम–झांबरे, तहसील–चन्दगड़, ज़िला–कोल्हापुर, राज्य–महाराष्ट्र)।

वाल्मीकि के ऐतिहासिक राम

प्रा. डॉ. पद्मा पाटील

श्री विश्वनाथ लिमये द्वारा मराठी भाषा में लिखित 'वाल्मीकींचे ऐतिहासिक राम' ग्रन्थ का प्रकाशन 1984 ई. में भारतीय विचार साधना, नागपुर द्वारा हुआ। श्रीमती वीणाताई हरदास ने इसका अनुवाद किया है। श्री लिमये जी का मत रहा है कि वस्तुतः रामजीवन मानवीय सामर्थ्य के आधार पर समाधान प्राप्त करने का सुन्दर उदाहरण है। यही एक बात मन में रखकर उन्होंने प्रस्तुत ग्रन्थ की रचना की।

'वाल्मीकि रामायण' महाकाव्य है। वह आदिकाव्य भी है। काव्य के नायक राम हैं। धर्म का आदर्श तथा मर्यादाओं के नायक के रूप में वाल्मीकि ने उनका चरित्र-चित्रण किया है। लिमये जी ने 'वाल्मीकि रामायण' की वर्ण्य व्यवस्था को दो रूप में विकसित पाया है। एक है धार्मिक स्वरूप तथा दूसरा ऐतिहासिक अथवा भौतिक स्वरूप। 'रामायण' का प्रथम तथा सप्तम काण्ड प्रक्षिप्त होने का मत या कारण यदि छोड़ दें तो दूसरे से छठे काण्ड तक के काण्डों का स्वरूप सम्प्रदायनिरपेक्ष, समन्वयात्मक है। उसमें समस्त मानव जाति के हित में नैतिक मूल्य निर्मिति की क्षमता है। वाल्मीकि ने राम तथा सीता के चरित्र का वर्णन मानव चरित्र के रूप में किया है। इसी कारण यह अनुकरणीय तथा सन्निकट का लगता है। इन पाँचों काण्डों में राम के विष्णु अवतार होने का वर्णन न के बराबर ही है।

इस ग्रन्थ में जिस धर्म या नैतिक मूल्यों का वर्णन है उसमें लौकिकता के साथ आस्तिकता के नाते बहुदेववादिता का प्रतिपादन हुआ दिखायी देता है। वैदिक देवी-देवताओं—ब्रह्मदेव, विष्णु, इन्द्र, रुद्र आदि के साथ काल, कुबेर, कार्तिकेय, लक्ष्मी, गंगा, यम, वायु आदि भी नाम आते हैं। विशेष स्थानों पर 33 प्रमुख देवता—12 आदित्य, 11 रुद्र, 8 वसु और 2 अश्विनीकुमार का भी उल्लेख मिलता है। साथ ही जीव-जन्तु, सर्प-वासुकि, शेष-नाग, रीछ-जाम्बवान, नन्दी-वृषभ, वानर-हनुमान, गरुड, जटायु-गृध पक्षी आदि के उल्लेख भी मिलते हैं। विष्णु, शिव, साप, वृक्ष, नदियों की पूजा की जाने के अनेक उल्लेख प्राप्त होते हैं। स्पष्ट है कि बड़ी ही सूक्ष्मता से लेखक ने वाल्मीकि रामायण का अध्ययन किया है।

इस रचना में विकास की दिशा ऐतिहासिक अथवा पूर्णतः लौकिक है। रामायण में भारत के पड़ोसी या दूरस्थ देश यूनान, पर्शियन, यवन, शक आदि के उल्लेख मिलते हैं। किष्किन्धा काण्ड में भारत के चारों ओर के भूप्रदेशों, जलाशय, पर्वत, बालुका प्रदेशों का वर्णन प्राप्त होता है। ये बात दुर्लक्षित नहीं की जा सकती। रघुवंश के पूर्वपुरुषों के वर्णन भी मिलते हैं। लेखक इसे प्रमाण के तौर पर प्रस्तुत कर अपनी नवीन दृष्टि को अधिक विकसित करता है। यानी उन्हें रामजीवन

एक ऐतिहासिक कड़ी के रूप में प्रस्तुत हुआ दृष्टिगत होता है। युद्ध काण्ड द्वारा तत्कालीन भौतिक प्रगति का परिचय होता है। तीसरा मुद्दा है, तत्कालीन समाज में प्रचलित रीतिरिवाज, श्रद्धा, निष्ठा, मर्यादा का 'रामायण' में किया हुआ वर्णन। यहाँ मर्यादाओं का पालन करनेवाले राम दिखायी देते हैं। साथ ही वे नवीन मर्यादाओं की स्थापना करनेवाले भी हैं। लेखक के मतानुसार तत्कालीन समाज आध्यात्मिक और आधिभौतिक समस्याओं के साथ संघर्ष करता हुआ दिखायी देता है। उस युग के पारस्पारिक विरोध भी प्रकट हुए हैं।

वर्तमान युग में सामाजिक जीवन में निर्माण हुई ईर्ष्या, द्वेष, संघर्ष या हिंसा जैसी प्रवृतियाँ वृद्धिंगत हुई दिखायी देती हैं। परिणामतः जीवनविषयक अधिक व्यापक दृष्टिकोण का प्रचार-प्रसार आवश्यक है। प्रान्त, भाषा, सम्प्रदाय, राजनीति के आधार पर विभाजन की प्रवृत्ति भी बढ़ने लगी है। मानव जाति के संहार की आकांक्षा मन में अनायास उठ खड़ी होती है। इस स्थिति में श्रीराम का वाली को दिया उत्तर मार्गदर्शक बना है। वाली राम से पूछता है, "आप मेरे राज्य में कैसे आये?" राम ने उत्तर दिया, "वनकाननों से युक्त सम्पूर्ण भूमि एक है तथा सम्पूर्ण देश में कहीं भी अधर्म हुआ तो उसे दूर कर न्याय स्थापित करना इक्ष्वाकु वंश का उत्तरदायित्व है।" तात्पर्य यह कि राज्य अलग क्यों न हो पर देश एक ही है।

लेखक द्वारा प्रस्तुत सत्याग्रही और शस्त्राग्रही राम का चरित्र विशेष है। रामजीवन में सर्वांगीणता दिखायी देती है। रावण का चरित्र भी उत्तम अंकित हुआ है। 'राम' में स्थित मानवीय, लौकिक तथा असाधारण गुणों के कारण मानव जाति की सुरक्षा का भाव निश्चित ही प्रवाहित रहने का विश्वास श्री लिमये जी को है। लेखक की दृष्टि से वाल्मीकि ने रावण के चरित्र का भी उत्तम अंकन किया है। हनुमान के मतानुसार यदि रावण अधर्मी न होते तो त्रैलोक के अभिभावक बन सकने की क्षमता रखते थे। वाल्मीकि की लेखन-शैली इतिहास-लेखन की न होकर पुराण-लेखन की रही है। इतिहास नीरस होता है और पुराण कल्पना होते हुए भी रागात्मक होता है। धर्म, अर्थ, लोक व्यवहार के लिए उपयोगी वर्णन इतिहास होता है। लेखक के मतानुसार रामायण काल्पनिक उपन्यास नहीं है, पंचतन्त्र की कथा नहीं या इसप जैसी कथा भी नहीं है। वह प्रचार साहित्य भी नहीं है। वह तो हमारे समाज के प्राचीन जीवन की एक इतिहासमूलक झाँकी है। वाल्मीकि रामायण में राम एक मनुष्य रूप में हैं। सच है कि अनेक जगहों पर अलौकिकता है पर उसी प्रकार जगह-जगह पर उनके दोष तथा दुर्बलता भी दिखायी है। डॉ. बुल्के के अनुसार रामकथा ऐतिहासिक होने का यही एक सबसे महत्त्वपूर्ण प्रमाण है। राम ने स्वयं रावण वध पश्चात् सभी के सामने बताया है, 'मैं मनुष्य हूँ और दशरथ का पुत्र हूँ।' (आत्मानं मानुषं मन्ये रामो दशरथात्मजः।)

प्रस्तुत ग्रन्थ की पृष्ठ संख्या लगभग 540 है। इसमें रामायणकालीन मानचित्र (पारम्परिक) दिये हैं। आलोक 1 में किरण 1—रामकथा की ऐतिहासिकता शीर्षक का है। किरण 2 वाल्मीकि शीर्षक का। बाद में उपसंहार है। आलोक 2—अवतार परम्परा है। उसमें 6 किरण और उपसंहार है। आलोक 3—सूर्यवंश है। इसमें किरण 1 और उपसंहार है। मनु से दशरथ तक का वर्णन है। आलोक 4—बाल काण्ड है। इसमें 8 किरण और उपसंहार है। आलोक 5—अयोध्या काण्ड है। इसमें 15 किरण हैं और 16वाँ किरण उपसंहार है। आलोक 6—अरण्य काण्ड है। इसमें 11 किरण और 12वाँ उपसंहार है। आलोक 7—किष्किन्धा काण्ड है। इसमें 10 किरण हैं और 11वाँ किरण उपसंहार है। आलोक 8— सुदर काण्ड है। इसमें 11 किरण है और 12वाँ उपसंहार है। आलोक 9—लंका काण्ड अथवा युद्ध काण्ड है। इसमें 23 किरण हैं और स्वतन्त्र उपसंहार है। आलोक 10—उत्तर काण्ड है।

इसमें 10 किरण हैं और 11वाँ उपसंहार है। उसके बाद ग्रन्थ के आख़िर में विविध परिशिष्ट हैं। ऐसे कुल 544 पृष्ठों में ये ग्रन्थ विभाजित है। मूल संकल्पना है, राम की ऐतिहासिकता को समझाना। प्रस्तुत ग्रन्थ द्वारा लेखक ने अपने मत सप्रमाण स्पष्ट करने की पूरी कोशिश की है। ग्रन्थ प्रकाशन हेतु महाराष्ट्र राज्य संस्कृति तथा कला परिषद् की ओर से इसे उस समय रु. 2500/- चन्दास्वरूप प्राप्त हुए थे। लेखक ने राम के ऐतिहासिक चरित्र पर अधिक बल दिया है। वाल्मीकि द्वारा स्थापित राम का चरित्र उनके सामने रहा पर वह ऐतिहासिक कैसे है, इसका उन्होंने वस्तुनिष्ठ विवेचन अपने ग्रन्थ में किया है। उनका एक विशिष्ट दृष्टिकोण रहा है जिसका प्रमाण ग्रन्थ के शीर्षक से ही मिलता है। आदिकाव्य रामायण के राम की ओर वे इतिहास की दृष्टि से देखते हैं।

सन्दर्भ

- श्री लिमये विश्वनाथ, 'वाल्मीकींचे ऐतिहासिक राम', भारतीय विचार साधना, नागपुर, 1984

कवि मोरोपन्त का अष्टोत्तरशत रामायण

प्रा. डॉ. पद्मा पाटील

मोरोपन्त का नाम है मोरेश्वर रामचन्द्र पराड़कर। जन्म 1729 और मृत्यु 1794। 45 वर्ष काव्यरचना में लीन। उन्होंने लगभग 75 हज़ार से अधिक कविताएँ लिखीं। उनके नाम पर 268 काव्यकृतियाँ हैं। 60 हज़ार आर्या, श्लोकस्वरूप के स्तोत्र, आख्यान तथा स्त्रियों के लिए ओवियाँ लेखन। यह सर्वज्ञात है कि मोरोपन्त ने 108 रामायण–'अष्टोत्तरशत रामायण' लिखे। परन्तु ये सभी रामायण एक जगह पाना कठिन रहा है। पन्त के वंशज तथा मराठी साहित्य के एक विख्यात अध्ययनकर्ता रामचन्द्र दत्तात्रेय पराड़कर ने उनके पास उपलब्ध मोरोपन्त के कागज़ातों का उपयोग कर 1916 ई. में ये रामायण दो खण्डों में प्रकाशित किये। इन सभी रामायणों में क्रमशः सैकड़ों में श्लोक हैं। 1890 ई. के दशक में छापे काव्येतिहास संग्रह में 5 भागों में इनमें से अनेक 'रामायण' प्रकाशित किये गये थे। कुछ लोग मोरोपन्त द्वारा 108 रामायण रचे गये हैं, इस बात पर आशंका व्यक्त करते हैं। क्योंकि मोरोपन्त के आज तक अलग-अलग या एकत्रित रूप में रामायण उपलब्ध नहीं हुए हैं। कुछ तो स्थायी रूप से खो जाने का भय व्यक्त किया है। 108 में से एक रामायण के कुछ का श्लोक ही उपलब्ध हैं। परन्तु पराड़कर जी के खण्डों में 87 'रामायण' छापे गये हैं।

ये रामायण तीन भागों में वर्गीकृत किये हैं। एक में रचना में स्थित शाब्दिक रचना-चातुर्य द्वारा ध्यान में आनेवाले 'रामायण'। दूसरे में 'श्रीराम जय राम जय जय राम' जैसे त्रयोदशाक्षरी मन्त्र को विविध मार्गों द्वारा संलग्न स्तोत्राधारित रामायण तथा तीसरे खण्ड में विख्यात तथा अविख्यात अनवट वृत्तों में रचे रामायण रखे हैं।

प्रथम खण्ड : रचनाचातुर्य दशक

दिव्य रामायण : इसमें गीति वृत्तों का प्रयोग किया है।

कल्याणाच्यामूळा श्रीकान्ता भक्तवत्सला ताता।
प्रार्थीअत्युन्मत्ता दिक्कंठाते वधावया धाता॥

अति उन्मत्त रावण का वध करने ब्रह्मदेव कल्याण का मूल श्रीकान्त, भक्त वत्सल पिता विष्णु की प्रार्थना करने लगा। 'दिक्कण्ठ' का अर्थ है, दशकण्ठ। यानी दशमुखी रावण।

भास्वद्वंशोत्तंसज्ञातात्मा दिग्रथ क्षमाभर्ता।
...स्त्री कौशल्या तीच्या पोटासि ये जगत्कर्ता॥

सूर्यवंश का मुकुट, ज्ञातात्मा तथा क्षमाशील दशरथ राजा की पत्नी कौसल्या की कोख से विश्वनिर्माता का जन्म हुआ।

सुख रामायण : प्रस्तुत रामायण में प्रत्येक चरण में 30 मात्राओं की योजना की है। प्रत्येक चरण के पहले 28 अक्षर एक मात्रा की यानी छोटी तथा आख़िरी 29वाँ 2 मात्राओं की यानी बड़ी इस तरह की योजना से कवि ने 29 अक्षरों की लय का सन्तुलन रखा है। इस 'रामायण' में दशमुख रावण के वध हेतु जिसके समक्ष ब्रह्मदेव तथा अन्य देव लीन हुए और अजीत एवं वरदायक राजा दशरथ अत्यन्त कारुण्य से सिक्त होने से उसका पुत्रत्व तथा मनुष्यत्व धारण कर गया।

दशमुखवधमतिविधिसुरनुतपद जगदधिप अजित वरद हरी।
परमकरुण म्हणवुनि दशरथ नरवर तनुज मनुजपण हि धरि ॥

कविप्रिय रामायण :

हा *ला*विपादरज, बा*ला* शिलेसिकरि, भा*ला*क्षचापहिचुरी।
या*ला* समर्पिमति, मा*ला* वरी, अवनिजा *ला*भलीरति पुरी ॥

इसने चरणों की धूल से पत्थर की स्त्री बनायी। इसने कपोल पर नेत्रधारी शंकर का धनुष्य तोड़ा। रतिसम सुन्दर भूकन्या उसे अपना मन अर्पित कर वरमाला पहनाने को तैयार हुई। मोरोपन्त ने इस रामायण में प्रत्येक चरण में एक अक्षर की पुनरुक्ति दूसरे, नौवें तथा सोलहवें अक्षर के स्थान पर की है। 'तभयजसरनग' गणों का प्रयोग किया है। प्रत्येक चरण में 22 अक्षर प्रयुक्त किये हैं जिन्हें विद्वानों के अनुसार 'अश्वधारी' तथा 'अमृतध्वनि' जैसे दो नाम दिये हैं।

झा*ला* द्विजत्वपद, आ*ला* अशांतमुनि, त्या*ला* सहानुजदिला।
व्या*ला* यश, स्वरिपुका*ला*हितार्कष्य, गुरु धा*ला*, निवे बहु इला ॥

अशान्त मुनि आया, उसे द्विजत्व प्राप्त पुत्र उसके बन्धु के साथ दे दिया। शत्रुस्वरूप कालसर्प का गरुड़ को यश प्राप्त हुआ और पृथ्वी सन्तुष्ट हुई।

सौम्या रामायण : प्रस्तुत रामायण सौम्या नाम के गीत्यार्या छन्द के उपभेद के मात्रावृत्त में रचा है। इस वृत्त में प्रत्येक चरण में 32 मात्राएँ, प्रथम चरण में 16 गुरु अक्षर तथा द्वितीय चरण में 32 लघु अक्षर हैं। मोरोपन्त ने इसे 'अनन्त क्रीड़ा' नाम दिया है।

श्रीभर्ताब्रह्मयाचा कर्ता झाला भक्ताविद्याहर्ता।
द्रुहिणगिरिशसुरमुनिवरशतनुतसकळवरदवर दशरथनृपसुत ॥
स्थापीराजा प्रेमे नाम श्रीकौशल्यापुत्रा राम।
प्रमुदितकरि मन कविजनशिखिघन यतिपतिमतिधन सुभजकझषवन ॥

निरोष्ठ रामायण : इस रामायण में प, फ, ब, भ, म जैसे ओष्ठ्य वर्णों का प्रयोग किये बगैर मोरोपन्त जी ने 65 गीतों में रामायण रचा है। 66वाँ श्लोक समापन स्वरूप है और इसमें ओष्ठ्य वर्ण का प्रयोग किया है।

दाम रामायण : इस रामायण की प्रत्येक पंक्ति के अन्तिम तीन अक्षर अगली पंक्ति के आरम्भ में रखे गये हैं। और 'दाम' यानी 'धागा' निर्माण किया है। उदा. :

श्रीपतिझाला दशरथसुत राम दशाननासि *माराया*।
***माराया* जनकाची होय सुता त्रिजगदाधि साराया ॥**
साराया प्रभुची हे लीला गाती सदैव ही *सुकवी*।
***सुकवी*भवजलनिधिते निरुपमसुख रसिकजनमनी पिकवी ॥**

सन्नामगर्भ : इस रामायण के प्रत्येक गीत में किसी सन्त, साधु, कवि, भक्त-जन, राजाओं के नाम गूँथे गये हैं।

सुख*पुंज*पुत्र दे असुदानाहुनि *जड* पडेतथापि कवी।
रघुकुल*रीति*निरुपमा रसिकजनमनोहरा *कथा*पिकवी ॥ (पुंडरीक)

'सुख की पूँजी के रूप में मुझे पुत्र दो' ऐसी माँग कर रघुकुलरीति की निरूपम तथा रसिक जनों का मन जीतनेवाली कथा ऋषि-विश्वामित्र निर्माण कर गये।

सद्गर्भरामायण : इस रामायण में शीर्षक के अनुसार देवी-देवता, महान व्यक्ति तथा सन्तों की सूची दी है जिसमें कुल 152 अक्षर हैं। प्रत्येक अक्षर से प्रारम्भ होनेवाला प्रत्येक गीत ऐसे कुल 152 गीत हैं।

मात्रारामायण : यह ज्ञ अक्षरों के क्रम से प्रारम्भ होनेवाले 46 गीतियों का संग्रह है। दीर्घ ऋ, लृ, ङ, ञ आणि ळ अक्षरों से बननेवाले शब्द नहीं हैं। 'ण' की समस्या वहीं है परन्तु 'ण के आगे, पीछे ना ज्या राया तो कपिस भेटला, वानी' (जिस राया के पीछे न है और आगे ण है, वह पक्षी नारायण-वानर से मिला और उसने उसकी प्रशंसा की।) लिखकर पन्त ने 'ण' की समस्या को सुलझा लिया है।

उमारामायण : प्रत्येक गीति के प्रथम चरण का प्रारम्भ 'उ' से और दूसरे का 'मा' से किया है। इस रामायण में कुल इस प्रकार की 121 गीति हैं।

शिवरामायण : इसमें प्रत्येक श्लोक में पहले और दूसरे चरण में एक ही बार अनुक्रमे 'शि' आणि 'व' ही अक्षरे योजून 'शिव' हे नाव गुंफले आहे। राजा दशरथ के सदन में अति सुन्दर ऐसी चार मूर्तियाँ हैं। बालक राम, भरत, लक्ष्मण और शत्रुघ्न सुन्दर हैं जो राजा का भवन तथा हृदय भी हर्षपूर्ण बना रहे हैं। —शशि, दशमुखवधार्थ, शिशु, भवनहि शब्दों में 'शि' तथा 'व' के प्रयोग हुए हैं।

विधिश*शि*शेखरशतमखयांही सम्प्रार्थिला दयालु हरी।
दशमुख*व*धार्थदशरथसदनी अतिरम्य मूर्ति च्यार धरी ॥
तेराम भरत लक्ष्मण शत्रुघ्न *शि*शुस्वमूर्तिकान्तिभरे।
करितिनृपाचे भ*व*नहिहृदयहि वितमस्क हर्षपूर्ण बरे ॥

गंगारामायण : इस रामायण में प्रत्येक गीति के पहले और दूसरे चरणों में एक ही बार क्रमशः 'गं' आणि 'गा' अक्षरों के नियोजन से 'गंगा' नाम गूँथा है। इस प्रकार के 63 गीतियों का संग्रह है। उदा. रावणवध के बाद आकाश में दुन्दुभि बज रही है, फूलों की वृष्टि हो रही है। गन्धर्व गा रहे हैं—

गगनी दुन्दुभि वाजे पुष्पांची वृष्टि होय, गन्धर्व।
गातीनाचति देवी प्रभुची स्तुति करिति देव मुनि सर्व ॥

काशीरामायण : प्रत्येक गीति के प्रथम और द्वितीय चरणों में एक बार क्रमशः 'का' तथा 'शी' अक्षरों की योजना कर 'काशी' नाम तैयार किया है। इस तरह 55 गीतियों का प्रस्तुत संग्रह है।

मोरोपन्त जी ने इस प्रकार **प्रयागरामायण, तीर्थरामायण, ऋषिरामायण, प्रयागरामायण, तीर्थरामायण** (दूसरा), **पन्तुरामायण** में सुन्दर छन्द और शब्द योजना से रामकथा को लालित्यपूर्ण बनाया है। **राजरामायण** में प्रत्येक गीति में एक प्राचीन राजा का नाम गूँथा है। इस रामायण में 86 गीति हैं। उदाहरण—

ससुमित्रा कौशल्या कैकेयी तन*य या* तिघीआर्या।
श्रीरामभरत लक्ष्मण शत्रुघ्न प्रसवल्या नृप*ति*भार्या ॥ (ययाति)

(कौशल्या, कैकेयी और सुमित्रा—तीन राजपत्नियों ने श्रीराम, लक्ष्मण, भरत आणि शत्रुघ्न को जन्म दिया।)

नरपतिबहु तोष धरी, स्वच्छात्रत्वे वसिष्ठ गाधिजही।
गौतमदारोद्धारे जामातृत्वे विदेहराजमही ॥ (नहुष)

(राम ने राजा दशरथ को उसका पुत्र बनकर, वशिष्ठ और गाधिज विश्वामित्र को शिष्य बनकर, गौतम को उसकी पत्नी का उद्धार कर एवं विदेहराज जनक के देश का जामात बनकर आनन्द दिया।) (विश्वामित्रमूल क्षत्रिय। उसके पिता 'गाधिन्'। ये कान्यकुब्ज देश के राजा। यानी विश्वामित्र 'गाधिज')

द्वितीय खण्ड : मन्त्र और स्तोत्रों पर आधारित रामायण

मन्त्ररामायण, बालमन्त्ररामायण, सप्तमन्त्ररामायण, मन्त्रिरामायण, मन्त्रगर्भरामायण, रम्यमन्त्ररामायण, मन्त्रमयरामायण, त्रिःसप्तमन्त्रमय रामायण, नामांकरामायण, शिवरामायण आदि। प्रथम, द्वितीय... दशम स्तोत्ररामायण। इन दस स्तोत्ररामायणों में विष्णुसहस्रनाम के एक सहस्र नामों में से सौ के 10 समूह बनाये हैं। प्रत्येक समूह में सौ नाम गूँथे हैं। ऐसे दस रामायण रचे हैं। उदा. प्रथमस्तोत्ररामायण की प्रथम दो गीति–

विश्वस्रष्टाविष्णुप्रति विनवी दशमुखक्षयार्थ तया।
वरवेदशास्त्रषट्का रक्षाया दे जगी करुनि दया ॥
भूपस्तुतभव्ययशारविकुलभव सत्प्रभु प्रथित भारी।
जोदशरथप्रभूत द्विजहित असकृत् सुरव्यसन वारी ॥

इन दो गीति में विष्णुसहस्रनाम के 'विश्वं विष्णुर्वषट्कारो भूतभव्यत्प्रभुः। भूतकृत्...' शब्द ही आये हैं।

त्रिःसप्तमन्त्रमय रामायण : 18 रामायण के वृत्त शार्दूलविक्रीडित हैं तथा प्रत्येक श्लोक में त्रयोदशाक्षर मन्त्र निरूपित है। इसमें त्रिःसप्त यानी 21 श्लोक हैं। उदाहरण–

श्रीसीशूर्पणखा वरा मज म्हणे, दंडी तिला, जो खर
जन्याये करि तत्क्षय प्रभु, रुचे दिक्कन्धरा मत्सर,
चोरीतो जनकात्मजेसि, नय न प्रेक्षी, जटायुव्यय
क्रूरात्मासमजे स्वइष्ट, न धरी काही अधर्मे भय

शूर्पणखा राम से कहती है, 'मुझसे विवाह कीजिए।' राम उसे दण्डित करते हैं। राम ने युद्ध के लिए आये खर को भी मारा। रावण में मत्सर निर्माण हुआ और उसने न्याय-अन्याय का विचार किये बगैर सीता का अपहरण किया। अपने स्वार्थ के लिए उसने जटायू का वध किया। उसने अधर्म का किसी भी तरह का भय न रखा।

तृतीय खण्ड : वृत्तों के आधार पर रचे रामायण

मोरोपन्त की लगभग अधिकतम रचनाएँ 12-18-12-18 चार पदों के गीतिवृत्तों में हैं। यद्यपि स्वयं मोरोपन्त और अन्यजन भी उस वृत्त को आर्यावृत्त मानते हैं। वास्तविक आर्या 12-18-12-15 होती हैं और मात्रावृत्त में से वह पहला वृत्त माना जाता है। प्रस्तुत रामायण मोरोपन्तजी ने वास्तविक आर्यावृत्त में रचा है। परिणामतः उसे आद्यार्या असे नाव दिले आहे. आद्यार्यारामायण, आर्यागीति, आर्यागीति वृत्त, दोहारामायण, दोहावृत्त, घनाक्षररामायण, घनाक्षरी वृत्त, विबुधप्रियरामायण. विबुधप्रिय (हरिनर्तन) छन्द, सवायारामायण, मदिरा वृत्त, अभंगरामायण, मत्तमयूररामायण, मत्तमयूर वृत्त, पंचचामररामायण,

पंचचामर वृत्त, पुष्पिताग्रारामायण पुष्पिताग्रा वृत्तश्रीप्रियरामायण, वैतालीय वृत्त, रमणीयरामायण, सारंग वृत्त, हररमणीयरामायण, तोटक वृत्त, सुरामायण, भुजंगप्रयात वृत्त, श्रीरामायण, शिखरिणी वृत्त, विचित्ररामायण, जलोद्धतगति वृत्त, सद्भक्तसर्वस्वरामायण, वसन्ततिलका वृत्त, प्रहर्षिणीरामायण, प्रहर्षिणी वृत्त, श्रीगुरुरामायण, विविध वृत्ते, रामायणपंचशती, अनुष्टुप् रामायण, अनुष्टुप् छन्द, कन्यारत्न रामायण, स्रग्धरा वृत्त, कल्याण रामायण, पज्झटिका वृत्त, श्रवणामृत रामायण, नर्कुटक वृत्त, वरद रामायण, प्रमिताक्षरा वृत्त, रामायणकथासुधा रामायण, विद्युन्माला वृत्त, दोहासोरठा रामायण, सद्रत्नरामायण, अश्वघाटी अथवा अमृतध्वनि छन्द, पृथ्वीरामायण, पृथ्वी वृत्त, स्रग्विणी-रामायण, स्रग्विणी वृत्त, सद्वित्तरामायण, इन्द्रवज्रा, उपेन्द्रवज्रा और उपजातिवृत्त, रामायणपीयूष, मालिनी वृत्त, भावरामायण, मन्दाक्रान्ता वृत्त, सच्छ्राव्यरामायण, हरिणी वृत्त, एकश्लोकीरामायण (एक ही श्लोक जलोद्धतगति वृत्त में), गदघ्नरामायण, रथोद्धता वृत्त, सूरारामायण/सुरामायण, सूरावृत्त, सत्स्वरामायण, शार्दूलविक्रीडित वृत्त, पूतरामायण (अपूर्ण), शार्दूलविक्रीडित वृत्त, तन्वीरामायण, (क्रूर दशानन रावण के मद का नाश करने के लिए और देव, साथ ही ऋषियों ने मत्तनिशाचरकुल के विनाश की आशा पूर्ण करने श्रीपती ने दशरथ पुत्र का रूप लिया), मंचरामायण, क्रौंचपदा वृत्त, मंजुरामायण, शुद्धकामदा वृत्त, दण्डक रामायण, दण्डक वृत्त, त्रुटितरामायण (अपूर्ण), साररामायण (अपूर्ण), धन्यरामायण (अपूर्ण) प्रत्येक गीति में 'धन्य' शब्द कमोबेश प्रयुक्त किया है।

कुछ अन्य रामायण

सीतारामायण (सीता द्वारा बताया गया रामायण), हनुमद्रामायण (हनुमान द्वारा माता अंजनी के समक्ष प्रस्तुत होनेवाला रामायण), श्रीरामचरितभरित श्रीरामचन्द्र प्रार्थना, अद्भुत रामायण।

'अष्टोत्तरशत रामायण' मराठी के कवि मोरोपन्त की विख्यात रचना है। संकलन में तीन-चार अनुपलब्ध हैं। मोरोपन्त के काव्य के अनेक अध्येता तथा अनुसन्धाता रहे हैं। उनमें से एक शोधकर्ता और सम्पादक ल. रा. पांगारकर जी ने कवि मोरोपन्त के एक सौ चार/पाँच अलग-अलग शीर्षकों के 'रामायणों' की सूची बनायी है। उन्हें मोरोपन्त के परिवारवालों से चार/पाँच रामायण शीर्षकों के साथ उपलब्ध हुए पर वे अन्तिम रूप में सम्पादित और प्रकाशित होने से पूर्व ही कहीं गुम हो गये। फिर भी मोरोपन्त के नाम पर 108 रामायण होने की बात बड़ी गरिमामयी मानी जाती है। इस विख्यात कवि का जन्म 1729 ई. में कोल्हापुर के नज़दीक के ऐतिहासिक 'पन्हाळा' गड पर हुआ। वहीं पर उन्होंने न्याय, व्याकरण, धर्मशास्त्र, साहित्य आदि का अध्ययन किया। मोरोपन्त जी के पिताजी कोल्हापुर के छत्रपति की सेवा में थे। लगभग चौबीस वर्ष की आयु तक वे 'पन्हाळा' गड पर रहे। 1752 ई. के दरमियान उनके पिताजी बारामती चले गये। बाद में वे भी वहीं गये। तदपश्चात् का उनका जीवन बारामती (पुणे ज़िला) में बीता। कोंकनवासी मोरोपन्त ने कुमार आयु में ही काव्यसृजन करना प्रारम्भ किया था। प्रारम्भिक काव्य निर्मिति 'पन्हाळा' गड़ पर ही हुई। उन्हें पुराणों पर आधारित लिखना पसन्द था। अपनी प्रबुद्ध लेखनी से उन्होंने अनेक काव्य रचे। उनके नाम पर पचहत्तर हज़ार से अधिक कविताएँ हैं। लगभग साठ हज़ार से अधिक आर्या, स्तोत्र, आख्यान तथा ओवियाँ हैं। साथ ही एक सौ आठ रामायण भी। इस विख्यात कवि की मृत्यु 15 अप्रैल 1794 को हुई। वे रामायण तथा आर्यभारती के कारण मराठी साहित्य जगत् में विख्यात हैं। मोरोपन्त अपने एक सौ आठ रामायण के कारण प्रायः जिज्ञासा, अनुसन्धान, अध्ययन के केन्द्र में रहे हैं। उनके काव्य की भाषा संस्कृत प्रचुर रही है। गेयता के कारण उनकी कविता कण्ठस्थ होने में अग्रणी रही।

एक सौ आठ रामायण की श्रेष्ठता अक्षुण्ण रही है। इस रचना का प्रभाव वर्तमान में भी दृष्टिगत होता है। इस रचना द्वारा मोरोपन्त जी ने सामाजिक संवेदन निर्मिति की। साथ ही राम जैसे आदर्श व्यक्तित्व के प्रभाव से जनमानस में आदर्श के प्रति सजगता भी। अर्थात् संस्कृत प्रचुर भाषा, वृत्त योजना आदि के कारण उनके द्वारा सृजित एक सौ आठ रामायण मराठी साहित्य में महत्त्वपूर्ण स्थान पा गये। अपने इस काव्यग्रन्थ में उन्होंने राम के साथ कृष्ण का भी स्तुतिगान किया है तथा समाजहित के संकेत भी दिये हैं। अल्प मात्रा में ही सही पर केवल वाल्मीकि रामायण का आधार लिया है। मोरोपन्त की एक सौ आठ रामायण रचना में रसव्यंजना और गेयता चरम सीमा को लाँघ गयी दिखायी देती है। अपनी रचनाओं द्वारा मोरोपन्त जी ने सुसंस्कृत समाज का आविर्भाव किया है। इनके रामायण त्रिसप्तमन्त्रमय रामायण, अभंग रामायण, सीता गीत, अनुष्टुप् रामायण जैसे शीर्षकों से भी विख्यात हुए हैं। मोरोपन्त के रामायण विविध प्रकार के शीर्षक के तो हैं ही पर वे विविध वृत्त-छन्दों में लिखे गये हैं। इनमें राम भक्ति तो कूट-कूट कर भरी है। उनके रामायण में बाल काण्ड, अयोध्या काण्ड, अरण्य काण्ड, किष्किन्धा काण्ड, सुन्दर काण्ड, युद्ध काण्ड अध्याय और उपसंहार हैं। कल्पना वैचित्र्य, चित्रात्मकता का बड़ा ही सुन्दर प्रयोग भी हुआ है। मोरोपन्त जी ने शब्दालंकारों का भी विपुल मात्रा में उपयोग किया है। परिणामतः सभी रामायण गेय बने हैं। ये रामायण 52 से 93 पद्यों में लिखे गये हैं। इनके रामायण की प्रस्तावना में न.चि. केलकर जी ने लिखा है, 'मोरोपन्त ने मराठी में जितने वृत्तों का प्रयोग किया है उतने वृत्तों का प्रयोग महाराष्ट्र के किसी दूसरे कवि ने नहीं किया है।' मोरोपन्त जी का 'पूरा रामायण' तथा 'बाल मन्त्र रामायण' में यमक, अनुप्रासादि शब्दालंकारों, स्वभावोक्ति, व्यतिरेक आदि अर्थालंकारों से परिपूर्ण भाषा का प्रयोग किया है। इस दृष्टि से मोरोपन्त के 'अष्टोत्तरशत रामायण' अपना विशेष महत्त्व निरूपित करने में सक्षम हैं।

सन्दर्भ

- मोरोपन्त, अष्टोत्तरशत रामायण, सम्पादक एवं प्रकाशक : पराड़कर रा. द. पुणे, 1916

भूमिकन्या सीता : आधुनिककालीन समस्याओं की अभिव्यंजक नाट्यकृति

डॉ. गीता दोड्डमणि

मामा वरेरकर का नाम मराठी साहित्य जगत् में जाना-पहचाना रहा है। उन्होंने अनुवादक के रूप में अधिक ख्याति पायी। उन्होंने मराठी में अनेक नाटक तथा उपन्यास लिखे हैं। वे 'कुंज बिहारी' नाम से लिखते थे। बंगाली साहित्य मराठी में लाने का श्रेय उन्हें ही दिया जाता है। मराठी पाठकों को बंकिमचन्द्र, शरद्चन्द्र चटर्जी तथा रवीन्द्रनाथ टैगोर की पहचान उनके कारण ही हुई। उनका मूल नाम था भार्गवराम विट्ठल वरेरकर। उनका जन्म 1883 ई. में हुआ और मृत्यु 1964 ई. में हुई। उनके लेखन का प्रारम्भ तो नाट्य रचना से ही हुआ। उनके द्वारा रचित नाटकों की संख्या 37 है। रंगमंच पर आया उनका पहला नाटक 'हाच मुलाचा बाप'। उनका 'भूमिकन्या सीता' मराठी में लिखा पुराण कथा पर आधारित नाटक है। स्वातन्त्र्योत्तर काल में लिखा यह नाटक काफ़ी विख्यात हुआ। यह पॉप्युलर प्रकाशन, मुम्बई द्वारा 1955 ई. में प्रकाशित हुआ। उन्होंने कुछ फ़िल्में भी बनायी थीं।

'भूमिकन्या सीता' का स्रोत वाल्मीकि 'रामायण' तथा 'रघुवंश' है। प्रस्तुत नाटक में सीता, राम, उर्मिला, लक्ष्मण, शम्बूक, राजगुरु, विजय, कुशिका, सुमन्त, वासन्ती तथा वाल्मीकि पात्र हैं। मामा वरेरकर की लेखनी से 'भूमिकन्या सीता' का अलग रूप इस नाटक द्वारा दिखायी देता है। इस नाटक में सीता बीता हुआ या जीवन के विगत समय को याद करती हुई चित्रित हुई है। वह वनवास के दरमियान के राम को याद करती है। वनवास का समय उसे अच्छा लगाने की बात उसी के द्वारा लेखक ने बतायी है। वरेरकर की सीता विप्लवी विचारक कही जा सकती है। राम का प्रजाजन पर का विश्वास सीता को ठीक नहीं लगता है। वह राम के इस भाव को निर्दयता कहती है। उसने शम्बूक को भ्राता माना था। शम्बूक के वध के आदेश का वह विरोध भी करती हुई नज़र आती है। राम के महल का सेवक रजक विजय अपनी पत्नी पर सन्देह व्यक्त करता है क्योंकि उसकी पत्नी वासन्ती शम्बूक की छत्रछाया में रही थी। वे तीन महीने रजक विजय ने रखैल के साथ बिताये थे। पर इस बात का समर्थन वह स्वयं के 'पुरुष' होने से करता है।

इस नाटक में उर्मिला का चरित्र भी अलग रूप में सामने आता है। उर्मिला राम के सीता त्याग के निर्णय पर बहुत नाराज़ होती है। वह प्रश्न करती है कि वह भी तो चौदह वर्षों तक अयोध्या में रही थी तो उस पर किसी ने सन्देह क्यों नहीं किया? अग्नि परीक्षा की स्थिति केवल सीता पर क्यों आयी? सीता का त्याग क्यों किया गया? राम इतने संवेदनाहीन क्यों बने? भूमिकन्या सीता अपने सम्मान की सुरक्षा रखना चाहती है। परन्तु अयोध्या या रामराज्य का सम्मान तो उससे बड़ा है वरेरकर जी की सीता की मानसिकता राम द्वारा बार-बार आग्रह होने पर भी अपने पावित्र्यसम्बन्धी

शपथ लेने की मानसिकता नहीं होती। प्रस्तुत कृति में लेखक ने राम द्वारा सीता का त्याग करना और अयोध्या से निकाला जाना ही नहीं तो शम्बूक और वासन्ती का निकाला जाना भी अनुचित हुआ, ऐसा दिखाया है। इन तीनों को वाल्मीकि का आश्रय मिला। वरेरकर जी का आविर्भाव ऐसे काल में हुआ था कि जब भारत स्वतन्त्र हुआ था तथा एक स्वतन्त्र गणतन्त्र के रूप में अपनी पहचान बना चुका था। साथ ही यह बात भी स्पष्ट थी कि वरेरकर जी बंकिमचन्द्र, रवीन्द्रनाथ टैगोर, शरद्चन्द्र चटर्जी के लेखन से काफ़ी प्रभावित रहे थे। इन सभी का प्रतिफलन 'भूमिकन्या सीता' में हुआ दिखायी देता है। यह बात महत्त्वपूर्ण और प्रशंसनीय है कि इस नाटक के स्रोत भले ही वाल्मीकि रामायण या रघुवंशम् रहे हैं पर वरेरकर जी की 'सीता' का चरित्र विप्लवी, स्वतन्त्र विचारशक्ति रखनेवाली स्त्री के रूप में चित्रित हुआ है।

सन्दर्भ

- मामा वरेरकर, भूमिकन्या सीता, पॉप्युलर प्रकाशन, मुम्बई, 1955

बाल काण्ड और उत्तर काण्ड

सुश्री उमा सावन्त

मराठी साहित्य में पहले तो केवल शिक्षित और प्रौढ़ व्यक्तियों के लिए कृतियों का लेखन किया जाता था। विशिष्ट समाज, उसके रस्मोरिवाज, उसकी भाषिक विशेषताओं को सामने रख पुराण, देवी-देवता, ऐतिहासिक वास्तव और काल्पनिक पात्रों को लेकर लिखा जाता था। बालकों, कुमारों को लक्ष्य कर लिखने के प्रयास उन्नीसवीं शती के मध्य से होने लगे। बालकों, किशोरों, कुमारों तथा युवकों की भावनिक, मानसिक आकांक्षाएँ प्रौढ़ों की तुलना में अलग होती हैं। घर, परिवार, रिश्ते-नातेदार, परिवेश, पाठशाला, सारी दुनिया आदि के बारे में उनके मन में तीव्र जिज्ञासा, कुतूहल, अद्‌भुतता, कल्पनारम्य आदर्शों के कई भाव होते हैं। बदलती उम्र के साथ-साथ उनके आदर्श बदलते रहते हैं।

डॉ. आनन्द घाटुकडे ने 'स्वान्तः सुखाय' न लिखने का निश्चय कर सोद्देश्य लेखन किया। बालक से लेकर युवक तक की उमर अत्यन्त संवेदनशील होती है। मन पर होनेवाले संस्कार अमिट होते हैं। ज़िन्दगीभर की सदाचरण की वह पूँजी होती है। अतः उन्होंने राष्ट्रीय आदर्श श्रीराम के चरित्र के दो काण्डों पर लेखन किया। आज्ञापालन की तत्परता, जेष्ठ भ्राता के कनिष्ठ बन्धुओं के प्रति कर्तव्य भाव, प्राप्त परिस्थिति से उत्तम समायोजन, उत्कट मित्रभाव, शरण्यों की हार्दिकता से मदद आदि उत्तम गुण उन्होंने अपनी कृति द्वारा ऐसे शब्दबद्ध किये कि पढ़ते-पढ़ते वे गुण युवा कुमारवयीन पाठकों के अन्तःस्तल तक गहरे पैठ जायें। यह स्पष्ट है कि संस्कारक्षम लेखन करते समय कई मर्यादाओं का सामना लेखक को करना पड़ता है। सहज भाषा, बिना संस्कृत भाषाप्रभाव से लिखना आवश्यक होता है। कारण है कि कुमारवयीन तथा युवावस्था के पाठक अधीर भाव से पढ़ते हैं। अद्‌भुतता, भावोत्कटता, किसी के प्रति समर्पित भाव से कर्तव्य निभाना उनके स्वभाव विशेष होते हैं। रामायण के अनेक प्रसंग उन्होंने बचपन में सुने-पढ़े होते ज़रूर हैं पर डॉ. आनन्द घाटुकडे की लिखी बाल काण्ड और उत्तर काण्ड की रामचरित्र की घटनाएँ उन्हें उल्लसित करती हैं, उनकी साहसिकता कार्यप्रवण करती हैं। अतः ये मर्यादित घटनाओं को केन्द्र में रख बालकों के लिए लिखी रामकथाएँ बालकों, कुमारों तथा युवकों में प्रिय हैं।

स्पष्ट है कि बालकों पर किये जानेवाले संस्कार उनका भविष्य बनाते हैं। बालक देश का भविष्य होते हैं। रामकथा सैकड़ों वर्षों से बालकों को प्रेरित करती आयी हैं। बालकों के मन में उमड़नेवाली अनेक जिज्ञासाओं को वह बुझाती हैं। माताएँ अपने बच्चों को रामकथा के आधार पर नैतिक मूल्य, शिक्षा, आदर्श, आचरण, त्याग, कर्तव्य जैसी अनेक बातें सिखाती हैं। रामकथा नैतिक शिक्षा सम्बन्धी सभी विशेषताओं से परिपूर्ण है। सैकड़ों वर्षों से जनमानस में वह अपनी

विशेष जगह बनाये हुई है। मराठी के अनेक लेखकों ने रामायण, रामकथा, उपकथा, पात्र आदि को केन्द्र में रख बालकों के लिए सुन्दर कहानियाँ लिखी हैं। बालकों के साथ बड़े भी इनका आनन्द लेते हैं। रामकथा की श्रेष्ठता की पहचान इसी से होती है।

सन्दर्भ

- डॉ. आनन्द घाटुकडे, मुलांसाठी रामकथा, स्थानीय प्रकाशन, कोल्हापुर।

श्रीरामकथा भावसुगन्ध

भगवान गुरव

'श्रीरामकथा भावसुगन्ध' शीर्षक से श्री तुकाराम नारायण विप्र (कुमार) जी ने 'राम' कथा लेखमाला लिखी। 2012 ई. में नचिकेत प्रकाशन, कोल्हापुर ने इसका प्रकाशन किया। इस पुस्तक में कथा-कथन प्रकाशित किये हैं। लेखक ने बताया है कि प्रवेशमुक्ति के सात सोपान हैं। वाल्मीकि सहित सारे सन्तों ने रामकथा को सात काण्डों में विभाजित किया है। बाल काण्ड, अयोध्या काण्ड, अरण्य काण्ड, किष्किन्धा काण्ड, सुन्दर काण्ड, लंका काण्ड तथा उत्तर काण्ड। ये सात काण्ड मुक्ति के सात सोपान हैं। विप्र जी बाल काण्ड—पहले सोपान को सीधे-सादे साधक-सा मानते हैं। अयोध्या काण्ड में कहीं भी युद्ध न होने की बात उन्हें अधिक आश्वस्त करती है। अन्य छह काण्डों में युद्ध है। विकारों का युद्ध भी वे महत्त्वपूर्ण मानते हैं। इन विकारों को युद्ध में पराजय करने के बाद अयोध्या काण्ड में प्रवेश मिलता है। जहाँ बैर नहीं, कलह नहीं, विषमता नहीं, वहीं पर राम विराजित हो सकते हैं। मन्थरा कैकेयी विषमता हैं। इस विषमता का प्रवेश होते ही राम अयोध्या छोड़ते हैं। कैकेयी पश्चात्तापदग्ध होती है। वे पुनः अयोध्या में प्रवेश करते हैं। तात्पर्य प्रत्येक व्यक्ति विवेक तथा सद्‌विचारों के दृष्टिकोण से जीने लगें तो सारी दुनिया सुन्दर दिखने लगेगी। जीवन जीने हेतु नवीन अर्थ प्राप्त होगा।

लेखक ने राम के बारे में प्रचलित तीन धारणाओं के उल्लेख लेखों में किये हैं। एक 'राम' होने के पहले वाल्मीकि ने रामायण रचा। दूसरी 'वाल्मीकि रामायण' की जो संहिता आज उपलब्ध है उसके आधार पर कहा जाता है कि 'रामायण' राम अवतार में ही लिखा गया है। 'वाल्मीकि रामायण' शतकोटी श्लोकों में विस्तारित है। उसका 'शतकोटी प्रविस्तारम्' वर्णन है। आज 'शतकोटी' संहिताओं में से बहुत कम उपलब्ध हैं। अयोध्या काण्ड विकार, लोभ-मुक्त है। श्रीराम ख़ुशी से वनवास स्वीकारते हैं। सीता ने जहाँ राम वहाँ वह स्वयं हों, इस बात से राजवस्त्र का त्याग किया है। लक्ष्मण भ्रातृप्रेमी, त्यागी हैं। जिस भरत के लिए अयोध्या का राजसिंहासन आरक्षित घोषित हुआ, उस भरत को उसका लालच नहीं है। लेखक ने अनेक उदाहरणों द्वारा कैकेयी के त्याग का वर्णन किया है। तात्पर्य, इस लेखन के अन्तर्गत सप्त काण्डों को केन्द्र में रखकर लेखक ने अध्ययनपूर्ण लेख तैयार किये हैं। इतना ही नहीं रामकथा की ओर नवीन, प्रासंगिक दृष्टि से देखने का प्रयास किया है। स्पष्ट है कि वर्तमान में जीते समय 'रामकथा' प्रेरणादायी, मूल्यवर्द्धनयोग्य नीतिमूल्यों का महत्त्व बतानेवाली आदि मानव जीवन से सम्बन्धित सभी पहलुओं को लेकर चलनेवाली होने से अत्यन्त महत्त्वपूर्ण है।

सन्दर्भ

- श्री विप्र तुकाराम नारायण (कुमार), 'श्रीरामकथा भावसुगन्ध', 'राम' कथा लेखमाला, नचिकेत प्रकाशन, कोल्हापुर, 2012

लेखक सम्पर्क

डॉ. प्रभाकर ताकवले : पूर्व प्राचार्य, राजर्षि शाहु महाविद्यालय, पुणे (महाराष्ट्र)
पूर्व अधिष्ठाता, कला संकाय, सावित्रीबाई फुले पुणे विश्वविद्यालय, पुणे (महाराष्ट्र)
निवास : शिवनेरी, कोथरूड, पुणे

डॉ. सरजूप्रसाद मिश्र : भूतपूर्व आचार्य एवं अध्यक्ष, हिन्दी विभाग, नागपुर विश्वविद्यालय नागपुर
निवास : 46, पठान ले-आउट रिंग रोड, नागपुर-440022

प्रा. सुरेश माहेश्वरी : पूर्व अध्यक्ष, प्रताप महाविद्यालय अमलनेर
निवास : गिल्डा प्रोविजन, बाज़ार पेठ, अमलनेर-425401

डॉ. शैलजा 'श्यामा' : अवकाश प्राप्त प्राध्यापिका, अनुवादक, लेखिका
निवास : 'गन्धबहार', 1, अयोध्या नगरी, कराड़ (महाराष्ट्र)

प्रा. डॉ. पद्मा पाटील : प्राध्यापक एवं अध्यक्ष, हिन्दी विभाग, शिवाजी विश्वविद्यालय, कोल्हापुर (महाराष्ट्र)
निवास : 3, अश्विनी नगर, सागरमाल, कोल्हापुर

डॉ. वन्दना पाटील : अध्यक्ष, हिन्दी विभाग, श्रीपतराव चौगुले कला तथा विज्ञान महाविद्यालय, कोतोली, ज़िला कोल्हापुर महाराष्ट्र

सुश्री रोहिणी संकपाळ : देशमुख ब्रिटिश कौंसिल मेंटोर तथा अध्यापिका, राजर्षि शाहु हाईस्कूल, इचलकरंजी, ज़िला कोल्हापुर (महाराष्ट्र)

डॉ. गीता दोड्डमणि : अभ्यागत अध्यापक, हिन्दी विभाग, शिवाजी विश्वविद्यालय, कोल्हापुर

सुश्री सन्ध्या कुलकर्णी : शोधछात्रा, हिन्दी विभाग, शिवाजी विश्वविद्यालय, कोल्हापुर
पूर्व राजभाषा अधिकारी, बैंक ऑफ़ इंडिया, कोल्हापुर

डॉ. रवीन्द्र भोरे : हिन्दी विभाग, बद्रीनारायण बारवाले महाविद्यालय, जालना (महाराष्ट्र)

अक्षय भोसले : अभ्यागत अध्यापक, हिन्दी विभाग, शिवाजी विश्वविद्यालय, कोल्हापुर (महाराष्ट्र)

सुश्री उमा सावन्त : न्यू कॉलेज, कोल्हापुर (महाराष्ट्र)

भगवान गुरव : शोध छात्र, हिन्दी विभाग, शिवाजी विश्वविद्यालय, कोल्हापुर (महाराष्ट्र)

□□